美滿婚姻

如何建立恆久美滿的婚姻

The Marriage Book

How to build a lasting relationship

李力奇 & 李希拉（Nicky & Sila Lee）/ 著

麥才理（Charlie Mackesy）/ 插圖

方　逸 / 譯

美滿婚姻—如何建立恆久美滿的婚姻

作　　者：李力奇、李希拉（Nicky & Sila Lee）
譯　　者：方逸
出 版 者：AAP Publishing Pte Ltd
網　　址：www.alpha.org
責任編輯：葛愛琳
編　　製：道聲出版社
地　　址：106 台北市杭州南路二段15號
電　　話：（02）23938583
傳　　真：（02）23215537
讀者服務：book@mail.taosheng.com.tw
網　　址：www.taosheng.com.tw

港澳地區出版、經銷及發行：
循道衛理書室 Methodist Bookroom
地　　址：香港灣仔軒尼詩道22號地庫
電　　話：（852）25293285
傳　　真：（852）28651359
電　　郵：bookroom@methodist-centre.com
版權所有 © Alpha International
2011年6月初版

The Marriage Book
Originally published in England under the title "The Marriage Book"
Copyright © 2000 by Nicky and Sila Lee
Copyright © Alpha International 2009
Published by AAP Publishing Pte Ltd
Singapore

Printed in Hong Kong

ISBN　978-981-08-8666-0

目　錄

序

　　現今社會中，婚姻制度備受攻擊。很多人覺得那是一種過時的制度。在英國，結婚率逐年下降。那些已經進入婚姻的人則感覺婚姻愈來愈難以維持。離婚率的快速上升也令人心憂。到底是哪裡出了問題？

　　我們為什麼要結婚？如何才能讓婚姻得以維繫？

　　在本書中，力奇（Nicky）和希拉（Sila）將回答這些問題，並向我們顯示婚姻的價值和潛力。他們不僅會對如何維繫婚姻提出建議，也將告訴我們如何在婚姻生活中蒙受最大的益處。

　　力奇三十多年來一直是我最親密的朋友。小時候我們同上一所學校，大學時同住一間寢室。在很多事情上，他都走在我前頭，我只是竭力跟上他的腳步。比如：1974 年 2 月 14 日，他成了一名基督徒，四十八小時之後，他也帶領我成為一名基督徒。1976年他和希拉結婚，十八個月之後，我和皮帕也結婚了。我們的前三個孩子年齡都非常接近，而他們後來又有了第四個孩子。

　　力奇和希拉教導我們很多東西。特別值得一提的是,他們在婚姻和家庭生活的榜樣使我們獲益匪淺。在他們的家庭中,我們觀察到了一些我們渴求的東西。

　　從 1985 年起,力奇和希拉開辦了婚前輔導課程(The Marriage Preparation Course);1996 年起,他們又增辦婚姻輔導課程(The Marriage Course)。經由這些課程,幫助許多人的婚姻更加美滿。對有些夫婦而言,這些課程幾乎是將他們從分居或是離婚的邊緣挽救了回來。對另一些夫婦而言,這些課程將他們平淡如白開水的婚姻生活變成甘甜無比的醇酒。這些課程為許多夫婦提供了交流園地,使他們能夠更積極地思考如何使婚姻生活更加完美。

　　當你閱讀本書的時候,可能會覺得力奇和希拉的婚姻「好得令人難以置信」。的確,經由三十多年的相交與觀察,我可以向你保證,這絕對是真實的,並且這般美好的見證也鼓勵我們一同追求那婚姻的佳境。

　　我真誠地希望,透過閱讀本書,能令更多的人享受到所結出的豐碩果實。

甘力克

致　謝

　　感謝所有在這本書的出版過程中幫助過我們的朋友。他們花費很多寶貴的時間閱讀書稿並提出修改和加添內容的建議。沒有他們的努力，這本書就無法完成。在此，我要特別向約翰和戴安娜・克林斯（John and Diana Collins）夫婦以及桑迪和安妮特・米勒（Sandy and Annette Millar）夫婦表達感謝，他們的教導和生活見證給了我們許多靈感和鼓勵。也非常感謝那些與我們分享他們婚姻生活故事的夫婦，藉由這些故事才能使我們的理論得以落實在日常生活中。

　　感謝非利帕・皮爾森・邁爾斯（Philippa Pearson-Miles）、瑪麗・埃利斯（Mary Ellis）和瓊安娜・德斯蒙德（Joanna Desmond），快速、熟練、耐心地將書稿和無數的修改之處輸入電腦修正。我也要向查理・麥克斯（Charlie Mackesy）表示感謝，因他給我們家和本書帶來了許多樂趣。更當向喬・戈蘭（Jo Glen）道一聲特別的感謝。若不是她在我們每次遇到困難時表現

出非凡的熱情、幽默、想像力和新構思，這本書可能永遠都無法完成。同時，也要感謝力奇和皮帕·甘力克（Nicky and Pippa Gumbel）夫婦，不僅為著這麼多年來的友情和給我們的鼓勵，也為著他們說服我們開始寫作本書。

最後，我們要感謝我們的父母，感謝他們對我們不變的愛，以及他們在婚姻上所做出的榜樣。

李力奇和李希拉

力奇的故事

我第一次注意到希拉是在斯旺西碼頭（Swansea Docks）。那時我剛離開學校，在前往愛爾蘭西南部過暑假的途中。我十八歲，她十七歲，我們一見鍾情。我們在不列顛群島一個最美麗、未遭任何破壞的角落——西南科克區——度過了兩個星期的假期，在度假小屋中我們比鄰而居。那時我幾乎不敢相信她對我會有任何的感覺。就在她離開的前兩天，我終於鼓足勇氣，向她表白。令我大為驚訝的是，她居然對我也有同樣的感覺，我簡直無法相信。

希拉還在高中念書，要修的課還很多。我則離上大學還有九個月的時間。我意識到，如果我和她在一起，她很可能一門課都過不了。於是，我獨自背起背包去了非洲旅行。非洲帶給我的體驗是全新的，那裡的景色、人民和文化都令我傾倒。但是，在內心深處，我總是期望能夠回到英國和希拉在一起。大部分時間我

都感到很孤單，心中的盼望就是在阿迪斯阿貝巴和開普敦等大都市能夠收到希拉寫給我的信件。在我到達南非以前，一切都很順利。到了開普敦的時候，已經有六週多沒收到希拉的信了，於是我所有的希望就是能在那裡看到一封她的來信，結果卻發現除了媽媽的一封信，什麼都沒有。我都快絕望了。

我開始胡思亂想，深怕希拉在我離開的這段時間裡冷淡下來，那該怎麼辦？要是那樣的話，我就再也不想回英國了。在接下來的幾週裡，我每天都到郵局去看有沒有信件。幾週之後，我搭便車去了約翰尼斯堡，那裡是我這次旅行的最後一站，結果在那裡看到一封等待了我四週之久的信。我欣喜若狂，立刻搭上最早的一趟班機回家。

下飛機後，我直奔希拉所在的寄宿學校。這個學校既像一座監獄，又像一個城堡：一邊是將女孩們關在裡面，另一邊則將男孩們阻絕在外。再聚首後美妙無比的三個小時，不知不覺間過去了，結果希拉也因錯過了門禁而被關在校門外。當她半夜試圖從窗戶爬進去時，被校方發現，結果就在這畢業前兩週，被關了禁閉。

我接著上大學了。希拉未再升學，且搬到了倫敦。這個時候，我開始聽到一些人以一種對我而言是全新的方式在談論基督教。隨著時間推移，這些內容愈發顯得有意義，也開始令我認真地思考生命的意義。但同時，我也刻意地與之保持距離，因為我擔心，如果我成為一名基督徒，而希拉不是的話，我們可能會逐漸疏遠。而我和希拉的關係又絕對是我生命中最重要的部分。

經過長達五個月的仔細思考後，我意識到自己已經到了一個關鍵時刻，我必須作決定了。於是，我向希拉談及這個話題。她的反應非常熱烈。聽了基督教的各種觀點之後，她也和我一樣認

同這些觀點。於是我們倆都接受了基督教。

這一新建立的信仰，非但沒有將我們推開，反而為我們的關係打開一扇門，讓我能以一種全新的角度看待生活。生活中的不同面向就像一幅拼圖裡的許多小塊一樣：我的過去，和希拉的關係，學英語，上大學等等。忽然，所有的圖塊都找到了自己的位置。

1974 年秋天，經過兩年的約會以後，我們兩個都覺得，如果我們要確定是不是應該與對方共度餘生的話，就需要先分開一段時間。於是，在十月初某個週一的清晨，我和希拉一同步行到車站。我們約定在耶誕節前不再見面或通電話。

那是一個美麗的秋日早晨。略帶橙色的黎明曙光中帶著一層薄薄的雲霧。希拉從火車車窗裡向我揮手告別，我心裡懷疑著自己還會不會再見到她。送走了她以後，我來到劍橋城內寂靜無人的街上，心情從未如此低落。我決定那段時間不再去倫敦，因為在那裡見不到希拉，會讓我心中生出難以承受的苦痛。

然而，就在一週後，我和一些朋友回到母校去踢足球，返程的時候，載我同行的朋友對我說：「希望你不介意，我們要經由倫敦回去，因為我得回家裡拿一些東西。」我感到恐懼，但什麼也沒對他說，只希望他不會在家中待太久。要知道，希拉就住在倫敦的另一邊。

那個朋友在肯色頓大街上把我們放了下來，扔下一句：「我過四十分鐘再來接你們。」說完就走了。當時正下著雨，我們站在人行道上，想著該做些什麼才好。正在這時，我抬頭一看，約莫五十碼外，在人行道上向我迎面走來的正是希拉。

我什麼也沒解釋就甩開朋友們，向她狂奔而去。她也看見了我，向我跑來。我們倆張開雙臂緊緊擁抱，我記得我抱著她轉了

一圈又一圈。接著,我朝朋友們大喊了一聲:「別等我了!」

我們去了一家咖啡館,在那裡聊了好幾個小時。希拉告訴我,她當時坐在公車上沿著肯色頓大街走,遇上交通堵塞,於是決定下車,想要步行最後的半英里回去。就在那時,她看見了我。

像這樣的見面方式只有百萬分之一的機率,簡直是神蹟。我們都覺得,在我們盡力想要避免見面的時候,上帝以這樣一種超乎尋常的方式讓我們見面,那麼祂一定能夠在未來的三個月裡告訴我們是否應該共度此生。我們又約定彼此不再見面,直到耶誕節。這一次分離的感覺就不一樣了,雖然仍有眼淚,但我們都充滿信心。

分開的日子是難過的,但是在這段時期結束時,我心中已清楚地知道,我要與希拉共度一生。1975 年,我們又開始約會。我還有一年半的時間才能畢業,但是大部分的週末,希拉都會過來看我,因此這段時間充滿了許多甜美的回憶。

1976 年 7 月 17 日,在我大學畢業兩週後,我們在希拉的家鄉蘇格蘭結婚了。

希拉的故事

我生長於蘇格蘭高地,有一個平凡而快樂的童年。我喜歡戶外活動,也很頑皮。我認為自己的家鄉是世界上最好的地方,這裡唯一的缺點就是:人口稀少。因此,當彭妮(我最要好的同學)邀請我與她的家人和朋友,到愛爾蘭西南部去共度兩個禮拜的暑假時,我一口就答應了。當時我只有十七歲,腦子裡從未想過這兩個禮拜將改變我的一生。

我們必須坐渡船從斯旺西到科克去。斯旺西碼頭是我所知道

的最無趣的一個地方，但我卻在那裡遇見了他。力奇開車跟上了我們的隊伍。當他從一輛老式的綠色小車中走出來時，向我微笑著──我對他一見鐘情。他戴著一頂很大的黑氈帽（那時是七〇年代），穿著牛仔褲和白色襯衫，深棕色的皮膚。他那時才十八歲，而我在心裡想：「他簡直是太帥了！」

我們和一大群朋友一起度過了兩週田園詩般的假期。我們一起乘船航行，一起游泳，一起捕捉鯖魚，一起划船到海島上，在午夜營火烤肉，也一起在星空下談心直到凌晨。這兩週時間，我深深地、瘋狂地墜入愛河。但是，我絲毫沒有將心裡的感受告訴好友彭妮，也不確定力奇是否也會這般地愛我。

在我啟程回蘇格蘭家鄉的前四十八小時，我終於發現我們都已墜入愛河。力奇第一次吻了我！儘管我那時只有十七歲，而且他也不是我所親吻過的唯一一個男孩子，但我記得那天晚上我躺在床上輾轉難眠，心裡頭盡想著要嫁給他。雖然和他形影不離兩個星期，但我感覺到若沒有他，我真不知道自己餘生的每一天將怎麼度過。

接著，他去非洲旅行半年，這對於剛開始彼此了解的我們而言非常痛苦。學校裡所有的朋友都告訴我，不要將希望寄託在這關係上面：非洲那麼遠，六個月又是很長的一段時間，他可能會在旅途中遇見別的女孩。但是，隨著一封封日益親密的長信，我們的關係反而更加緊密了。雖然相隔數萬英里，但我們彼此的了解反而更多。

當我在電話中聽到他的聲音，知道他已經回來時，我的心跳似乎都停止了，那種強烈的感受簡直讓我透不過氣來。經過那個晚上的重聚，當我們再度分開的時候，我們都很清楚，這段離別的日子讓我們愛得更深了。

　　1973 年秋天，力奇去上大學，我則去了倫敦。我白天學習打字，晚上去上繪畫課程，好為申請藝術學院做準備。但是，我喜歡和力奇待在一起，也喜歡從他那裡看到的大學生活，這使得我花在他學校的時間多過花在我自己學業上的時間。我們之間的關係變得親密而狂熱，甚至在某些方面，狂熱到對我們不利的地步。

　　新年到來時，我進入切爾西藝術學院（Chelsea Art College）成為該校秋季入學的新生。生活似乎處處都展現著新的機遇。1974 年二月的一個晚上，力奇來倫敦看我，向我提到基督教，我的回應是熱烈的，一如我對他所建議的其他事物那樣。其實，那時我對自己所談論的並沒有什麼真正的認識，也不知道那將意味著什麼。

　　一個週末，我去看他，他帶我去聽大衛 • 麥克因斯（David MacInnes）的演講。我對大衛所講的耶穌的事情產生了濃厚的興趣。我們和力奇最要好的朋友甘力克談到了深夜，當時，他正對發生在我們身上的一切感到極度懷疑。

　　週六，我們又跑去聽大衛 • 麥克因斯的演講。他講到十字架，這對我來說又是一個啟示。我不斷地對自己說：「為什麼以前從來沒有人告訴我耶穌為什麼死在十字架上呢？」當我明白十字架意味著什麼的時候，一切都變得有了意義。生活變得格外的真實，這是我以前所未曾知道的。這是眼光的徹底改變，為我們的關係開啟了一種新的自由，是我從前所無法想像的。

　　這種全新的生活令人十分興奮，力奇和我比以前更加親密了。但是，八個月以後，我們都同時感覺到，上帝要我們暫時分開。這是我最受考驗的一段時期，甚至比從前力奇去非洲那段時間還讓我難受。

　　在三個月分離的日子裡，我們都在信仰上有所成長。當我們

再見面時，兩人都不再一樣了，共同的信仰使我們的關係更加穩固。

　　1976 年二月，力奇向我求婚了。當年七月，我們步入婚姻的殿堂，當時我廿一歲，他廿二歲。

力奇和希拉的故事

　　經歷卅二年的婚姻生活，我們的故事可以從頭道來。這些年間，我們曾經生活在日本、英國東北部和倫敦中部。我們共同經歷了四個孩子的出生和大約 1528 個不眠之夜。我們深深地體會到擁有四個八歲以下孩子的壓力和喜悅，也知道教養十幾歲青少年的複雜和煩惱。我們也共同經歷過疾病和經濟上的難處。

　　我們的經歷與很多夫婦並無不同。我們過去一同駕車行駛三十萬英里，談了 15000 多個小時的天，也在同一張床上睡了一萬多個夜晚。我們一同工作，一同娛樂，一同歡笑，一同哭泣。我們也曾因對方而感到挫敗、惱怒、迷茫和狂喜，但我們仍然真摯地愛著對方，並且用心經營著我們的婚姻。

　　這並非說是我們的婚姻比別人的婚姻特別。事實上，樣板式的完美婚姻並不存在：沒有毫無瑕疵的婚姻。每一對夫婦都是獨特的，都有著自己的故事。那些婚姻美滿的人只是出於幸運嗎？那些對婚姻感到失望的人純粹是因為找錯了結婚對象嗎？經驗告訴我們，建立一個穩固而幸福的婚姻是需要方法的：我們必須了解溝通的藝術以及如何讓對方感覺到愛；我們必須學習如何解決衝突和操練饒恕。我們還發現，不能理所當然地認為親密的性關係一定會帶來快樂。

　　過去廿五年間，我們越來越多地去幫助別人解決婚姻問題。

我們見過幾百對夫婦，與他們一同面對各種各樣的難題。從他們身上，也從自己的婚姻中，我們學習到：雖然婚姻關係並不總是那麼容易，卻可以產生豐厚的回報。結合這些經驗、我們自己的研究以及相關人士所提供的建議，我們開發出兩套與婚姻相關的課程：一套是婚前輔導課程，針對已經訂婚的未婚夫婦，為期5週；另一套是婚姻輔導課程，針對已婚夫婦，為期7週。已有成千上萬對夫婦參加了這些課程。我們現在一年舉辦三次這樣的課程。

我們之所以寫這本書，是希望與大家分享是什麼讓我們比新婚時更加相愛。書中收錄了我們或其他人婚姻中所發生的故事。許多事例看上去也許很瑣碎，但恰恰是這些小事情決定著婚姻的成功或失敗。這些故事的主角之所以慷慨地分享他們的經歷，是因為他們希望能夠鼓勵其他人也能忍耐、尋求並探索到一個互動夥伴式的婚姻關係（dynamic partnership marriage）（為了保密的緣故，在大多數的例子中，我們更換了主角的名字）。

右頁中那個「婚姻車輪」的圖，概述了我們婚姻延續所必備的因素。本書的每個部分（同時也在婚姻輔導課程的每一週）講述了這個車輪的每一個部分。經驗告訴我們，如果要讓「婚姻車輪」不顛簸搖晃，特別是當道路崎嶇難行時，那麼車輪上任何一個部分都是不可或缺的。在第十章中我們將進一步論述。

車輪的邊緣所代表的是委身，這是將各個部分連在一起的要素。有些人主張，現今婚姻應當拋棄白頭到老的理想，合則聚，不和則散。那麼，傳統的婚姻觀如今還有存在的價值嗎？我們的回答非常響亮：「當然有。」我們認為，婚姻仍然是至關重要的，不僅對個人而言如此，婚姻也是每個社會的基礎。婚姻是家庭生活的理想基礎，特別是透過對父母之間彼此委身的感受，孩子們能夠學習到什麼是委身和相愛的關係。在孩子的教育中，沒有什

麼比這個更加重要的了。孩子也像大人一樣，藉著自己眼見所學的遠遠多過大人口頭所教導的。一位父親最近告訴我們說：「我已經意識到，愛孩子的最好方式是經由愛我的妻子來表達。」

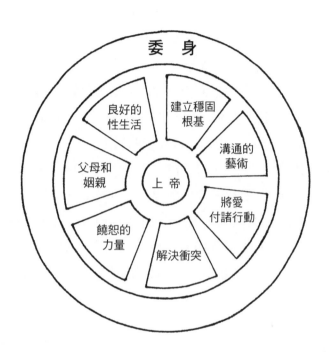

但是，婚姻不僅僅是只為著孩子們的益處。我們所有人心中都有一個深深的渴望，就是能夠在情感、心靈和身體上向另一個人完全地敞開和坦白。這樣的親密關係只有在有委身的關係中才能建立。只有當我們確切地知道自己不會被辜負的時候，我們才敢展現那個最內在的自我。

婚姻是神所設計的，在這一關係中，男女雙方都將自己完全、徹底地交付給對方。在婚禮儀式中，牧師或神父會祝福新人，為他們禱告，宣告他們在神和世人面前的結合。其實，令婚姻成立的乃是男女雙方相互的誓言。這誓言的每個字句都強調著終身的

委身關係：

新郎：我（姓名），願意娶你（姓名）作為我的妻子，從今天開始彼此擁有，互相扶持，無論順境或是逆境，貧窮或是富裕，疾病或是健康，我都愛你、保護你，直到死亡將我們分開。這是照著上帝聖潔的律法，也是我最真摯的誓言。

新娘：我（姓名），願意嫁你（姓名）作為我的丈夫，從今天開始彼此擁有，互相扶持，無論順境或是逆境，貧窮或是富裕，疾病或是健康，我都愛你、保護你，直到死亡將我們分開。這是照著上帝聖潔的律法，也是我最真摯的誓言。[1]

婚姻關係是神所設立的持續一生的愛的經歷。聖經中教導了許多如何維繫此親密關係的實用建議。耶穌說，凡聽見祂的話就去行的，好比一個聰明人，把房子蓋在磐石上；雨淋，水沖，風吹，撞著那房子，房子總不倒塌。（參馬太福音七章 24-25 節）就如同這房子一樣，建造婚姻的道理也是如此。

---

1 取自聖公會婚禮儀式，《另類儀式》（The Alternative Service Book），1980。

第一部分

建立穩固根基

Building Strong Foundations

第 一 章

遠 景

Taking a long view

　　在我的旁邊，正睡著一個女人。此時此刻，我一伸手就可以摸到她，易如摸到我自己。恍惚間，這彷彿像想要觸及高山或者月亮一樣遙不可及，又好比在觸摸一位睡在身邊的天使般不可思議（細想起來，她可能真的是一位天使）。每當思想至此，那種無法言喻的美好就在心中激盪，幾乎撼動我的心房，這時可能只有兩種想法能安撫我：一個就是我曾在無數個清晨從這個女人身邊醒來；再一個就是，世上，每一天都有無數的男人女人在醒來的時候彼此相偎相伴，數千年來一直如此。

——梅麥克[1]

---

1 梅麥克（Mike Mason），《婚姻的奧祕》（The Mystery of Marriage），（三角出版社，1997），第 160 頁。

婚姻是一個獨特的機會。藉著婚姻，我們將自己生活的每一層面與另一個人分享。我們彼此承諾要一同經歷人生的高山低谷；並且因著這些承諾，我們敢於將自己的一切向對方敞開。

在婚姻中，我們彼此相屬、感受對方的痛苦、彌補各自的缺陷。我們因對方的長處而歡欣，也因對方的成功而雀躍。我們擁有了一個顧問、同伴、摯友——簡而言之，是一個一生之久的夥伴。如果我們能夠有足夠的耐心、足夠的友善、足夠的無私，我們將會發現彼此都是一個取之不盡的寶藏。

如果你讓貓出去，我就為你泡茶。

婚姻，給無數人帶來無以言表的喜悅。在整個歷史長河中，在世界各地被人們用各樣的慶典和詩詞、歌賦所頌揚。

婚姻是什麼

因此，人要離開父母與妻子連合，二人成為一體。

（創世記二：24）

所謂婚姻，就是二人彼此連合，成為一體，因此這是人類社會最為親密的一種關係。也許有人會抗議說親子關係比婚姻關係更為親密，因為孩子的生命始於母親。然而，一個健康的親子關

係必定會隨著孩子離開父母的愛巢、成立自己的家室而越來越分離、越來越獨立。婚姻關係則截然相反。原本陌生的兩個人，彼此相遇，攜手進入婚姻。他們所進入的這種關係，順利的話，必然是以日漸增加的互相依賴為特徵。

約翰‧貝理在他的《攜手人生》一書中描寫了他與亡妻五十年的婚姻歷程。當他年邁的妻子身患老年癡呆症時，是由他一直在照料看顧的：

> 回想往事，至今我都很難面對現在的形單影隻，過去我們總是一路相伴。……我所有與愛瑞斯相關的記憶就像是一件拉上拉鍊的衣服，又貼身又暖和，一直穿到此時此刻。清早，我將那台老式的手提打字機放在床上開始工作時，她就安安靜靜地睡在我旁邊。她的存在似乎開始於很久以前，也將存續到永遠。我知道以前的她一定與現在大不相同，但我卻對過去的她並無真切的記憶。[1]

這一共同成長的過程並不是自然而然的。大多數夫妻都帶著很高的期望進入婚姻。當他們頂著婚禮上撒下的五彩碎紙、在夕陽的餘暉中款款離去時，他們無法想像有一天可能不願再相守相伴。未來的日子可能不同於最初的想像，卻也有可能比想像的更美好。

丈夫和妻子都必須準備好營建他們的婚姻。這一過程中的每一階段都會帶來不同的挑戰和機遇。剛開始，我們也許會在對方

---

1 約翰‧貝理（John Bayley），《愛瑞斯‧美杜傳》（Iris, A Memoir of Iris Murdoch），（達克沃斯出版社，1998），第 57 頁。

身上發現一些令我們震驚的事情，而這些事情在最初戀愛和約會的時候也許毫不起眼。

對我和妻子而言，雖然我們在結婚之前就已經彼此認識達四年之久，但是進入婚姻以後，我們還是必須依出現的各種情況進行調整，這包括一些煩人的習慣、意外的舉動，以及與自己迴異的價值觀等。

你到底要養多少？

婚姻的第一個功課便是必須按照丈夫或妻子的所是來接納對方，而不要試圖將他們改造成我們所期待的樣子。這種彼此的接納必須一直持續，因為時光的流逝會帶來不可避免的變化。正如莎士比亞所言：

> ……那種愛算不得愛，
> 若它望風使舵說變就變，
> 或發現人家見異思遷也就消失得無影無蹤
> ……愛不受時光愚弄，
> 雖朱唇紅顏不免遭受時光之鐮的摧殘，
> 愛，絕不會隨時光而瞬息萬變……[1]

不管我們如何努力，都無法保持一成不變。我們的相貌會改變，不僅如此，我們的思想也會日趨成熟，性格會發展，各種的

---

1 引文取自斯坦利 · 威爾士（Stanley Wells）編輯的《莎士比亞十四行詩和一個愛人的怨訴》（Shakespeare's Sonnets and a Lover's Complaint），第116首十四行詩，第130頁。

環境也會變化。也許，最大的變化就發生在孩子降生的時候。當然，不孕同樣也是一個巨大而令人痛苦的挑戰和創傷。不孕或流產都會給婚姻帶來沉重的壓力，因此需要特別的耐心、愛心、支持與寬容。

孩子的出生會給父母帶來莫大的喜悅，但也常常伴隨著身體上的筋疲力盡。當孩子成長為青少年時不僅給父母帶來無限樂趣，也使我們有機會可以和他們如朋友般建立友情，但這一時期通常也會讓父母的情緒像坐雲霄飛車那樣起伏跌宕，疲倦不堪。最後，當孩子們搬出家門，我們也許會頓然因人去樓空而傷心不已，正如一位母親在孩子們二十歲出頭紛紛離家時所發出的感歎。

在養育孩子的這些年間，裡裡外外需要考慮的事情太多，以致我們輕易地忽略了自己的婚姻。毫無疑問，孩子們需要撫育，但婚姻也同樣需要培育。如果一對夫妻能夠持續不斷地經營彼此的關係，並且在家庭生活的各種壓力中彼此扶持，那麼，在婚姻中的最後廿五年將給他們帶來最大的滿足。

最近，我們的一位朋友向父母詢問他們的婚姻歷程。當時，她的爸爸轉身對她媽媽說：「我想，我們擁有一個非常美好的婚姻，有絕佳的經歷，也有艱難的時期。」二人都覺得，最困難的階段是在他們三十多歲的那段時間，那時孩子們尚且年幼，收入不豐，工作壓力大。但是隨著孩子們越來越獨立，雖然仍須仰賴父母照應，但壓力漸漸減輕，讓他們重新有時間和機會去全新地發現對方。

弗蘭克 · 莫爾在他的自傳中，描述了與妻子玻莉漫長婚姻中最後一階段對他的意義：

> 哥哥查斯和我十幾歲時，奶奶決定送給我們每個人

一個圖章戒指。我很討厭佩戴珠寶，所以她就給了我別的東西。

在我和玻莉結婚即將四十七週年時，玻莉問我想不想要什麼禮物當作紀念。忽然間，我就想到要什麼禮物了。我對她說：「我可不可以要一枚婚戒？」

玻莉大感驚訝。她說：「可以，但是你得告訴我為什麼在這麼多年後，你會突然想要一枚婚戒。」

「好吧，讓我再仔細想想清楚……」我半開玩笑半認真地對她說，雖然這回答不太適合回應這一浪漫時刻，不過也給了我時間思想……

我發現自己無法想像沒有玻莉的生活會是什麼樣子。她就好像是我的那第五條肋骨，或者是我在柏拉圖所謂「對完整的欲望和追求」過程中所尋找到的「另一半」。對我而言，對這「另一半」的尋找過程是一個奇妙而且成功的歷程。

我之所以想要一枚婚戒，是因為這象徵著我與玻莉的幸福婚姻。現在我在家工作時，她可能正在廚房，彎腰在水果筐裡揀白醋栗，邊揀邊溫柔地喃喃自語著，或者正在樓上為孫女修改裙子，雖然看不見她，但只要想到她就在我身邊，就會令我感到幸福不已。

我的快樂就是知道有她在我身邊。[1]

---

1 弗蘭克 · 莫爾（Frank Muir），《肯特州少年》（A Kentish Lad），（柯基出版社，1997），第404-405頁。

為何有些婚姻會運轉失靈

讓人感到悲哀的是，今天有許多婚姻卻未能經驗到這種親密。對某些人而言，經過最初的幾年之後，疏離感漸漸滋生，以至於二人不再親密聯結。這有可能發生在孩子們年幼而且纏人的時候，或是在孩子們剛離開家的時候。如果是後者的情況，夫妻可能會發現彼此間無話可說，因而以離婚告終。甚至可能會認為一開始他們就不該結婚。

我們自幼就沉迷在一個浪漫神話之中：灰姑娘幸運地遇見了她的白馬王子，二人永遠幸福地生活在一起。一旦發生摩擦或者失戀，那麼根據此神話的結論，我們應當是娶錯或嫁錯了人，因此也就註定了永遠要生活在不幸之中，或是以離婚收場。這一說法也在無數的愛情歌曲和電影小說中被反覆傳述。

在這一普遍流行的危險神話背後，存在的是一種認為真愛可遇而不可求、我們無法掌控或者幾乎無能為力的思想。

有時候，這種觀點在輿論眼中似乎是無可辯駁的。《衛報》最近刊登的一篇文章就宣稱，只有某些「幸運兒」才能將親密的婚姻關係維持二十年以上，一般頂多維持四年左右。一旦你失去了，那麼「世界上再無任何東西能重燃這一魔幻火花……不管你覺不覺得，這就是結局」。這篇文章又堂而皇之地安慰道：「令愛情火花死灰復燃的唯一方法就是換個人選。」[1]

然而，任何一個擁有數年穩定婚姻的人都會認為，關係需要努力去營造。要想雙方彼此緊密聯結，所需要的遠不僅是一些浪

---

1 《衛報》（The Guardian），1998 年 10 月 24 日，第 3 頁。

漫的感覺，而是每一天中所做的選擇。有時候，夫妻雙方必須就一些敏感話題進行溝通；而有時候，則必須約束自己對另一個男人或女人的吸引。浪漫感覺也許會消失一段時間，但當這些感覺再次回來時，就會上升到一個更深、更豐富的層次。對於那些並未實踐「無論順境或是逆境」婚姻誓約的夫妻而言，他們註定會遭遇令人驚訝或是婚姻失敗的結局。

　　婚姻的破裂常常是多年來夫妻雙方逐漸疏離的結果。這首名為《牆》的匿名詩，所描述的便是如此：

　　　　桌上的那張結婚照片正嘲笑著，
　　　　這兩個生活不再相交的人，
　　　　他們給愛設置了堅固障礙，
　　　　再強烈的言語或觸摸都無法攻破。

　　　　在第一個孩子長出第一顆乳牙
　　　　與小女兒的畢業典禮之間，
　　　　他們迷失了彼此。

　　　　這些年間，他們各自慢慢地
　　　　將那名叫自我的線球揭開，
　　　　這線球的細線纏繞糾結，
　　　　他們在死結中掙扎，
　　　　各自向對方隱藏。

　　　　有時她在夜間哭泣，
　　　　祈求黑夜能悄悄告訴她自己是誰。

躺在身邊的他就像一頭正在冬眠的熊，
在深沉的鼾聲中對她的冬天一無所覺。

曾有一次，當他們親熱之後，
他想告訴她自己多麼懼怕死亡，
卻害怕呈現出自己赤裸的靈魂，
於是轉去誇讚她美麗的雙峰。

她去修了一門現代藝術，
想要從油布的濃墨重彩中找到自我，
又在別的女人中間，
抱怨著男人們的麻木不仁。
他爬進了那稱為辦公室的墳墓，
用重重的資料將自己包裹，
在客戶中將自己埋葬。
漸漸地，他們之間的那道高牆，
被那稱為冷漠的灰泥加固。
有一天，當他們伸手去撫摸彼此，
卻發現中間已有一道穿不透的屏障。
那石頭的冰冷令他們猶豫，
各自從另一邊的陌生人面前退縮。

愛的漸漸死亡，
不是因為一場憤怒的戰役，
也不是因為身體的火焰冷卻。
在那一道無法逾越的高牆下，

它張口氣喘，力氣耗盡。[1]

很多婚姻之所以破裂，並不是因為夫妻雙方彼此不合，而是因為丈夫和妻子從不知道，要讓婚姻關係正常運轉需要付出哪些努力。現今社會，能在婚姻關係上給孩子們做出良好榜樣的父母也越來越少。

我們生活在一個消費時代，這時代的人們不習慣修理東西。要是某件東西出了問題，直接購買一個新的比維修舊的更為方便和便宜。咄咄逼人的廣告業不斷鼓動我們去關注那些自己不曾擁有的事物，而不是為已經擁有的感恩。這導致我們越發期望自己的各種欲望能儘快得到滿足，這情況正像是某個信用卡的廣告：「將等待從期待中驅逐出局」。這些都在不斷慫恿我們，要我們相信，滿足感並不是來自於努力得來的事物，而是來自於盡可能不勞而獲的事物。

社會學家和暢銷書作者——阿爾溫 · 托夫勒（Alvin Toffler）曾經如此寫到，今日的人們都有一種「用之即棄的心態」。他們不僅有用之即扔的產品，而且還有用之即棄的朋友。正是這種心態導致了用之即棄型婚姻的產生。[2]

今天，許多人看待婚姻就像是一個臨時合約，契約的長短全在乎兩人間愛情的長短。我們的文化強調個人自由。如果一個關係不能令個人感到滿足，那麼最好的辦法就是解除。如果婚姻中不再有愛，那麼最好趕緊結束。

---

1 引自薩姆 · 湯普森（Sam Thompson）的錄音帶《婚姻中的交流》(Communion in Marriage)，第二輯第二部分。安納罕：VIM1984。

2 引自薩爾溫 · 休斯（Selwyn Hughes）所著的《上帝所設定的婚姻》（Marriage as God Intended），（金斯威出版社，1983）。

　　但是我們發現，對社會而言，這些後果並不是那麼輕易就能抹去的。婚姻關係的一體性，意味著兩個人無法被乾乾淨淨、毫無痛苦地區分開來。就好像將兩張紙粘在一起，就成為一體，絕對無法在不損害任何一方的情況下將它們分開。

　　演員邁克爾 • 凱恩（Michael Caine）最近接受採訪時談及他第一次婚姻的破裂。當時他極度窮困，他的妻子帕翠莎因此試圖說服他放棄演戲。但「他非但沒有放棄自己的夢想，反而選擇了分手」。現在，他說，假如他當時知道這會帶來如此的痛苦，「我一定會不計任何代價地留下來。如果我當時和帕翠莎一樣堅強，我們的婚姻也許就能維持……」。[1] 邁克爾 • 凱恩說得對，婚姻的確可以維持，但這需要夫妻雙方審慎的、毅然決然的行動。

　　有兩年多的時間，我們鄰近倫敦最大的住宅開發區，相隔僅僅十英尺之遙。在充滿了喧囂和塵埃中，我們也得以從臥室的窗口一窺建築施工的每個階段。我們親眼看到地底那堅實而徹底的地基工程。好幾個月的時間，四台打樁機打造了兩百多個填滿混凝土的洞，為建築提供扎實的根基。然後——這樣做了之後，這幢令人印象深刻的大樓才開始建築起來。

　　如果我們想要建立一個穩固的婚姻，就需要立下堅實穩固的根基。這樣做需要花時間，也很可能會產生塵埃和噪音。有時候，進展甚至緩慢得令人痛苦。全新的溝通方式需要開發，敏感或爭議性的話題需要討論，饒恕需要變成一種習慣。

　　對那些結婚多年的夫婦而言，也許某部分根基需要及時補強。最近，我們聽說倫敦北部有一座愛德華國王時代的房子正在進行

---

1 《每日郵報》週末版（The Daily Mail Weekend），1999 年 1 月 9 日，《與琳達 • 李 • 波特的面談》（Interview with Lynda Lee-Potter）。

一些改造。兩週後，有一個建築工人單獨待在房子裡，忽然感覺房子底層發生震動，於是急忙從後門逃了出去。正逃的時候，整座房子突然倒塌，瞬間成為廢墟。

在我們週圍，有些婚姻已經崩塌了。但我們也知道有一些婚姻不僅從不幸的邊緣被挽回過來，而且還進入了一種全新的愛和委身的體驗。

婚姻，就像一個家一樣需要維護，需要偶爾進行小小的（或是大動干戈的）維修。但無論是在家庭或婚姻這兩方面，都存在著無限可能的機會可以去創造、去做一些不同的事情，或者去稍稍地變動一下原有的狀況。婚姻可以變得停滯而令雙方深受束縛、備感無聊，也可以因為積極創新而漸入佳境。

任何一對夫婦，若想要關係更加親密，就必須在婚姻中積極主動。但常常，我們只是被動地反應。我們對彼此的行為或者言論消極地加以反應。事情出了差錯就責怪對方，自己受到傷害就採取報復。

這本書是為了建立穩固婚姻而提供的一個工具箱。每一章節都提供了一件不同的工具，你可以運用來塑造、修補、維護或者增進你們的關係。我們相信，即使只使用其中一件工具，也會讓你看到改善。

希望在閱讀和討論以下章節內容的時候，能讓你更加從容地對婚姻進行共同探討。有些人會發現自己的丈夫或妻子身上有一些美妙的地方是之前從未察覺到的，有些人會找到婚姻中有哪些方面需要特別關注。書中有一些方法是需要在生活中應用的，一開始你們可能會感到有些彆扭，但根據我們的自身經驗，我們確信，只要有耐心，就可以變成婚姻生活中一個正常又自然的部分。

專門回復讀者來信的專欄作家克蕾爾 · 雷納，講到自己與丈

夫德斯蒙德的婚姻時，如此說：

> 到今年，我們的婚姻已經度過了四十三個年頭。這不是偶然，也不是幸運。在婚姻中你越是努力經營，就會變得越發幸運。我們倆已經成為一體，不再是兩個獨立的個體。我們在一起很開心，遠超過獨處的開心。我仍然迷戀著他，感謝上帝，我想他也仍迷戀著我。[1]

---

1 《泰晤士報》（The Times），2000 年 2 月 15 日，《專訪希利亞 ‧ 貝雷菲德》（Interview with Celia Brayfield）。

第二章

謀求成功
Planning to succeed

時間在飛逝，無可挽回地飛逝。

——維吉爾[1]

我們必須將時間視為一個工具，而不是一張長沙發椅。

——約翰·菲茨傑拉德·甘迺迪[2]

---

1 維吉爾（Virgil），《農事詩集》第三冊，29BC（Georgics）。
2 約翰·菲茨傑拉德·甘迺迪（John Fitzgerald Kennedy），《觀察家》（TheObserver），
  1961 年 12 月 10 日。

第一次向我們詢問關於婚姻關係建議的那對夫婦，我們至今記憶猶新。當時，這對夫婦已經結婚十六年，有兩個小孩。丈夫是一個成功的商人，正處在事業的頂峰。在絕望中，他打電話過來，說他的妻子要離開他。過後，他們一起來到我們家，看上去有點兒尷尬。開門時，我們也覺得有點兒尷尬，不知道自己是否能夠提供一些有益的建議。

於是，我們問他們哪裡出了問題。他們二人開始清楚地描述過去歲月裡所發生的事情，但各自的版本不同。而且，彼此都不讓對方說完一句完整的話。十分鐘後，我們清楚地發現，比起回答我們的問題來，他們二人更熱中於互相攻擊。他們的婚姻看上去就像是一個死死糾纏的線球，與其耐心地去解開每一個結，還不如丟掉它再買個新的來得容易。但令人欣慰的是，他們都願意嘗試繼續待在一起。

看得出來，如果要讓他們的婚姻起死回生，就必須要有兩個改變。第一，他們需要花更多的時間在一起；第二，他們需要更有效地利用這段在一起的時間。因此，我們十分謹慎、試探性地建議他們，每天要抽出三十分鐘的時間來用於彼此交談，並且互相都要允許對方就自己的感受說上五分鐘的話而不打斷對方。同時，我們也鼓勵他們每週花一個晚上的時間一起外出約會，就像他們結婚之前那樣。

兩週以後，我們開門所看到的是兩個截然不同的人。他們已經開始走上了互相了解的旅程。當一對夫婦願意從被動回應轉變成積極主動；當他們願意單單為對方抽出時間來的時候，婚姻就可以有這樣的改變，這一切實在讓我們興奮不已。

共度美好時光

剝奪婚姻中一起相處的時間就相當於剝奪一個人的空氣或一株植物的水分一樣。有些植物也許能生存得更久，但最終都會枯萎、死亡。

「關愛家庭慈善機構」（Care for the Family）的執行理事羅布・帕森斯如此描述他所謂的「巨大的幻想」：

> 在生活中你可以同時做好幾項事情，卻不可能不付代價就能一一順利運作⋯⋯我們總有許多理由。其中一個主要理由就是我們會說服自己，有空的日子就快到了。我們對自己說：「等把房子裝修好以後，等獲得晉升以後，等通過這些考試以後——然後我就會有更多的時間。」所以，每次我們只能說：「親愛的，現在不行⋯⋯」我們對自己說，沒關係的，因為有空的那天很快就到了。最好在此時此刻，我們就意識到，那個所謂有空的一天不過是一個幻想——它永遠不會到來。不管情況如何，我們總是有潛力能填滿我們的時間。這也是為什麼我們必須為那些自認為重要的事情挪出時間，而且必須就是現在。[1]

安娜・默多克將她和魯波特之間的婚姻破裂，歸結為彼此給

---

1 羅布・帕森斯（Rob Parsons），《突破重重困難的愛》（Loving Against the Odds），（霍德和斯托頓出版社，1994），第 39 頁。

予的時間太少。1988 年，當她的第二部小說《家族生意》（Family Business）出版的時候，在一次採訪中，她如此論及自己的寫作：「我需要做一些事情來打發我的時間。我丈夫的時間幾乎排滿了，孩子們也不再那麼需要我。寫作是為了填補我的孤獨。」默多克夫婦的一個朋友如此評論道：「我相信，安娜已經受夠了她丈夫的勤奮工作，她其實是在說，『我不想這樣度過我們接下來的婚姻生活』。我認為，她在努力使她丈夫的腳步慢下來……魯波特完全地投身在工作上。如果你常處理美國、英國、遠東和澳洲等地的事務，這可能意味著你總是在打電話。」[1]

1999 年，魯波特・默多克本人在接受他的傳記作者威廉・肖克勞斯（William Shawcross）的採訪中，當被問及婚姻為何破裂時，也給出了相似的理由：

> 我常常出差，也非常熱中於做生意。對家庭我比別人更缺乏體諒，當有一天，孩子們都長大成人了，家庭忽然空蕩蕩地像一個廢棄的鳥巢，我們的家突然變成了只有兩個人的窩，而我們之間卻已經沒有共同的興趣，因為我把自己所有的興趣都留給了工作。這就是我們之所以逐漸疏遠的潛在原因。[2]

恰恰相反的是，披頭四合唱團的前成員，保羅・麥卡特尼（Paul McCartney）和他的亡妻琳達則非常在意花時間在一起，不

---

1 雷蒙德・斯諾德和卡羅爾・米潔麗（Raymond Snoddy & Carol Midgley），《泰晤士報》（The Times），1998 年 4 月 22 日，第 5 頁。

2 雷蒙德・斯諾德和卡羅爾・米潔麗（Raymond Snoddy & Carol Midgley），《泰晤士報》，（The Times）1998 年 4 月 22 日，第 5 頁。

管他的名聲和壓力有多大。他們的朋友和傳記作者，亨特・大衛斯（Hunter Davies）回憶說，保羅有兩件對他最為重要的事情——與家人在一起以及他的音樂。

　　他願意回到起初，重新開始。回到當地的禮堂、大學校園進行演出。深深觸動我的是他的成熟、明智和責任感，他認識到家庭的需要並勇於擔當。因此，羽翼合唱團（Wings）於焉誕生，他將生命中對家庭的摯愛和對音樂的激情結合一起。他帶著琳達和孩子們與他一起巡迴演唱，有時甚至就睡在拖車裡。

　　可以想像，有些評論人開始惡劣地批評琳達，他們批評她的音樂，說她根本就不具備音樂才能。他們也嘲諷保羅，認為他拖著琳達巡迴演出非常愚蠢。羽翼合唱團一開始並不是很好，但是經過不斷的共同學習和改善，後來越變越好。正像他們的婚姻一樣。[1]

要能和生命中最重要的人在一起，這樣的事往往不會自然而然地發生。這需要我們審慎地、毅然地作出決定。在結婚之前，大多數作丈夫和妻子的都會想方設法與對方共同度過可能的分分秒秒。婚姻諮詢專家蓋瑞・巧門描述得好：

　　當戀愛達到頂峰時，那體驗令人狂喜。在情感上，我們深深地迷戀著對方。晚上睡覺時，我們想著的是對方，早上起來，第一個想見到的也是對方。我們渴望在

---

1 《名利場》（Vanity Fair），1999 年 10 月，第 135 頁。

一起……當我們牽手時，就好像彼此身體內的血液都融為一體了……我們的錯誤在於以為這種情形會永遠持續下去。[1]

我們錯誤地以為如果真的相愛，那麼這樣的情感就永遠不會消失。但是，心理學家們的研究卻暗示著，這種狀態一般只能維持兩年。兩年以後，夫妻二人就不能單純地依賴感覺了。他們必須選擇去愛對方。

一旦結了婚，花時間在一起可能很快就不再是優先考慮的事項了。因為住在同一個屋簷下，我們很容易就會以為不需要再去調整自己的時間表了。我們很可能會將彼此的存在視為理所當然。但我們深信，已婚夫婦更需要繼續為對方安排出特別的時間。當我們剛開始戀愛時，為約會所投入的努力、期待、興奮感，以及精心安排的時間和地點等因素，都增加了約會的樂趣。如果在婚姻中，我們能繼續為對方保留時間，那麼浪漫就能持續，我們就能更有效地溝通，對彼此的了解也將更加深刻。在生活中規律地保留兩人相處的親密時光，必能幫助我們建立一生之久的美好關係。

咖啡館

在我的婚姻中，我們也為單獨相處的時間設立了一個固定的時間表。對不同的夫婦而言，可行的時間表也許不盡相同。但我們相信，如果沒有這樣一個時間表，那麼也許就永遠都沒有時間

---

1 《每日郵報》，1998 年 4 月 20 日。

在一起。如果有人問我們，為了維繫婚姻並讓愛情更加持久和甜蜜，哪件事情是夫妻雙方都可以做得到的，我們的回答是：

每週固定兩小時以上的兩人時光

由於找不到合適的詞語來對應英語中的「約會」一詞，在上婚姻輔導課程的時候，只好選擇使用「兩人時光」（marriage time）這一平淡無奇的詞語。這是一段不同於一週中其他共度的時間。平時在家裡的一個晚上可能平淡無奇，核對帳單、修修壞了的門把或者熨熨衣物。這些枯燥的家務瑣事是婚姻生活中不可避免的一部分，但是，如果我們只是拿起銀行帳單或者工具箱時才有話可說，那麼有意義的溝通就會窒息，愛情就會有麻煩了。

精心計畫的兩人時光能令婚姻中的愛火重燃。不必耗費心神大事鋪張，桌上燭光、背景音樂，再叫份兒外賣（還能給廚師放個假），再按下電話自動答錄機，安排好這些就足夠了。這樣的時光應當是有趣而令人難忘的。還可以一起去看場電影或是出去共進晚餐。應當彼此牽手、歡笑，享受一起做某件事情；更重要的，這應當是一段互相交談的時間，是彼此分享希望和恐懼、興奮與憂慮、掙扎與成就的時間。這樣的分享能夠建立親密的關系。簡單卻又非常有效。

但是要維持這段單獨相處的時間並不容易，因為總是有各樣的障礙妨礙我們：無法掌控的工作，還要想著接送孩子的時間，或者腦袋裡總想著有什麼事情需要完成而自己找來的壓力等。往往到一天結束時，已經差不多筋疲力盡，那個時候，最不費力的選擇就是坐在電視機前，儼然已是人在心不在了。

經驗告訴我們，要維持每週單獨相處的時間需要以下三個承諾。第一個承諾是要去計畫預留這樣的時間。丈夫和妻子都必須

從各自的記事本裡找出每週的最佳時間。當然這要視我們有無孩子、孩子多大、自己是在家工作還是在外工作等情況而定。我們需要考慮什麼時間最適合倆人。像我們的孩子現在都大了，各自的工作又比較特殊，所以，對我們而言，一次為時兩個小時的午餐通常是最合適的。於是，我們就把它列入記事本裡，一週一次，不僅將之視為一個承諾，也視為一個已經接受的邀請或是已經設定的約會。因為我們的生活都很忙碌，通常會提前三個月來安排這每週的二人獨處時間，並且每週都慎重地將對方的名字寫進自己的記事本中，就像記錄任何其他的約會安排一樣。

計畫和自己的丈夫或妻子共度美好時光的想法，聽來也許有點做作，甚至可能是在這愛的關係中最易被忽略的。夫妻通常並不是一開始就刻意要忽略彼此，但是日常瑣事會偷走我們一度努力想和對方相處的時間。

第二個承諾是要將這一共度的時間視為最優先的事情。這意味著，要意識到它比其他事情更重要，儘管我們也可以將自己的閒暇時間用於其他很多很好的事情，比如看望家人、在家裡娛樂休息、參加聚會、和朋友們觀看足球賽或者去參加教會活動等等。但把與配偶共度的時間視為一項最優先的事情，這是夫妻相愛的強有力標記。

我倆剛結婚的時候，經常做不到這一點。當有人邀請我們一同做什麼事情的時候，總覺得如果回覆說要將晚上的時間留給自己，是不友好的表現。所以，我們現在不說：「我們要待在家裡」，而是說：「很對不起，我們有別的事情」，並不需要告訴他們我們要做什麼。如果接到一個令人心動的邀請，卻與我們二人獨處的時間相衝突，我們有一個約定，就是如果不事先與對方協商好就不接受這個邀請。通常只有當原先安排的兩人時光能更換到這

一週的其他時間時，我們才會選擇彈性安排。

　　第三個承諾是要去保護這段時間不被干擾。各種各樣的干擾都會摧毀我們的共度時光。電話尤其常常會綁架我們。有些人的電話我們不能不接，有些人一聊就得好幾個小時。如果是這種情況，就應當考慮買一部有自動答錄功能的話機或者選擇拔掉電話機插頭。

　　對某些人而言，電視則是主要的入侵者。電視可以輕易地奪走每週許多的時間，而有些時間本來是可以用於彼此交談的。艾倫・斯圖奇在他的《婚姻與其現代危機》一書中，如此寫道：「……電視對剝奪家庭共處時間的影響是極巨大的，對夫妻彼此溝通分享的影響也是具毀滅性的。電視源於一種尋求個人滿足的文化，並且持續不斷推崇著這種文化。」如果電視對你們是個問題，那麼就做點改變吧，將它從起居室驅逐出去——或者讓你們家成為一個無電視的家庭。

　　我們會試圖將每週的二人獨處時間安排在一個不會撞見熟人的地方。雖然家庭和朋友的需要很重要，但是沒有任何需要比我們投資婚姻更加重要。

　　我們越是忙碌，這一共度的時間就變得越發重要，也就越發困難。有時候，我們中有一方或是雙方都會因一些其他緊迫的需要而分心。但是當我們對共度時光的長遠利益確信無疑時，就能比較容易抵抗想要取消這一時間的誘惑。當然，可能有某些星期，就是不可能待在一起。但我們發現，如果兩週沒有一起放鬆、好好溝通的話，對一個婚姻而言，已經是過長的時間了。我們會很

快發現，彼此不再有什麼接觸，也常常感到情緒不佳。但如果我們在一週中有過這段時間，那就會體驗到一種幸福感：那一週會顯得更平和，較不易被生活的各種需要糾纏，也能更好地與對方以及孩子們相處。

共度一天

每隔四到六個月，我們就會計畫一天時間用於單獨相處。我們將這段時間用來探討那些平時沒有時間，或沒有精力去討論的事情。我們會回顧往事，看哪些方面做得比較好，哪些方面需要關注；也會考慮我們的經濟情況，為未來設定一些目標，也為我們的婚姻和家庭生活構思出一些新的點子。

每隔幾個月就撥出一段這樣的時間，能夠幫助避免一些大事的積壓。對我們而言，這些時間已經變得特殊而有趣。因為住在城市，我們會盡量選擇去鄉村。我們一起出去散步、共進午餐、給彼此足夠多的時間談心。有時候，我們會記下一些想到的計畫和目標，好在未來的年月裡進行參考。

節期假日

我們發現，仔細地考慮度假的地點和方式是極為必要的，而且要考慮到各自不同的需要和喜好。常常，我們很容易隨興而為，想到什麼就做什麼，或者就簡單地接受別人遞過來的第一份邀請。我們也曾有過一些這樣的假期，未能充分享受不說，回來以後反而需要另一個假期來恢復。假日的主要目的是離開日常瑣事、享受共同樂趣和共度美好時光。我們發現，有些時候，和許多朋友、朋友的孩子或其他家庭共度假期的確非常美好，但也並非總是如此。

小型蜜月

　　一年一次夫妻二人不帶孩子，外出兩至三天，對我們的關係所產生的影響是令人稱奇的，使彼此的關係獲得更新。對於那些孩子尚年幼的夫婦而言，要籌畫這樣的時間也許比較困難，但絕對值得努力。如果你找不到一個能夠照顧你孩子的家庭，那就看看有沒有機會可以和擁有同樣年齡層孩子的朋友們互動一下呢？

　　如果外出花費太貴的話，也可以待在家裡（但是需要孩子不在身邊），做一些與平時完全不同的事情。也可以和住在外地的朋友或家人交換一下住所度假。我們將每年這樣的時間看作是一次小型的蜜月。從中所得到的益處和回報會遠遠超過籌畫這一蜜月所付出的一切努力。

分開的時間

　　雖然我們強調夫妻應當花時間彼此相處，但大部分的丈夫和妻子仍然會需要一段彼此分開的時間。我們有一對結婚有些年日並且婚姻幸福的朋友，他們回憶說，婚禮剛過了三週，丈夫就不得不離開新婚妻子一週的時間。每個人都同情這個可憐的、孤伶伶的妻子。可是，她卻喜出望外。因為她終於可以正常睡覺了。和丈夫共睡一張床的不適應、和另一個身體踢來碰去、再加上中間的驚醒，她已經筋疲力盡了。一週的恢復正是她所需要的。

　　雖然分開的時間並非出於迫不得已，卻需要來自夫妻雙方自願而且真誠的認可。過量的「男士之夜」或「淑女派對」對婚姻並無幫助。而且，任何一個此類的邀請都需要夫妻共同仔細考慮。與其傷害婚姻，倒不如選擇令朋友失望的決定。

　　在我們單身時期所建立的許多友情中，如果有一些能在婚後

令夫妻雙方都感到享受，在婚後這樣的友誼也許反而會更加深。但是要維持每一份友情是不可能的。如果某些友情會在某一方面對婚姻構成威脅，特別是那些會令夫妻一方衝昏頭腦以致犯下不忠行為的，那麼這樣的友情就必須任其消失。我們應當以這種方式來忠於我們的結婚誓言：只要你們雙方都還活著，就當彼此忠誠。這是婚姻所當涵括的一個新起點。

這並不是說，夫妻必須什麼都要一起做。我們並不是企圖強迫對方任何方面都變得與自己一樣。很有可能我們會對一些社交場合、教會活動、社區活動，以及與工作或閒暇時光有關的邀請有不同的感覺，而且這些事情常常與個人的性格或某一特定方面的才能以及自信程度緊密相關。當然，應當優先考慮的是找到那些能讓夫妻雙方都覺得享受的活動，但是的確會有一些興趣與愛好並不是雙方共有的。

許多夫婦對婚姻的這個層面感到為難。當一方想要分開一段的時候，另一方就會感到被拋棄。事實上，夫妻之間的確需要獨處的時間，這會讓他們意識到重聚的必要。在健康的婚姻關係中，配偶會珍視對方的個人空間，並且會支持彼此的理想和事業。[1]

以下有四個問題供我們參考，特別是針對有年幼孩子的夫妻：

1. 丈夫和妻子有沒有給彼此一些機會，用於培養個人愛好？
2. 我們的個人愛好是令我們彼此憎惡呢，還是我們由衷地喜歡給對方這樣的時間？
3. 我們最注重的是想要令對方擁有自由呢，還是想要將時間據為己有？

---

1 蓋瑞・巧門（Gary Chapman），《愛之語》（The Five Love Languages），（諾斯菲爾德出版社，1995），第 29、36 頁。

4. 如果家庭的實際情況要求我們放下個人愛好,那麼我們會
   甘願放棄嗎?

如果夫妻雙方態度正確的話,那麼追求個人愛好不但能防止
婚姻關係變得單調乏味,或抑鬱恐懼症的出現,還能給婚姻注入
生氣、刺激以及各種新思維和新故事。但是,如果某些愛好會導
致夫妻之間產生距離,或者會給婚姻造成巨大壓力的話,那麼就
應當減少或者放棄這樣的愛好。

希拉

力奇的愛好之一是帆船運動。當我們初次在愛爾蘭
西南部見面時,我就意識到了這一點。在那兩週的帆船
比賽中,我也總是第一個自願加入他的隊伍。過了些年
以後,我們發現帆船與照顧嬰兒之間完全無法相容。

經過許多的壓力、間或的憤恨以及苦悶後,我們終
於作出決斷:帶著四個八歲以下的孩子,花兩週時間去
參加帆船比賽,但這行動帶來的衝突已經遠超過它帶給
我們的樂趣。

因此,這許多年來,每次度假,我們都會給力奇三
到四天時間去參與一些帆船比賽,其餘的假日時間則完
全是一家人共同度過。現在,孩子們都已經成了熱心的
水手,而我則常常和他們一起爭做力奇隊伍的成員。

保持接觸

只有當我們摸索出一個方法,能經常向對方敞開個人世界時,

兩個生命合而為一的過程才得以進行。有時這也許需要付出巨大努力，但是我們在一生中所投入的各種貢獻，將使其成為一個可以容納無數夫妻共用經歷的寶藏，並為我們建立起一道互相理解的管道，將我們彼此聯結得更加親密。

正常情況下，在一天的開始，我們就會分享自己當天的計畫安排，以及一些可能令自己感到壓力或焦慮的事項；接著，我們就為彼此禱告，然後各自分開（我們將會在附錄 4 中更詳細地描述）。這一小段僅僅幾分鐘的時間必須與不斷改變的家庭生活模式配合。當孩子們還年幼時，我們會在起床之前互相分享和禱告（雖然有一些困難！）等他們大一些了，我們就會等他們出門上學以後，再立刻開始。

如果我們在這些日常生活的細枝末節上能保持接觸的話，那麼這將產生巨大的長遠利益。當我們有一個或一些晚上需要分開時，我們會至少一天一次致電對方以保持聯絡。這使我們能夠成為彼此「世界」的一部分，也對我們的彼此了解有著深遠的影響，這也幫助我們在重聚時能夠順利地重新適應對方。

到了晚上，往往很容易悄無聲息、彼此無關地結束了一天，一個倒在沙發上睡去，另一方獨自爬上了床。為了我們的關係，不管有多累，我們總是會努力在一天結束的時候、在我們準備好上床睡覺或是一方還在泡澡的時候，重新和對方連接。一個結婚廿五年的妻子如此描述他們的深夜生活：「這是我們婚姻的奶油：夜色中互相交流著白日所發生的點點滴滴。」

結　論

　　穩固婚姻的核心是源於一種穩固的友情。如果沒有積極正面的培養和連結，即使良好的友情也會逐漸疏遠。要使我們的友誼成長，首先要投資的就是每天、每週、每年執著地花時間在一起。

　　這將為建立一個穩固的婚姻提供堅固的根基。每週的二人獨處時間已經成為我們一項美好的投資，成為讓我們緊密相連並讓浪漫持續的唯一重要方法。精心計畫安排、調整優先次序、竭力守護在一起的時間，不再幻想「等有空兒的時候」的相聚。要常常記著羅布・帕森斯的話：「……我們必須為那些自己認為重要的事情創造時間，而且必須就是現在。」[1]

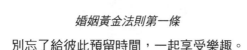

婚姻黃金法則第一條

別忘了給彼此預留時間，一起享受樂趣。

---

1 羅布・帕森斯（Rob Parsons），《突破重重困難的愛》（Loving Against the Odds），（霍德和斯托頓出版社，1994），第 39 頁。

第二部分

溝通的藝術

The Art of Communication

第三章

如何更有效地溝通
How to talk more effectively

最重要的就是將已經開始的談話繼續下去。

——莉比 · 帕維斯 [1]

---

1 莉比 · 帕維斯（Libby Purves），《大自然的傑作——家庭倖存指南》（Nature's Masterpiece, A Family Survival Book），（霍德和斯托頓出版社，2000），第 221-222 頁。

在結婚三年之後，1986 年 12 月，安娜離開了她的丈夫詹姆斯，與另一個男人一起生活。她想要離婚，並且已經開始了訴訟程序。詹姆斯則開始為他和安娜的和解禱告，儘管那個時候安娜甚至拒絕和他見面。

兩年半後，暫准離婚的宣判（離婚的第一階段）下達。1989 年 7 月，詹姆斯寄給安娜和她的新伴侶兩張葛培理（Billy Graham，又譯葛理翰）佈道大會的門票。但是，安娜將票退還給他。剛巧，那一次葛培理決定多住一晚，好在溫布萊體育場（Wembley Stadium）佈道。於是，詹姆斯又寄了兩張門票給安娜。這一次，安娜給他打電話說，她的伴侶不想去，但如果詹姆斯願意去的話，她可以和他同去。

安娜後來寫道：「葛培理所講的每句話似乎都在撞擊我的心房。我的工作很順利，自己又開始了一段新的關係，但仍然不快樂。他說了許多要徹底重新開始之類的話。我心裡則想著說：『等我處理好離婚的事情以後，就能和男友開始新的生活，或者我也可以獨自生活了。』」

在葛培理的佈道結束時，安娜從看台上走下球場，將她的生命獻給了基督。「淚水中，我強烈地感受到神的愛，並且感覺自己生命中各樣事情的優先順序正在重新排列。我相信，神在給我一個新的開始，但我也清楚地感覺到祂對我說：「現在我將要重建你的婚姻。」就在那一刻，我突然意識到，我的婚姻在神眼中極為寶貴，祂要在我的婚姻中施行奇事。神用某種方式向我保證，祂不只是要修補我的婚姻，而是要徹底地更新它。」

葛培理團隊中的一個輔導員走到安娜身邊，問她有沒有跟同

伴一起來。淚光中，安娜回答說：「有。」輔導員又問，與她同來的人是不是基督徒。她又回答說：「是的。」輔導員就建議安娜去把他找來。安娜說：「可是他是我的丈夫。」輔導員聽了之後高興地說：「那好極了！」安娜繼續說：「但是你不知道，這是我兩年半來第一次跟他碰面。」聽到這裡，那個輔導員也驚訝地哭了起來。

安娜知道她應該回到丈夫身邊。她和詹姆斯不得不去法院取消了暫准離婚的宣判。法官對此感到欣喜異常，他們自己也高興得哭了。現在，十八年過去了，他們已經有兩個孩子，而且彼此深深地相愛。

最近，我們請他們反思一下彼此分開之前到底是哪裡出了差錯。他們二人一致認為是因為雙方的溝通不良。安娜寫道：「我們的婚姻之所以會破裂，是因為我們未能和對方分享內心真實的感覺。這在我們之間造成不合，但一開始很難察覺。當我們復合以後，我決定不再向詹姆斯隱瞞任何的想法。過去，我總是習慣在心中想著那些婚姻中負面的東西，卻不將它們說出來。事實上，我總是在內心控訴詹姆斯，卻不曾給他機會來為自己辯護。」

「現在，當我們任一方有什麼心事時，都會比以前更容易讓對方察覺，也會一再追問，直到他把心裡話說出來為止。我的情緒波動常常比詹姆斯大。如果我感到心情不好的話，就會覺得很難交談，因為那時我會傾向在情感上封閉自己。在這些時候，我們必須更加努力，才能繼續溝通。」

詹姆斯寫道：「如果一定要我說出一個之所以分開的理由，那就是無效的溝通。我很清楚地記得，我們之間的溝通常會變成一種固定模式：空氣中可以彌漫著各樣的話語，卻沒有任何實質的意思。現在有許多論述都強調必須要有所謂的優質時間，但根據我的經驗，那只會為夫妻之間劃定界限。有效的溝通意味著向

對方展露我們生活的所有層面。對我而言，這也包括展露出我向來所隱藏的那些面向。這不僅需要時間，還需要勇氣。」

「我除了需要知道安娜無條件地接納我以外，也需要一些特別的勇氣。我發現，這樣的勇氣只能來自於上帝。沒有祂，不僅過去的我，就算現在的我也將是無可救藥，就算我有再好的企圖，也是徒然。在成為基督徒以前，我週圍的女性對我的共同評價就是：『我們從不知道你有什麼樣的感覺。』事實上，我感覺自己在情感上比較遲鈍，似乎一大半的我好像被深度凍結了一樣。這就好像我去哪裡都帶著一個隱祕的屏障，除非我試圖去接近某人，否則我就一直躲在這個屏障之後。」

「在過去的十八年間，我開始看到，靠著上帝的恩典，夫妻真的有可能一起成長——彼此之間的關係隨著時間的流逝反而逐步加深。我不僅自己親身經歷，甚至一次又一次在別的基督徒夫婦身上看見這成長。這是我一直想要的，但一度以為這只會出現在電影或小說的情節中。」

詹姆斯和安娜在溝通上的問題，也同樣存在於很多其他夫婦身上。所謂溝通，並不僅僅是彼此交換資訊，嚴格地講，是要分享我們的各種想法和感覺。透過這種方式，讓對方了解自己。

在溫斯頓・邱吉爾夫婦長達五十六年的婚姻中，雖然因為政治和兩次世界大戰的緣故，很長時間彼此分開。但是他們一直不斷地用信函、日記、電報、便箋等方式彼此溝通，至今仍有 1700 多封手稿被保留了下來。[1] 他們一直維持著向對方傾訴自己的想法

---

1 《不言而喻：溫斯頓・邱吉爾和克萊門汀・邱吉爾的私人信件》（Speaking For Themselves. The personal letters of Winston and Clementine Churchill），由瑪麗・索姆斯（Soames）編輯，（黑天鵝出版社，1999）。

和感覺的習慣。這樣不間斷地溝通一定在某種程度上幫助了他們維繫對彼此一生之久的愛情。

理想的婚姻是，丈夫和妻子之間不存在任何祕密。最近有一齣描述維多利亞女王的電視影集，當中有一場女王和首相墨爾本爵士之間的對話。女王徵求首相的意見，對於是否該將各樣國家事務告訴她的新丈夫——阿爾伯特親王，因為他是一個德國人，也許會給予不同意見。墨爾本爵士給了一個非常智慧的回答說：「在婚姻中，夫妻之間意見不合遠不如彼此保有祕密的危險。祕密會招致不信任！」

當然，我們也許需要學習如何與對方溝通。《星期日郵報》上有一篇文章，講述了一位名人婚姻破裂的原因。該文引用作丈夫的話說：「當我們去接受婚姻輔導諮詢的時候，我驚訝地發現我們居然從未真正地交談過。我聽見我的妻子在向一個完全陌生的人講著一些我從未知曉的感受。而我其實也在做著同樣的事。我們藉著那陌生人才知道彼此的想法。」

華盛頓大學家庭研究所所長約翰‧戈特曼教授（John Gottman）對一些擁有三十年以上婚姻關係的家庭作研究後，如此評論道：

　　往往是，當一方主動接近另一方、想要引起對方的注意時，卻碰了釘子。他們在感情連結上出現了問題……人們對自己伴侶的渴望是「讓我知道你愛我」。但許多人卻是生活在情感的荒漠之中，這就是為什麼他們在感情上會極度饑渴。[1]

---

1 切莉‧諾頓（Cherry Norton），《星期天獨立報》（The Independent on Sunday），1999 年 10 月 3 日，第 6-7 頁。

我們中有些人無法好好地聆聽，另一些人則無法清楚地表達自己的感受，正像詹姆斯在前面所描述的。我們不僅需要學習表達，也需要善於聆聽。

說　話

談話的重要性

史蒂文生（Robert Louis Stevenson）如此描述婚姻：

> 婚姻就是一段長時間的對話，充滿著不同的爭論。但兩個人會越來越適應彼此的想法。隨著時間的流逝，他們不知不覺地把彼此領進一個全新的思維世界。[1]

幾年前，當孩子們還小的時候，有一次我們將他們交給祖父母照顧三天，好讓我倆有一些單獨相處的時間。我們去了蘇格蘭高地，找了一家小旅館住下來。我們都非常期待這個假期，渴望有一段很長的時間彼此交流。到達旅店時已經是晚上，進到了房間，放下行李，就去到樓下的餐廳。

餐廳中有許多夫婦，大部分看來都像結婚二十年以上了。但是，除了杯盤刀叉的聲音，一片寂靜。我們被領到餐廳中間的一張餐桌，兩個人坐得盡可能靠近彼此，交談也只能竊竊私語，免得被其他人聽到。

---

1 莉比・帕維斯（Libby Purves），《大自然的傑作 ── 家庭倖存指南》（Nature's Masterpiece, A Family Survival Book），（霍德和斯托頓出版社，2000），第 221 頁。

我們相信，要是這些夫婦在外和朋友們在一起，甚或是在一個派對中與完全陌生的人在一起，應當不會整晚上都保持沉默吧，他們肯定會努力地主動與人攀談。我們當在配偶的身上盡最大的努力，但許多夫妻未能認識到這點，這也是他們的悲哀。

當然，除非刻意安排出時間，否則夫妻通常只會在狀態最差的時候見面：早上半夢半醒之間或是晚上精疲力竭的時候。電視或報紙取代了談話。彼此之間的交談只限於交辦的事情，比如：「可不可以把我的外套送到乾洗店去？」「能不能幫我把這個給寄出去？」或者只是交換一些簡單的資訊，「羅伯特升職了」「對街的某太太生孩子了」等等。

付出努力

假如我們一開始與丈夫或妻子約會的時候，就不太與對方交談，那麼現在兩人也許就不會結婚了。只有當我們付出努力，關係才會穩固。一個在婚外情邊緣掙扎的女人述說自己被另一個男人吸引的原因：「他似乎對我很有興趣——總是找些問題問我。」

除非我們讓自己對別人發生興趣，否則就不會知道那個人是否有趣。婚姻中的一大祕訣就是問問題，向對方詢問一天過得如何，做了什麼事情，有什麼擔心的事情，有什麼興趣、憂慮、希望以及計畫等。我們可以發現對方就日常事務有何看法，也可以了解對方如何看待一些大事。

很多夫妻有不同的生活方式。最近我們和一個澳洲的商人交談。他有一份瘋狂的工作，大部分的時間都在打電話。從早上上車時電話響起，一整天都不停歇，一直到晚上開車回家時把電話關機才得平靜。

他的妻子也曾經有一份類似的工作。如今，她全職待在家裡

照顧三個不到五歲的孩子。當聽到開門聲音時，妻子已經迫不及待地想要與「一個成年人」交談，並且期待在晚餐桌上有些風趣的談話。而當丈夫步入自己的聖所時，他所想的只是獨自放鬆下來。兩個人都知道他們必須付出極大的努力才能體貼對方的需要。

我們所認識的另一對夫婦，針對這種情況想出一個策略。當丈夫下班時，他就將以下的時間視為屬於妻子的時間。因此，在回家的路上，他就開始想她以及她一天的生活，以此來預備自己再度見到妻子，以及兩人將如何共度晚上的時光。當妻子在等候丈夫歸來的時候也是如此。雙方這樣的努力可以輕易地讓他們展開談話，而且總是能令夫妻雙方更加親密，婚姻關係更加密切。

有許多類似情況也需要付出相同程度的努力。設想一個癌症病房的護士嫁給了一位銀行職員——彼此都需要非常努力才能理解對方的各種壓力，並尊重對方的工作。如果配偶是學校教師，那麼作丈夫或妻子的在開學期間可能需要格外體貼對方，因為在晚上他會有很多時間需要用於備課和批改作業，而不太有時間能彼此交談或一起放鬆。一旦遇上學校放假，壓力則會轉移，作教師的配偶早上可以再睡一個懶覺，而另一個卻要掙扎著去上班。

增加共同的話題

有一些夫婦會發現彼此間缺少共同話題。在這樣的情況下，也許他們需要增加一些共同的興趣、愛好。各種共享的經歷會自然而然地激發令人興奮的談話。有一個朋友告訴我們，她的父母如何在四十年的婚姻中培養共同的愛好：

> 當媽媽剛認識爸爸的時候，她還從未使用過雙筒望遠鏡呢。除了麻雀以外，她對鳥類也是一無所知。但是

當她到了六十五歲，卻對鳥類積累了驚人的觀察和認識，這真讓人感動。她之所以會對鳥類產生興趣，是因為對爸爸的愛——鳥類是爸爸的最愛。在他們婚後四十多年的時間裡，他們為著尋覓各樣的鳥兒共同走過了幾千英里的路。

同樣的，爸爸一點兒都不愛好藝術。那時的他，絕不會願意花一個晚上的時間待在戲院或劇院裡。然而這卻是媽媽喜歡的。但是這麼多年來，他選擇和她一道去，而且盡全力讓自己也對此產生興趣。偶爾幾次，他會發自內心地喜歡某場演出或某個歌劇。但也有的時候，他會睡著了，而且回家後常常不記得劇名或是演出的內容。他將精神都放在研究場景佈置上面。

有時候，我們需要刻意對丈夫或妻子所喜歡的東西表示出興趣。這也許意味著重新拾起剛開始約會時的熱情，或者可以找一項對彼此都有吸引力的新活動。新活動的可能性不計其數，可以包括：開始從事一項新的運動；攝影；記錄家庭生活；重新整修房子；園藝；逛市集（不管是賣家或是買家）；去不熟悉的地方旅遊（記得要帶上一本當地指南）；觀看某項運動，甚或成為某隊的球迷；看戲或看電影；朗讀詩詞；散步或者聽聽音樂。

然後，我們就可以討論彼此不同的反應。我們必須想辦法讓對方說出自己的想法和感受：喜歡什麼或不喜歡什麼，下次想做什麼等等。

利用用餐時間

「友誼」的原始定義是「一起用餐」。喜劇演員兼旅行作家

邁克爾・帕林（Michael Palin）在完成了他週遊世界的旅行時評論道：

> 我在極地之旅中所到過的每個國家，一起分享食物都是一項重要的社交活動，這也是必要的。因為人類發現可以藉著共同聚餐互訴苦衷或慶賀喜事，這一發現沿用至今。

在聖經時代，吃飯是培養友誼的最佳機會。耶穌之所以說：「我站在門外叩門，若有聽見我聲音就開門的，我要進到他那裡去，我與他，他與我，一同坐席。」（啟示錄三：20），或許是為了描述要與我們建立關係的渴望。

一直以來，一起用餐都被視為凝聚家庭成員的方式。直到二十世紀下半葉，才被西方社會逐漸忽略。各種速食和微波食品的真正危險在於讓人們快速地、個別地用餐。在美國一些地區，情況甚至嚴重到，有些家庭在裝修時就根本不設計共同用餐的地方，但每個房間卻都設計了擺放電視機的地方。這對家庭生活是一個巨大的損失。一對夫婦對我們說：「我們發現用餐時間是談話的最重要場合。即便只是快餐食品，但我們擺上餐具，然後坐下來，一起不受打擾地專心用飯，這對我們很有益處。」

講述我們的感受

多年前，我們曾收到一封令人感傷的來信，寄信者是一位結

婚不到一年的女士。她寫道：「在所有人眼中，我們看上去就像一對幸福的新婚夫妻。當我們和別人在一起時，他總會披上虛假的外袍。但是我們結婚沒過幾週，我就感到非常失望。我以為我們可以談論每一件事情，可是他卻從不告訴我他的感受。」

在我們的文化中，當提到情感的表露時，男人一般都要比女人來得艱難。過去如此，即使到了今天，在某種程度上男人們仍被認為應當將自己的感受埋在心裡，而女人們則被鼓勵將自己的感受和朋友或家人分享。正如安娜在講到和詹姆斯婚姻破裂時所說的：「我不再與丈夫推心置腹，而是開始將心裡話告訴我的姐妹和朋友們。」

有些人認為自己不是「情緒化」的人。但是情感是人之所以為人的一個重要部分。我們如果想在婚姻中有效地交流，就必須學習談論自己的感受。一位最近參加婚姻輔導課程的女性，被問及最喜歡這門課程的哪個部分時，她寫道：「我最喜歡的部分是，我的丈夫必須與我述說他的各種想法和感覺。他心中有許多可愛的想法，但從未用言語表達出來過。」在合適的時機詢問我們的丈夫或妻子「你有什麼感覺？」可以幫助他們更加自由地交談。如果我們能夠在心平氣和時學習陳述自己的感受，那麼當我們處在壓力之下時，才更有可能這樣去做。

在婚姻中，我們都有可能會經歷一些困難時期，比如經濟上的困境、重大疾病、交通事故、青少年子女問題、流產以及親人過世。這些危機處理得當與否將關係到一個婚姻的成敗。特別是孩子的死亡會造成夫妻關係中的巨大壓力，有這樣經歷的夫妻，其離婚率明顯高於一般夫妻。在經歷親人亡故或重大悲傷的時候，我們容易否認自己的感受、或與對方疏遠或是退縮到工作中去。但是夫妻共同面對這些經歷的重點就是要說出彼此的感受，不管

有多麼痛苦，都要表達出各自的感受，並共同度過這些不幸。

　　某份雜誌上有一篇標題為「男人懂得親密感嗎？」的文章，引用名叫艾麗森的妻子的話，說：「詹姆斯總是靠我去處理婚姻中這些情緒上的事……他是一個英國人，非常的冷漠。他八歲就被送到寄宿學校去。當這樣的事情發生在一個小男孩身上時，他很快就知道，動感情只會讓生活變得更為艱難。」

　　當艾麗森經歷一次流產後，他們夫妻之間開始變得疏遠。艾麗森在文章中繼續說道：「我發現和詹姆斯談這件不幸的事會讓我好受一些，但是他卻壓抑自己的感受。他的反應是變得對我非常挑剔，並且對一丁點兒大的事情也勃然大怒。後來有一個晚上，當我們在床上時，我忽然意識到，其實他這幾週來也一樣感到沮喪。我就問他：『為什麼你不告訴我你的感受呢？』」[1]

　　深層的交流需要我們向對方敞開內在自我，好叫我們能敏於對方的感受。如果我們不去交流那些痛苦或複雜的情感，而試圖自己進行處理的話，那麼夫妻之間就會疏遠。對於有些不易於了解更不願談論自己感受的人而言，改變仍是可能的。開始改變的好方法，就是寫下平常一天中發生在我們身上的三到四件事情（無關緊要或者極為重要皆可），然後再就這些事件寫下自己的感受。舉例而言：

> 趕上火車了——感到無聊／受驚／疲倦；
> 打了一個電話——感到憤怒／充滿希望／焦慮；
> 去了銀行——感到羞恥／平靜／惱火；
> 遇見了丈夫或妻子——感到開心／緊張／興奮。

---

1 索尼亞‧裡奇（Sonia Leach），《好管家》（Good Housekeeping），（1994 年 8 月），《男人懂得親密感嗎？》（Do Men Understand Intimacy）。

如果我們之前沒有這個習慣的話，要開始表達這樣的情緒將需要些勇氣。因為這可能會令我們覺得赤裸或軟弱，我們必須確信我們的丈夫或妻子不會因為我們所表露的情緒而拒絕我們、生氣或者責怪我們。

選擇合適的時間

雖然夫妻之間彼此沒有祕密以及學會陳述自己的感受非常重要，但是，有時候，立刻說出自己的想法也不見得是對的。我們需要仔細地考慮話語會產生的效果。聖經中的箴言如此說道：「一句話說得合宜，就如金蘋果在銀網子裡。」（箴言廿五：11）學會克制自己，直等到更加合適的時候再行動，這正是彼此相愛的可貴之處。這也許需要我們等待，等雙方都不太疲倦或是心無罣礙，並且有充分時間可以討論的時候。

有一對夫妻描述自己被對方的行為激怒，並且知道這將成為彼此間的敏感話題時，所採取的作法。他們不是立刻討論這個話題，而是把這件事告訴神，求神讓這個話題在合宜的時機被提出來。他們驚訝地發現，常常就在他們禱告後，對方會主動地提出討論。

表達愛意

延後提出敏感話題是智慧的選擇，但告訴對方我們的正面感受，卻沒有對或不對的時間限制。而且，堅持這樣做，會對婚姻產生深刻的影響。正如弗蘭克・米爾（Frank Muir）所講的：

> 對我和玻莉而言，彼此的愛戀無疑變成了另一種更能持續長久的東西──愛情本身。而且，比起戀愛來，

愛情是一種全新的關係，更加深沉，互敬互讓，充滿「深情」。

　　每天晚上，除了為家庭成員、塞爾的斑點狗達爾馬提亞，以及我們的貓辛圖（牠的名字是根據科西嘉最高的山所起的，對一隻阿比西尼亞貓而言，這真是個好名字）祈禱外，我和玻莉都會向對方再度肯定彼此的愛意。因此，當今天有一位報社女記者打電話問我，是否經常對妻子說「我愛你」時，我告訴她（先飛快地在計算器上算一下）我已經說了大約 16822 次，而且我每次都是很真誠的。[1]

1 弗蘭克・莫爾（Frank Muir），《肯特州少年》（A Kentish Lad），（柯基出版社，1997），第 404-405 頁。

第四章

如何更有效地聆聽
How to listen more effectively

二人也許可以在同一屋簷下交談多年，心靈卻從未真正相遇。

——瑪麗 · 凱特伍德[1]

1 瑪麗 · 凱特伍德（Mary Catterwood），1847-1901，美國作家，《馬基納克和一些最新故事》（Mackinac and Late Stories），（馬利森出版社）。

當我們的另一半正在對我們講他們一天的經歷時，我們則目不轉睛地盯著電視或看著報紙，間或嘟噥一聲當作回答。電話響起來了，是一個朋友打來的。我們放下報紙，聆聽他們說的每一句話。交談中，對方聽到我們愉快地回應著，表達著強烈的興趣、深深的同情或愉快的情緒。有時，我們還會用長時間的沉默來

那聲音聽起來很熟悉

思想朋友所說的話。我們會向配偶示意關小電視聲音，然後轉過身，坐下來，以全副注意力聽著電話。

我們中大部分人絕對有能力去聆聽，但是卻常常忽略我們最常見面、最需要我們聆聽的人。我們往往認為溝通中最重要的部分就是說話：要清楚、健談、知道如何表露心聲並且講述觀點。但是聖經卻強烈挑戰這個觀點，聖經強調更重要的是聆聽。

箴言告訴我們：「未曾聽完先回答的，便是他的愚昧和羞辱。」（箴言十八：13）但是我們當中有多少人能夠聽完再回答呢？聖經新約中，使徒雅各也這樣勸勉我們：「我親愛的弟兄們，這是你們所知道的。但你們各人要快快地聽，慢慢地說，慢慢地動怒。」（雅各書一：19）也許這就是為什麼神造人有兩隻耳朵和一張嘴巴——好讓我們聽的可以比說的多一倍。當我們聽從雅各的勸告時，所有的關係就能更好地運作。

作為人，我們最大的需要就是被傾聽和被了解。這能滿足我們最根本的需要——不至於孤單。有一次，撒瑪利亞會（The

Samaritans）舉辦了一項廣告宣傳活動。海報上印了一隻巨大的耳朵，下面有一行字：「廿四小時開放」。這個組織的目的是希望透過聆聽，向每一時地的每個人提供幫助。有些人尋求輔導員或治療師，其目的純粹是為了能有個人聽他們講一個小時左右的話。當然，我們不需為此付費。

婚姻中存在著另一個危險，那就是我們漫不經心地聆聽，這或許是出於懶惰，或許是因為我們自以為知道對方想要說些什麼。我們會輕易地形成一些不良習慣，比如：打斷或終止對方的話，或者替對方把話說完。諮詢師傑拉德・休斯（Gerard Hughes）說：

> 擅長聆聽，這個恩賜需要時時操練。這也許是人們擁有的最具治療效果的一個恩賜，因為它可以讓說話那方享受自由，給他們一個安全的環境，不去判斷他們也不去勸告他們，因為聆聽傳遞的是一種比言語更強的支持。

聆聽是表明我們珍視彼此的一種強力方式，但其代價也相當昂貴。我們需要付出努力才能聆聽丈夫或妻子傾吐種種感受，或表達各種觀點。

我們當中有許多人並未真正發揮出聆聽的水準。但是能提升聆聽水準就等於改善我們的婚姻。了解以下五種聆聽者的類型，能夠幫助我們認識自己的缺失。（恐怖的是，我們中有一個人居然符合以下全部五種類型！）

不善聆聽者的五種類型

給予建議者

　　一個給予建議者不會去同情丈夫或妻子，只會想著解決問題，因此他會立刻建議說：「你應該這麼做。」如果太過極端而未予遏制的話，這將摧毀一個婚姻：

貝利爾，妳知道嗎？
妳應該學會游泳。

　　我見到派特理柯（Patrick）時，他已經四十三歲，而且結婚已十七年。之所以對他印象深刻，是因為他一開始說的幾句話非常有戲劇性。當時他坐在我辦公室的皮椅上，在簡單的自我介紹後，他突然身體往前傾，非常激動地說：「查普曼醫生，我是個傻瓜，一個真正的傻瓜。」

　　「是什麼讓你下這個結論呢？」我問道。

　　「我已經結婚十七年了，」他說，「我的妻子離開了我，現在我知道我真是個大傻瓜。」

　　我重複著一開始的問題：「你怎麼傻呢？」

　　「我妻子下班回家就會告訴我在公司裡所遇到的各種問題。我聽她講了以後，就會告訴她我認為她應該怎麼做。我總是在給她建議。我告訴她必須去面對問題。『問題不會自動消失的。你必須和相關人士、和你的主管談談。必須處理這些問題。』」

「第二天當她下班回家，又會告訴我同樣的問題。我就問她有沒有照著我前一天所建議的去做。她會搖搖頭說沒有。我就會重複我的建議。我告訴她這就是處理問題的方式。第三天她回家後又會告訴我同樣的問題。我又會問她有沒有照我的建議去做。她又會搖搖頭說沒有。」

「就這樣三、四個晚上後，我發火了。我就告訴她，如果她不願意照我所建議的去做的話，就不要指望從我這裡得到任何同情……」

「我接著就會去做自己的事情。我真是個大傻瓜，」他說，「真是個大傻瓜！現在我知道當她告訴我工作上的問題時，並不想要我的建議，只是想得到我的同情。想要我去聆聽、給她注意力，讓她知道我理解她所受的傷害、緊張和壓力。她想要知道我愛她，並且我是站在她一邊。她並不想要建議，只想要知道我能理解她所說的。但是我卻從未努力地去理解她，我太忙於提出建議了。」[1]

打斷者

當別人在說話時，我們很可能非但不聽，反而想著自己接下去要說的是什麼。暢銷書作家史蒂芬・柯維這樣寫道：

---

1 蓋瑞・巧門（Gary Chapman），《愛之語》（The Five Love Languages），（諾斯菲爾德出版社，1995），第 61-63 頁。

　　　　許多人聆聽的時候並不是帶著要去明白的意圖，而是帶著要去回答的想法。他們要麼就是正在說話，要麼就是在準備說話。他們企圖將自傳讀進他人的生活。[1]

　　許多年前，當我們全家在一次度假的時候，孩子們正在滑水，興奮地談論著他們的滑水成績。正在這時，邊上有個人開始加入談話。當他一知道孩子們在談什麼時，就開始高談闊論起自己高超的滑水技能，還有他的孩子們的水準、他的船速、潛水衣的價格等。雖然我們的孩子那時都還很小，但他們到現在都沒有忘記這個人。那人不善於聆聽、喜歡打斷別人、只知談論自己等等，完全破壞了孩子們一個快樂的下午。

我也曾有過這樣的感覺，但一切會沒事的

　　一般說來，一個想要打斷對方話語的人，能忍耐聆聽的時間大約只有十七秒，有時候這會成為丈夫和妻子間談話的慣例，而他們似乎都沒有意識到這一點。當一方比另一方更加善於言辭時，這尤其危險。有些人傾向於一邊說一邊理出自己的想法，而對方也許是要先整理出思緒，然後才表達。在這類情況下，可能需要極力克制才能不去打斷對方的話，或自顧自地回應對方。我們需要學習等待和聆聽，因為打斷會讓對方感到洩氣，最後導致對方不再表達自己心中的想法，最多只是傳遞些日常生活的事項。

---

1 史蒂芬・柯維（Stephen Covey），《與成功有約》（The Seven Habits of Highly Effective People），（西蒙和舒斯特出版社），第 239 頁。

保證者

保證者是那種對方話未說完就過早跳進來插話的人，而且常常帶著這樣的評論：「也許問題沒有你想像得那麼嚴重」，或者「我相信一切都會沒事的」，或者「你明天就會感覺好很多的」等。他們禁止別人表達任何真實的感受，不管是焦慮、失望或是傷害。這往往是因為他們自己也需要人們對他說：「放心，不會有什麼大問題的」「生活不會受干擾的，加油吧」等這類的保證。

理性思考者

理性思考者很少認真聆聽，他們只是專注在分析我們有這樣感受的原因。當對方說「我這一天很糟糕」時，他們也許會回答：「這一定有很多原因的——天氣這麼悶熱，你工作壓力又那麼大，而且你可能在擔心我們的經濟狀況。」

岔開話題者

有些人不會去評論所提出的問題，而是將話題岔開，通常是扯到一件他們感興趣的事情上面。他們會說：「這讓我想起……」然後就開始滔滔不絕了。

我們都可以成為良好的聆聽者，但必須願意去認識自己的欠缺並學習一些新的技巧。以下這些準則也許一開始會顯得做作，但對形成良好的聆聽習慣至關重要，而且在過去的歲月裡還幫助我們改善了彼此的溝通。

學習聆聽

給予全部注意力

最近，我們看了一部電影，裡面講到一個十幾歲的女兒如何違逆父母的價值觀。影片開始的場景是，女兒想要和父親談一些令她擔心的事情。但是她的父親卻急於完成一篇文章。當女兒努力鼓起勇氣要講出自己內心的憂慮時，父親仍然在電腦上工作著，眼睛從未離開過電腦螢幕。幾分鐘後，女兒決定不再說什麼了。父親在聆聽上的失敗對她女兒的生活造成了災難性的後果。

相反的，有一位女性如此描寫她的父親：

我深深為父親感到驕傲。他在印度政府中身居要職，他每天離家上班之前，我都看見他穿著體面，在鏡子前面調整著頭巾。濃密的眉毛、友善的眼睛、溫柔的微笑、分明的輪廓以及尖尖的鼻子。我最珍貴的記憶之一就是他在書房中工作時……那時我還是一個小女孩，我常有問題想要去問他，於是我就在他的辦公室門邊偷偷地看著他，猶豫著要不要打斷他的工作。這個時候，他會抬眼看到我。

接著，他會放下筆，往後靠著椅背，叫我：「奇恰。」於是我就垂著頭慢慢地走進書房。他會微笑著拍拍身邊的椅子說：「來，親愛的，坐在這裡！」然後，他就一隻手抱住我，把我抱到他身邊。「好，我的小奇恰，」他會溫和地問，「要我為你做什麼呢？」父親總是這樣。他不會介意我是不是打攪了他。只要我有疑問或問題，

不管什麼時候，不管他有多忙，他都會把工作放到一邊，
把他的全部注意力給我，單單地給我。[1]

一位父親表現出他在傾聽，另一位則未能如此。和為人父母
一樣，在婚姻中，給予對方全部的注意力，其實就是向對方傳遞
愛意。

有關溝通的研究顯示，我們想要溝通的內容只有 10% 與所使
用的話語有關，溝通中表達的語氣大概占了 40%，而我們的身體
語言則占了其餘的 50%。這對於說話和聆聽都有重大意義。

身體上的近距離接觸極有助於溝通：從一個房間向另一房間
喊話方式的溝通不會有效。假如我們的丈夫或妻子想告訴我們一
些令他們覺得苦惱的事情，我們就得坐得離他們近一點，手臂環
繞著他們，最重要的，注視著他們，這都顯示出我們在意他們。
眼神的接觸能夠傳遞這個資訊：「我對你正在說的很感興趣，而
且我正全神貫注。」

對付使我們分心的事情

希拉

我發現若手邊有事需要處理時，很難把全副精神放
在力奇身上。力奇可以高高興興地坐在一片混亂之中談
話，或者可以一邊整理東西、一邊進行深入的談話。但
是我心裡卻想著要清洗早餐的杯盤、整理房間，或者把

---

1 貝爾奎斯・西卡（Bilquis Sheikh），《我敢叫他父親》（I Dared to Call Him Father），（金
斯威出版社，1978），第 40-41 頁。

髒衣服放進洗衣機。我知道自己並沒有專心在聽力奇說話，因此，對我而言，最好還是對他說：「你可以給我十分鐘先整理一下嗎？」若他真的很急的話，我就要竭力克制自己，停下手中的事情，看著他，將我的全部注意力集中在他身上。

如果環境過於吵雜，要傾聽他人講話也會很困難。

力奇

如果房間裡開著電視的話，我發現自己幾乎不可能專心聽別人講話。同樣地，房間內有其他人在談話，或是標題有趣的報紙也能輕易讓我分心。

但是，比起電視或報紙來，更大的障礙是，我們常常無意識地將與人談話的心思用在傾聽自己的心聲。就好像我們裡面有一個打開著的電視機，不斷牽扯我們的注意力。對方的話總能觸發我們自己的各種想法和記憶。

假如丈夫說：「我今天和克里斯講話了，他母親剛剛去世。」立刻，我們就會想到如果自己的父母親過世，我們會如何。假如妻子說：「當我開車回家的時候，花開得好漂亮……」我們可能就滿腦子負面想法——花園裡還有多少事情要做啊！就這樣，我們自己的想法和回憶不僅妨礙我們聆聽，甚至接下來的回應都可能風馬牛不相關了。

要想不在自己的腦海裡胡思亂想、自問自答可能非常困難，特別是當我們很忙碌、心裡煩躁的時候。我們應當是將我們的觀點和事情先放在一邊，努力地去抓住對方所講的內容，這才是首

要的目的。史蒂芬・柯維強調了這樣做的重要性：

> 假如要我用一句話來概括，自己在人際關係領域
> 中學到的重要的原則，那就是：先求了解人，再求被
> 了解。[1]

值得玩味的是，中文正體字「聽」這一字不僅包括了眼睛、心、頭腦等符號象徵，還包括耳朵這一符號。

表現出興趣

如果我們定意要使自己對別人的話產生興趣，那麼我們就會仔細地聆聽，否則我們就會輕易地停止聆聽。一位女士告訴我們她去看望她母親時所發生的事情。她很想和母親談一些人生大事，比如人生意義等。可是她的母親卻更熱中於談論一些世俗瑣事，比如地瓜的價格、鄰居家的狗或者最近播出的電視節目等。作女兒的很快就停止聆聽了，心裡想著她母親的生活真是無聊。

然後，有一天，她忽然意識到，這就是母親的生活。這想法讓她怔住了。她回憶道：「我對自己說，『母親總是對我所做的每件事都很感興趣』。我突然意識到自己對她不夠包容。因此，我就開始刻意地表現出興趣，聽她說話，這也大大地改善了我們之間的關係。」

人與人之間難免會有各種不同的興趣。努力聆聽他人感到有興趣的事情，是一種表達愛意的強有力的方式。作家兼演說家戴

---

1 史蒂芬・柯維（Stephen Covey），《與成功有約》（The Seven Habits of Highly Effective People），（西蒙和舒斯特出版社），第 237 頁。

爾‧卡內基認為一個良好的健談者所具備的技巧是：

> 令人感興趣，對人感興趣。詢問他人樂於回答的問題。[1]

聰明地聆聽

回顧和講述一些過往的傷害，或一個長久懸而未決的問題，不是一件容易的事。很多人可能會繞過這個話題，或者只是幽默地暗示一下。因此有時候，我們需要聆聽對方話語背後的意思，才能發現隱藏的問題。一個良好的聆聽者能夠有勇氣在合適的時間、用溫和的話題，引導對方講出自己的問題。

我們必須給彼此充足的時間來表達，因為我們常常不能完全明白為什麼自己會有某種感受。清楚地說出我們的痛苦會幫助我們開始正確地看待問題。但也不要害怕沉默。對某些人而言，沉默能讓他們有時間整理自己的思緒，安靜地等待則表示我們對他們的關心。

不加批評地聆聽

溝通因著彼此接納而越發深入，也會因為互相批評而告終。我們需要在聆聽時不自我辯護，也不插嘴。假如我們能夠了解丈夫或妻子的感受，那麼至少我們離解決難題又近了一步。

通常，當我們覺得感情受到傷害時，我們會告訴丈夫或妻子。我們的言辭可能會顯得缺乏邏輯，而且互相矛盾。在表達的過程

---

1 戴爾‧卡內基（Dale Carnegie），《如何贏得朋友和影響他人》（How to Win Friends and Influence People），（西蒙和舒斯特出版社，1964）。

中，也可能會否定自己先前的感受。這時候如果聽的人開始挑毛病、找漏洞，那麼他的聆聽就完全地（也是可悲地）失敗了。

肯定對方的感受

用自己的話複述一下對方所說的，會非常有幫助，特別是當對方表達的是一些深刻的感受。這能使我們的丈夫或妻子知道我們是與他們處在同一個波長上面，並讓他們知道我們已經正確地理解了他們的話語。

舉個例子，妻子說：「孩子們都快令我發瘋了——他們整天都在哭，而且一直吵架。」丈夫可以不立刻給出解決的辦法，而用這樣的話來確認她的感受：「你一定累壞了吧？」

或者，丈夫說：「我實在不知道我們該怎麼使收支平衡了，我沒法再掙更多錢。我真煩透了。」作妻子的可以用這樣的話來表示她聆聽了他的感受：「你的憂慮也是我的憂慮。讓我們想想辦法吧。」

又或者，妻子說：「你突然告訴我可能要換工作，這讓我很煩。我們還得搬家，一想到要和朋友們分開，我就受不了。」作丈夫的也一樣，他需要表示出自己已經聽到她的話，而且理解她的感受。也許，他可以這樣回答：「很抱歉，我真的沒有想到你會擔心和朋友們失去聯繫。」用對方的話來複述，至少暗示著我們剛才聽了他們所說的話。

用這樣的方式來確認對方的感受，也許一開始會顯得不自然、做作，但這是學習聆聽以及建立情感上親密關係的一個強有力方法。

力奇

幾個月前，有一個小組長（leader）退出了我們的某一課程。雖然我的日程已經排得滿滿的，但是因為別無選擇，於是我只好同意連續四個晚上自己來帶這個小組。當我把這事告訴希拉的時候，我期待著她會對我額外所要付出的時間和工作表示些同情。但是她卻跟我生氣，簡直不可理喻，至少在我看來如此。

幾週後，希拉才告訴我，我沒有事先與她商量就把這些有空的晚上給了出去，這讓她很難受。聽了她的話，我心裡充滿了自憐，立刻開始為自己辯護起來。事後我才意識到，真正的需要是去聆聽並且了解她的感受。她感到受到傷害，覺得對我而言參加課程的人們比家人更加重要。

當發生這樣的情況時，聆聽的目的應當是了解並且接納對方的感受，而不是去判斷對方的對與錯。

被徵詢時才給予建議

我們必須小心防備想要解決問題的欲望。提出建議常常會產生反作用，因為對方所需要的不見得是要找到一個快速的解決辦法。急於建議會忽略對方的感受。探索這感受的過程，以及以接納和體諒的心態聆聽對方的感受，這才是解決的辦法。如果我們的丈夫或妻子需要我們的建議，他們通常會主動問我們的。

學會彼此聆聽能夠徹底轉換我們的婚姻。許多參與婚姻輔導課程的夫婦對聆聽所帶來的改變，如此評價：

- 「我們能夠更好地聆聽，而且也不會彼此怪罪。」
- 「我學會了去聆聽我妻子真正的需要是什麼。」
- 「這幫助我們以同理心的耳朵去彼此聆聽。」
- 「我們倆的聆聽能力都有所改善。現在我們都能讓對方先把話說完。」
- 「我學會了用新的耳朵來聆聽。即便是瑣碎的事情也是重要的。」

結　論

在牛津大學工作的社會學家黛安・沃恩十年來致力於研究婚姻失敗的種種原因。她在結論中寫道：

> 當伴侶中有一方開始覺得二人有所疏離時，起先，他會嘗試隱藏這種不滿，假裝它不存在或以為它會自動消失。但是，這種感覺反而變得更加厲害。過了些時間，他會開始用一些模糊的暗示或抱怨來嘗試向另一方傳遞這種不滿，但這些暗示或抱怨幾乎總是會被對方忽略或者漠視。[1]

換句話說，在黛安十年來的研究中顯示，幾乎每一個破裂的婚姻中，都存在著溝通上的失敗。

婚姻中，有效的交流和有效的聆聽是無可替代的。兩個有著

---

1 戴安娜・沃恩（Diana Vaughan），《分離：親密關係的轉振點》（Uncoupling: Turning Points in Intimate Relationships），（牛津大學出版社，1984）。

獨立思想和獨立感受的個體走到一起，並且成為一體，我們無法閱讀也無法看見對方的心靈，因此，溝通就是將二人聯繫起來的橋梁。如果未能良好地溝通，我們就會收起吊橋，退回到自己的孤堡中去。但是，如果我們選擇去溝通，就是放下吊橋，邀請對方進入我們的世界，允許對方進入我們的隱祕之地。

婚姻黃金法則第二條
保持彼此交流和彼此聆聽。

第三部分

將愛付諸行動

Love in Action

第五章

愛的五種表達

The five expressions of love

　　沒有愛的付出是可能的，有愛而沒有付出卻是不可能的。

——佚名

有人問一群孩子，人們為什麼會墜入愛河？一個九歲的孩子回答道：「沒有人能確定地知道這是怎麼發生的，但是我聽說這與你身上的味道有關，這就是為什麼香水和爽膚水那麼受歡迎。」另一個八歲的男孩則有一套不同的理論：「我想你應該先被一支箭或什麼東西射中，但射中之後好像並不很疼。」七歲的加里相信愛與一個人的外表無絕對關係：「其實也不光是看外貌，比如我吧，我這麼英俊，但是到目前為止還沒有人願意嫁給我。」

像孩子們一樣，有些成年人對愛的真諦也同樣一無所知。伴隨著他們的成長，他們逐漸相信愛情就是一種幾乎無法掌控的情感。這一信念一直被許許多多流行歌曲的歌詞所傳頌。在我們的孩子們十幾歲大的時候，有一次偶然發現了我們所珍藏的（對他們來說實在是太有意思了）一些六〇年代的唱片，其中有一些這樣的詞句：

在舞曲結束前
我知已愛上你
而我不知所措
就柔聲低語道：
「我愛你。」

迷戀，可能會因為真實地了解一個人而產生，但也可能會僅僅因他的外貌而怦然心動。它來得快，去得也快；來得神祕，去得也神祕。人們往往把迷戀說成是愛的全部──他們對愛情的普

遍認知，已經被大大地縮減到只剩下感覺了。

　　但是，有另外一種愛情，是經過深思熟慮的，並且經過長時間的培育。在路易・德・伯恩埃的小說《戰地情人》中，埃尼斯醫生向自己的女兒描述了這樣一種持久不變的愛情：

　　　　愛情不是讓人屏住呼吸，不是讓人興奮異常，也不是什麼海誓山盟；愛情不是讓人時刻都沉湎於性愛的慾望，也不是晚間躺在床上想像著他在親吻著你身上每一寸的肌膚。不，不要害羞。我要告訴你一些真相。那些只是「戀愛」（in love），連傻瓜都會的。然而我要告訴你，愛情是當戀愛的激情燃盡之後所餘下的……你母親和我就擁有這樣的愛情。我們像兩棵樹，樹根在地下都向著彼此生長，當枝條上所有繁花落盡時，猛然發現：原來我們不是兩棵樹，我們原本是一棵。[1]

　　有些人是因著迷戀而進入婚姻的。他們以為那些令他們相互強烈吸引的感覺足以維繫他們的婚姻。但最終，無可挽回的是，迷戀會漸漸消失。這時，如果雙方都不知道如何培育一種愛情，那是種可以隨著時間流逝而逐漸成長的愛情，那麼他們的根就無法彼此相互盤結，婚姻也將會枯萎。

　　正如新約聖經所描述的，與其說「基督的愛」（Christian love）是一個抽象名詞，倒不如說是一個具體動詞。愛必然包含著行動。這意味著要付上代價、去主動滿足別人的需要。在婚姻

---

1 路易・德・伯恩埃（Louis de Bernieres），《戰地情人》（Captain Correlli's Mandolin），（塞克和瓦爾堡出版社，1994），第 281 頁。

中，這可能意味著要因著愛心替對方洗碗，儘管我們心裡想著要去看電視；或者意味著坐下來與我們的配偶傾談，儘管我們心裡想著要去繼續工作；或者意味著當我們得知對方這一天過得很不好時，去擁抱他一下。只有這樣的愛情才能使婚姻關係得以持久，使婚姻關係不斷成熟和穩固。

在實際生活中，我們可以藉由五種方式主動地向我們的配偶表達愛意：

- 愛意的話語
- 恩慈的行為
- 優質的時間
- 精心的禮物
- 身體的愛撫

在蓋瑞・巧門的書中，這些將愛付諸行動的方式被稱為「愛之語」。在這本暢銷書中，查普曼用語言作比喻來研究我們交流愛、理解愛的不同方式。[1] 作為一個從業多年的資深婚姻諮詢專家，他發現，正如我們每個人都擁有母語般，只要是自己的母語，我們都能使用的輕鬆自如，我們每個人也都有一種愛的第一種語言（母語），可以讓我們輕鬆地聽懂愛情。

麻煩你幫我把
咖啡罐打開

---

1 蓋瑞・巧門（Gary Chapman），《愛之語》（The Five Love Languages），（諾斯菲爾德出版社，1995）。

　　這五種都是表達愛意的重要方式，但哪一種最有效呢？丈夫也許常會送妻子禮物，但是妻子也許最想要的是聽到他說一些溫存的話語，如此她才會感受到被疼愛。妻子也許會為著丈夫在家裡辛勤工作，但也許丈夫所需要的是能夠常常得到妻子身體上的愛撫，這樣才能感受到被關愛。

　　在所有的需要中，我們最深的需要就是知道有人愛我們，對我們的配偶來說，我們很重要、很獨特。因此，我們必須問問自己：「怎樣才能讓我的配偶感受到被深愛著呢？」傾談或者細心觀察，往往可以幫助我們找出答案。我們有一個結婚多年的朋友，他說，要想有一個幸福的婚姻，丈夫和妻子就必須要「研究彼此」。能這樣做的話，就會得到一些重要的、有時甚至是出人意料的收穫。

　　在蜜月中，我們會有許多不用言詞就能表達愛意的浪漫方式。但是，如果兩人說的不是同一種語言，那麼日子可能就過不下去了。假如我們從未發現或弄清楚配偶的愛的第一種語言（很可能也包括他們的第二和第三語言），那麼每一天的愛情就會是天方夜譚。

力奇

　　我已經意識到，對希拉而言，時間和愛撫最能夠傳遞愛意。而對我而言，話語和行動則最為重要。因此，如果我只把時間和愛撫給了我的電腦而不是希拉，那麼這對我們的關係來說將是一場災難。而希拉如果只將愛意的話語和行動給了我們的孩子而不給我的話，那麼後果也將是同樣不堪設想。

　　在弄清楚那些讓伴侶感受到被愛的方式以後，我們就必須下

決心將這些落實在實際行動上。一開始，這也許會顯得不太自然。但是，和學習一種外語一樣，這也需要時間、毅力和大量的操練。

有些人家庭成長環境裡根本就沒有，或很少有身體上的愛撫，因此他們就不會自然而然地、主動地給予伴侶身體的愛撫。但是，這一愛的表達方式是可以學習的。而且，假如這是令我們的配偶感受到被愛的方式，那麼這樣做也是至關重要的。對於另一些人來講，在他們的成長過程中從來就沒有聽到過充滿愛意的、肯定的話語。在這種情況下，假如充滿愛意的、肯定的話語對他們的伴侶特別重要的話，那麼他們就需要操練這種表達方式。越操練，就越輕鬆自然。

親愛的，要是我早知道妳喜歡這樣就好了。

之所以要詳細敘述這五種愛的表達方式，是因為我們從自己的經驗深知，這是一項簡單樸素而意義深遠的生活原則，是任何一對夫妻都能夠用來使彼此的關係更加穩固、幸福的原則。在我們所認識的人當中，有無數對夫妻在最初的迷戀消退多年以後，仍然深深地眷戀著彼此。這是因為在每一天中，他們都無數次地用對方最能理解的方式來彼此表達深深的愛意。

可惜的是，有一些夫婦從未發現如何讓自己伴侶感受到被疼愛的方式。他們可能也在研究對方，卻是抱著錯誤的動機──想要評論對方，而不是去發現彼此的需要。在一篇名為《愛情的雙眼》（The Eyes of Love）的短篇小說中，述說著這樣一對美國夫婦──肯尼斯和香儂，他們剛參加完一個家庭聚會，坐在車上準備回家：

　　他雖然想要竭力克制自己，但已經是怒容滿面了。「說吧，什麼事？」他說道。

　　她沒有立即回答。過了一會兒，她說：「我累了。」她這樣說，但並沒有轉過來看他一眼。

　　「不，真的，我想要聽聽。說吧，說出來！」他說。

　　現在，她才將身子轉過來。「今天早上我就告訴你了。我不喜歡反反覆覆聽那些事。」

　　「但那些事又不都是一樣的。」他說，心裡感覺到某種不可理喻的憤怒。

　　「哦，當然是一樣的……真該給你媽媽發一枚獎章。」

　　「可是，我喜歡聽這些事，媽媽也喜歡，每個人都喜歡。你的爸爸和姐妹們也都喜歡。」

　　「又來了。」她嘟囔著，視線瞟向別處：「我現在只想回去睡覺。」

　　「你知道你的問題是什麼嗎？」他接著說，「你是一個批評者，這就是你的問題。每一件事都要你去評價、去評論。即使是對我。特別是對我！」

　　「你？」她說。

　　「是的。」他說，「我！因為這根本就不關我爸爸什麼事，而是我們出了問題。」

照肯尼斯的說法，無論是談到這個晚上，還是他父親所講的故事，或是對待他，香儂都是一個批評者。對話又繼續下去：

　　他安靜了一下，但仍然憤憤不平。「你知道你的問題是什麼嗎？」他又說，「你沒有用愛來看事情，只是

在用腦子評論。」

「隨便你怎麼說。」她說道。

「你什麼事都鎖在你的腦子裡。」說完，他狠狠地吸了一口煙，然後把煙掐滅在煙灰缸裡。

他發動了引擎。「那兩個住在我們家後面的人，你認識吧？」此刻，他的心情彷彿平穩了許多。

她的眼睛濕潤了，盯著他，這讓他覺得自己非常得意而且十分快樂。

「你認識嗎？」他再一次問到。

「當然認識。」

「好吧。前幾天，我又看到他們。那男的在院子裡看野草的樣子——還記得嗎？我們整個夏天都在取笑他們。看他那麼癡迷野草，反覆修剪，我真覺得可笑。」

「你覺得我們現在有必要談論這些人嗎？」

「我正要告訴你一些你需要聽的東西。」肯尼斯說。

「我現在不想聽。」她說，「我已經聽了一整天，不想再聽了。」

肯尼斯朝她吼道：「我就說這一句話。如果你不想聽，那麼我今年都不會再對你說任何話！」

她悶不吭聲。

「我告訴你，那個男的手裡拿著塑膠袋，跟在狗的屁股後面撿糞便。他的老婆在修剪他們的灌木叢。她在那修剪的時候，我就感到我可以猜出她心裡在想什麼，儘管她臉上什麼表情都沒有。但是我實在太聰明了，你知道的，香儂。我實在太聰明了，竟以為完全知道她在想什麼。對這些我們並不熟悉、不屑於與他們交談的人，

我以為我對他們心裡在想些什麼瞭若指掌。」

「取笑他們的人是你。」香儂說道。

「讓我把話說完，」他說，「我看見他妻子從院子的一頭看著他，我似乎可以聽到她的心裡的話：『他又在撿狗大便，我實在無法忍受，一分鐘都受不了！』其實，這並不是她所想的。因為很快她就走過去幫忙了，甚至還指點著幾處他所遺漏的地方。然後，他們就手挽手拿著狗大便進到屋子裡去了。你知道我想說什麼嗎，香儂？那個女人看他的時候帶著愛。她不像我那樣看人──她沒有做任何批評。」

最後，肯尼斯和香儂停止了爭吵。

爭吵結束了，他們又言歸於好。她伸出手，在他的前臂上輕輕地、溫柔地捏了一下。他握住她的手，也捏了回去。接著，他把兩隻手放在方向盤上。遠遠地，他們已經可以看見自己的公寓了──沿這條街道下去、在馬路的左邊。他轉過臉來，看了她一下──這就是他的妻子，籠罩在陰影和昏暗的光線中。突然，他又將視線快速投向前方的馬路。忽然之間，剛才那不經意的一瞥讓他覺得有些恐懼。好像他在勾勒自己妻子嘴唇以下那令人不快的輪廓：下巴太分明、曲線太突出。整個形象蓬鬆凌亂，衣衫不整──一時間她就像一個完全陌生的人，真無法想像會有人，一個別的男人，或其他什麼男人，像他一樣的男人，會覺得她身上有什麼可愛之處。[1]

---

1 理查・鮑什（Richard Bausch），《愛情的雙眼》（The Eyes of Love），（麥克米倫出版社，1995），第 258-259、261-261、264 頁。

當故事進入尾聲，我們發現，與那對住在他們家後面的夫妻不同，肯尼斯和香儂已經變成了彼此的批評者。我們種什麼，就收什麼。「你沒有用愛來看待任何事情。」肯尼斯如此說。但是，他也沒有用愛來看待她。

你早該知道我想要
蛋黃醬、花生醬和鳳尾魚啊！

在這個到處都是批評者的世界中，作為夫妻，我們需要真實地了解對方。不是帶著批評的眼光，而是帶著愛的眼光，去尋找那些能讓我們的伴侶感受到被疼愛、被欣賞的東西。

在接下去的兩章，我們將仔細講述每一種愛的語言。在此之前，請先問問你自己以下三個問題：

我經常用這種方式來表達愛嗎？

這是不是讓我們的配偶感到被疼愛的最重要的方式？

對於我來說，這種愛的表達方式是否很重要？

在內心深處，我們很容易會期待配偶本能地知道我們的需要，如果這些需要未能得到滿足，那麼我們就會覺得自己受到了傷害。我們總是傾向於用自己喜歡的方式來表達愛意。不管我們懷有多麼好的初衷，假如配偶與我們的需要截然不同，那麼一切也就都失去了意義。

我們可以令婚姻停滯不前，也可以抓住機會去創造幸福美滿。如果想要獲得一種真實的親密感、真正地享受彼此的話，那麼就必須要用一雙滿懷愛意的眼睛來認識彼此，恰當地使用我們的言語、行為、時間、金錢和身體，來有效地進行愛的交流。

第六章

話語和行為
Words and actions

良言如同蜂房，使心覺甘甜，使骨得醫治。

——《箴言》十六：24

哪裡缺少愛，就種下愛，很快，你就會收穫愛。

——聖約翰

充滿愛意的話語

儘管一首兒時唱的歌謠中說：「棍棒石頭可傷我身，但話語不能傷我心。」這說法只成立在物質層面。聖經常常提醒我們，話語是有能力的：「生死在舌頭的權下……（箴言十八：21）

研究證實，話語對於人的行為和能力的影響非同小可。如果老師說某個孩子在數學方面沒有天分，那他很可能就會在數學這門課上表現得非常糟糕。相反的，如果老師對某個孩子說他有寫作的天賦，那這孩子很可能就會成為一名有抱負的小說家。人們總是會朝著別人對自己所期望的方向發展。

在各樣家務上
你可真是個天才啊……

這研究對我們如何在婚姻中彼此對話，具有重大意義。我們需要用關愛、溫柔和尊敬的口吻說話，避免斥責對方；也需要造就我們的配偶，無論是在家或在外，不尊重對方、開對方的玩笑，都會對婚姻產生巨大的破壞作用。

用話語使對方感到被愛，指的是要用話語來肯定對方。這關乎我們如何表達稱讚、感謝、如何鼓勵對方、如何表達善意以及如何提出請求。如果我們無法有技巧、有禮貌地說出這些話，那麼這將使我們的配偶容易遭受外來的誘惑。以下是一首詩節錄自詩人埃拉・惠勒・威爾科克斯的詩作，寫於一百多年前。述說的是一位妻子對自己婚外情的解釋（當然這不能成為合理的藉口）：

我們，

始於一個起點，一個生命。

可是每一天，

我們卻越發疏離。

起初的浪漫已經枯死。

你的言談，

只有經濟和政治。

你的思想，

只有工作、俱樂部和追求金子。

生活中，熱情和興奮盡然消逝。

一直到，

命中註定的那一天，

陰暗抑鬱的天氣，

忽然變得明亮而美麗。

我寡言少語，他卻聽得仔細，

眼中有對我的關注，

話語中有對我的愛護。

我不再感到孤單無助，

只因他在乎我。

他誇獎我梳的頭髮，

也讚美我穿的裙子。

似乎有數千年之久，

我未曾被如此關注。

假使我的耳朵常聽到這樣的讚美，

就不會感到如此軟弱無助。[1]

事實上，用語言來向彼此傳遞愛意有許多種不同的方式。

表達讚美

如果在成長過程中不常聽到讚美，那麼我們也許就不太容易接受別人的讚譽，更別提要去讚美他人了。但是，表達讚美是可以學習的。讚美能夠使我們留意到配偶身上令我們敬佩和欣賞之處。許多人認為對配偶給予讚美的想法微不足道、不值一提，就緊鎖在心底；或者覺得對方已經知道我們愛他們，因此說出來也是多此一舉。但是，我們在婚禮上都講到要珍重彼此，而讚美就是我們珍重對方的一種極佳方式。表達讚美，是我們每個人都可以學習的。嘗試著去表達以下這些簡單而直接的讚美吧：

> 「你穿那套衣服很好看！」
> 「那次的聚會你辦得很棒！」
> 「你總是能夠說出很得體的話，這真讓我佩服！」

表達感謝

向一個人表達感謝可以讓他感到自己是有價值的，是重要的。天天生活在一起時，我們往往就會忽視伴侶為我們所做的。有些是日常瑣事，而有些則是悉心的照顧，且需付出許多努力。

---

1 艾拉・惠勒・威爾科克斯（Ella Wheeler Wilcox），《一個對丈夫不忠的妻子》（An Unfaithful Wife to Her Husband），摘自查理斯・梅蘭德（Charles Mylander）的《闖紅燈》（Running the Red Lights），（加利福尼亞，文圖拉：裡格圖書，1986），第 30-32 頁。

「謝謝你把垃圾拿出去」，或者「謝謝你把我的褲子送到洗衣店去」，這樣的感謝聽上去很平凡，卻很重要，因為這表達了我們對這些小小愛心舉動的感謝。「非常感謝你記得我媽媽的生日」，這句話表達出我們對對方的讚賞，而不是將對方的舉動視為理所當然。「謝謝你在湯姆的生日晚會上處理得這麼好！要是沒有你，我肯定弄不好！」這表達出你對對方的感激。

表達鼓勵

另一種正面使用語言的方式是表達鼓勵，就是在彼此心中激發起勇氣。我們的生命中都有一些軟弱之處，讓我們感到缺乏勇氣。鼓勵是我們力所能及的，可以幫助我們的配偶發揮出自己的潛力。相反的，如果我們批評他們，我們的話語將會逐漸地奪走伴侶的自我價值和自信心。當我們表達鼓勵的時候，我們是在說：「我完全相信你。」

希拉

結婚以後，力奇在許多方面不斷鼓勵我，激發我去做許多原本不會去做的事情。作為一個全職母親，力奇的話會給我帶來很大影響。他給了我自信和自尊，特別是在這個母親的角色被大大貶低的年代。

細心體貼

細心體貼的話能夠建立一個人；反之，不合時宜、欠考慮的話會造成關係中的巨大傷害。

希拉

　　在我的婚姻中，我不得不學習如何謹慎自己的言語。我喜歡在一件事情發生以後立刻就進行討論。剛結婚的時候，我幾乎不知道要如何在合適的時機向力奇表達自己的觀點，特別是不要在他比較脆弱敏感的時候。

　　一段時間以後，我才意識到週日午餐時間不是一個分析力奇的講道或他所帶領禮拜的適當時間。我發現，至少得等到第二天，他能客觀討論時才比較合適。

　　即使那樣，我仍然需要謹慎選擇所要說的話。我並不是在鼓吹華而不實的奉承，但是要使我們的話語友善、肯定、能激勵和造就對方，這需要刻意的努力。這麼多年來，我已經意識到這樣的話語對力奇而言有多麼重要。對他而言，肯定的言語是讓他能感受到我愛他的關鍵方式。這樣的話語給了他自信的基礎，進而影響到他生活的各方面。

你又忘了我們的結婚周年紀念日！

提出請求

　　在婚姻中，提出要求與提出請求有著天壤之別。當我們向配偶提出請求時，我們是在肯定他們的價值和能力。但是如果提出要求，我們就會在家中變得偏執而專橫，而且常常不自覺。要和這樣的人一起生活不容易，也不愉悅。將伴侶以及他們的恩賜和能力視為理所當然時，我們就會變得苛刻。

希拉

　　力奇是一個非常實際的人。我們家中有什麼需要修理，他總能應付自如。但是有時候我會變得得意自滿。有一次，我對他這麼說：「你還沒有把車胎上那個洞修補好，是嗎？明天，我要用自行車的。」其實，有一種更好的表達方式是：「力奇，你能在明天之前幫我把自行車輪胎上的那個洞補好嗎？」這樣的請求為他提供了一個能對我表達愛意的機會。如果是提出要求的話，就完全不是那麼回事了。

　　假如言語上的肯定對你的配偶特別重要，而他們也有一段時間未曾聽到這樣的肯定，那麼他們很可能正處在情緒的低潮期。如果這時他們能從你這裡再度聽到這樣的話語，就會像在沙漠中遇到一片綠洲一般。隨著這樣的學習，能讓我們的婚姻進入一個更新的層次。我們所使用的言語能夠天天更新我們的愛。批評和自憐是強有力的分離器，肯定的言語則是強有力的黏著劑。

恩慈的行為

　　使徒保羅將恩慈描述為愛的第二個特徵。當我們用一些特別的方式來服侍配偶時，就是在向他們表達恩慈。在婚姻生活中，這可以有許多不同的表達形式：沖一杯咖啡、扔垃圾、清洗汽車的擋風玻璃、做一個對方愛吃的蛋糕、熨燙一件襯衫。當然，這些例行的日常事務也許會被視為理所當然，但是當我們心甘情願地去做時，這些事就常常表達著愛意。然而，對那些能從恩慈的行為中感受愛的人來說，一些日常之外的貼心服侍會更強有力地

傳遞愛意。

力奇

希拉為我做的那些出乎我意料的事，我至今記憶猶新。每當我要出門遠行、面臨諸多壓力的時候，都是她在為我準備行囊。每當我聚精會神準備一篇演講時，她總是把茶點端到我的書房。有些緊張壓力是我自己造成的，因為我承擔了太多的事工。但是，希拉的體貼入微卻讓我感受到自己被深深地愛著。

結婚這麼多年，我總是能夠因著希拉為我所做的一切而感到驚訝和興奮，不管她為我做的是日常瑣事還是一些特別的事情。有時候，我真納悶為什麼她能做得這麼好。而每次，我所能想到的唯一答案就是，她愛我！

在《戰地情人》一書中，埃尼斯醫生成功地治癒了一個名叫斯德馬提斯的老年人。他從這位老人的耳朵中取出一粒乾癟的豌豆，治癒了老人自小就有的耳聾。可是後來，斯德馬提斯又回到醫生那裡，請求醫生再把豌豆塞進他的耳朵，因為他實在受不了妻子一刻不停的嘮叨。埃尼斯醫生拒絕了，但給了他另外一種選擇。他推薦了這一療法：

「我的建議就是對她好一點。」

斯德馬提斯感到非常震驚。對他而言這太難以想像了，所以他從未想到過要這樣做。「但是……」他實在有些不情願，卻又找不到什麼別的理由。

「在她叫你把柴火拿進來前，你就先把柴火收進來；

每次從田間回來時，給她帶一朵鮮花；如果天氣冷，就把披肩搭在她的肩膀上；如果天氣熱呢，就給她送杯涼水。就這麼簡單……」

「那麼你就不會把這個……呃……這個爭強好勝的怪東西放回去了？」（怪東西指的是那粒乾扁豌豆）

「當然囉。這有違希波克拉底誓言（有關醫生的天職的誓言）。我可不能這樣做。順便告訴你，『極端的疾病需用極端的療法。』這句話就是希波克拉底說的。」

斯德馬提斯看上去有點沮喪：「希波克拉底這麼說嗎？我必須要對她好一點嗎？」

醫生慈父般地點了點頭，斯德馬提斯戴上帽子離開……醫生從窗戶口看著這個老人。斯德馬提斯走到路上，正要離開。但他又停了下來，看著路邊一朵紫色的小花。他彎下身要去摘這朵花，但是立刻又直起身來。他四下裡看看，要確定沒有人在看他。他假裝束腰帶，拉了拉腰帶。這時，他瞪了瞪那朵花，向後轉過身來。他本來打算走開的，但又停了下來。就像個要幹壞事的小孩子一樣，他忽然衝回去，一把扯下那朵花，藏到自己的大衣裡面。然後，帶著一副儼然什麼事都未曾發生的樣子，誇張地邁開步伐。醫生將身子探出窗外，朝他喊了一聲：「做得好，斯德馬提斯！」——你可以想見老人那尷尬、害羞的樣子，而他就是想逗逗他。[1]

---

1 路易・德・伯恩埃（Louis de Bernieres），《戰地情人》（Captain Correlli's Mandolin），（塞克和瓦爾堡出版社，1994），第43-44頁。

在穩固的婚姻生活中，丈夫和妻子都會尋找機會去服侍對方，並且會為對方所做的表示感謝。當夫妻雙方生活都很忙亂時，我們會本能地想到：「為什麼他不來幫助我呢？」但是，如果我們的伴侶主動問我們：「我可以幫你做點什麼嗎？」或者自發地去做那些我們所不喜歡做的事情，那就是在準確無誤地「將愛付諸行動」。

一位朋友如此描述這種捨己之愛對她所產生的影響：

> 我丈夫常常很早就必須上班，甚至早到我和孩子們還沒醒的時候。通常，當我們下樓來的時候，洗碗機已經被清空了，早餐也已經擺在桌子上了，而且他還給每個孩子都留下一點小小的驚喜——不是什麼特別的東西，比如在碗裡面放一顆豆形軟糖或者一點奶油凍什麼的。每當此刻，在我走進廚房的那一瞬間，我總感到心裡非常溫暖，感覺我們一家人的關係好像一早開始就往前跨越了一大步（有些時候，這種好心情會彌漫一整個早晨）。但我所要面對的另一個挑戰是：如果洗碗機沒有被清空、早餐也沒有擺在桌子上，我是否仍然會有那份愉悅的心情。我們彼此都很確信我們在深愛著對方。

第七章

時間、禮物和愛撫
Time, present and touch

歸根結底，愛就是捨己。

—— 簡 · 阿努伊[1]

---

1 簡·阿努伊（Jean Anouilh），1910-1987，取自《阿德拉》（Adela），1949。

最近，我們有兩個朋友從澳洲回到倫敦。他們乘坐的航班在途中延誤了，所以兩人就在香港機場整整待了四個小時。其間，他們只能讀讀報紙、看看雜誌、帶著他們的小女兒玩耍，以此來打發時間。接著，他們就又一起在飛機上肩並肩地坐了十二個小時。

在從機場回家的路上，丈夫對妻子說：「我最近很想念我們的二人獨處時間，我們必須再安排進來。」他的妻子聽了大吃一驚，問道：「你是什麼意思？我們剛剛不就一起過了十六個小時！」但是，她的丈夫需要的不只是這樣。他需要一段時間、一個地點，能夠讓他和他的妻子將注意力完全地給予對方，不會有任何事情讓他們分心，也不用擔心飛機何時起飛或者他們何時才能到家。

優質的時間

正如我們在第二章中所討論的，每一對夫婦都需要定期地花時間在一起。對有些人而言，這一優質的時間是他們首要的愛的語言。這種令他們極度渴望在一起的感覺，絕不僅僅只是身體上的近距離接觸。這是一種需要，是一種飢渴，是一種被對方全然關注的渴望。

力奇

對希拉而言，週遭的環境和活動都比不過我花時間和她在一起、與她談心、聽她說話、一起討論各種想法，以及分享各種希望和擔憂。這些定期在一起的時間使她

能夠面對生活中各種壓力，因為她對我們之間的愛充滿
信心。我發現，如果我能夠在每週一起的時間中，設法
安排去一個不大可能遇見熟人的地方，這樣，這段相處
時間的價值會大大增加，甚至倍增。

　　在第二章中，曾提到，我們每年都有單獨出去，在
外住宿兩到三晚的計畫。在過去的兩年中，我們去了巴
黎。我們一起花時間探索這個城市、參觀各個畫廊以及
在小餐館裡進餐。每次在外的兩到三天都充滿了浪漫和
樂趣。但對希拉來說，更重要的是，這一切讓她感到自
己深深被愛著。甚至我們回來以後很多天，她都始終被
這種快樂和幸福感充盈著。我越來越感到，這些假期是
我對婚姻所能做的最好的投資之一。

　　聖經告訴我們，要以「為我們捨了自己」的耶穌為榜樣，「過
一個憑愛心行事的生活」（參見以弗所書五：2）。我們大部分人
都不會被要求為對方捨命，但是我們可以藉著定期地為對方犧牲
自己的時間來表明對配偶的愛。

　　也許，這意味著我們在下班回來後，要花半個小時聽聽對方
講一天過得怎樣；也許，意味著早上早一點起來，可以有兩人在
一起的時間；也許，意味著我們不嫌麻煩地和對方一起吃頓中飯；
也許，意味著安排一下孩子們，好讓我們能夠單獨地享受二人獨
處時間。將愛付諸行動需要付上努力和犧牲，但是其回報將遠遠
超過我們的付出。

精心的禮物

　　贈送禮物是一種基本的愛的表達方式，這一方式超越了所有

文化上的障礙。禮物是看得見的標記，帶著強烈的情感價值。對某些人而言，這些標記確實很重要，以至於生活中若沒有這些，就會懷疑自己到底是否被愛。一個善於贈送禮物的人很可能也喜歡收到禮物。如果你和妻子都有這樣的渴望，那麼就需要練習這種表達的藝術。

這一愛的表達方式是五種表達方式中最容易學習的。但是，我們需要留意一下自己對待金錢的態度。如果我們本身就是一個捨得花錢的人，那麼這對我們來說不會有什麼困難。但是如果我們是一個生性節儉的人，那可能很難接受將金錢作為愛的表達方式這一想法。這並不是慷慨與吝嗇的問題。

希拉

力奇是一個極為慷慨的人，但他天性又是一個節儉的人。他從來不會輕易花錢給自己買一些非必需品，所以我知道讓他給我買這樣的東西，對他來說會很困難。

但是，他已經發現，禮物是對彼此關係的一種投資。對我而言，禮物不是最重要的愛的語言，但是如果當力奇回家的時候，他主動買花或巧克力送給我，特別在不是我生日或我們結婚紀念日的日子裡，就會讓我感到他真是愛我，心裡一直想著我。以下是一些可供你參考的、有關買禮物的指南：

這是我從
國家美術館弄來的

禮物可以不用貴重——卻有著很高的價值。比如，一朵從花園裡摘來的花，加上一張小紙條，它所表達的

愛意與一束從花店買來的花同樣強烈。

在平常的日子裡，一份主動餽贈的禮物，往往更能讓對方深深感受到被愛的感覺。在一些特殊時刻，比如一方生病、處在壓力之下、在工作中遇到困難等情況時，禮物能夠讓他們振奮起來。反之，假如配偶幫了我們大忙，送一份禮物則表示我們對他們的付出心存感激。

要去發現伴侶最喜歡的禮物是什麼。看看這些年來，無論是從我們手中，或是從他人手中，我們的配偶特別喜歡收到的禮物是什麼，觀察這一點是非常值得的。如果我們一起出去，我們可以用心記一下他們在商店櫥窗前所注目的東西。

希拉

這麼多年來，我們一直在收集各種不同種類、不同圖案的藍白瓷器。有一次，力奇送給我一對很大的藍白色早餐杯。這兩隻杯子現在已經變得很有特殊意義了。看到這兩隻杯子，總讓我回想起某個週六早上那頓從容的早餐。每一次我們使用的時候，我就想起力奇為我選這兩隻杯子所傳遞的關愛和體貼。

可供選擇的禮物不計其數。要想成為一個善於贈送禮物之人的關鍵就是：贈送的禮物必須是對方喜歡的，而不是我們自己喜歡的！

我們可能覺得這種表達方式過於物質主義或流於膚淺，而輕易放棄。切記，每一個人都是獨特的，每個人的感受都不盡相同。有一個作丈夫的，自己並不在意禮物的意義，但是結婚幾年後，

他發現禮物對他妻子而言極為重要，因為那讓她能感受到被欣賞、被愛，意義重大。他起初不怎麼注意禮物的包裝以及贈送的方式，就算注意到了，也是馬馬虎虎就可以了。但他現在知道，花在如何送禮物上的心思，對妻子來說與禮物本身一樣重要。

珍妮特，我以為你想要一個新的汽車保險桿。

假如我們的配偶要求我們每週送一枚鑽戒，或是一輛跑車的話，我們當然可以質疑有沒有必要這樣做，但我們也不能只用禮物來搪塞我們的伴侶，用禮物來替代彼此共處的時間，或一起解決難題的可貴。我們花在選擇禮物時的時間和心思，會讓一份禮物變得更加可貴。一份合宜的禮物所帶來的美好，遠超越禮物本身的價值。

身體的愛撫

許多夫妻真正想要的是一個長久的擁抱，或是在床上嬉鬧一番，最後卻弄成了裝修一個新廚房，或是去巴哈馬群島的旅遊。[1]

每一個人都需要愛的撫摸，就像嬰兒需要身體的愛撫才能健康地發育。羅馬尼亞和中國的許多孤兒院的照片，充滿了足以佐證此一論點的心酸證據。德雷莎修女清楚地知道愛撫的重要性。不管什麼時候，只要她和人們在一起，不管是嬰兒、孩童或是因為不治之症而奄奄一息的老人，她都會擁抱他們、撫摸他們、輕

---

1 艾倫 · 斯圖奇（Alan Storkey），《愛情的意義》（The Meanings of Love），（IVP 出版社，1994），第 117 頁。

撫他們。她知道，撫摸常常比言語更能有效地傳遞關愛。

身體的愛撫不僅僅是性愛的前奏，更是夫妻之愛的重要媒介。正如一位作者所寫的：「撫摸我的身體就是在觸摸我的心，遠離我的身體就是在情感上疏遠我。」[1]對於那些在身體的愛撫中感受到被愛的人來說，一個擁抱就能夠解決他們一週以來所遇到的所有問題。而缺乏擁抱則會讓他們產生一種孤立感、一種空虛感，以及一種強烈的被拒絕感。假如我們成長於一個缺乏身體愛撫的環境，那麼幾乎毫無疑問地，勢必需要學習操練如何用這種方式來表達愛意。另外很重要的一點是，如果夫妻中有一方自小缺乏身體的愛撫，而另一方並非如此的話，一開始的身體愛撫很可能會令人感覺有些尷尬，但是一定要堅持下去！

在婚姻中，愛撫可以有許多形式：手拉手、用手臂環繞對方的肩或腰、一個吻、一個擁抱、經過的時候輕輕觸碰對方的身體、背部的按摩，以及各種能激發對方性愛慾望的前奏曲等。

希拉

我喜歡在和力奇一起走路的時候拉著他的手。雖然我知道在某些場合，力奇無法很自然地和我牽手，但是他知道，為了能夠讓他的妻子感受到被愛，這一點尷尬是值得的。

另外，多年的經驗也已經讓他知道，當我感到焦慮或擔心的時候，他所能做的最好的一件事，就是用雙臂環繞我、抱著我、溫柔地親吻我。當他這樣做的時候，

---

1 蓋瑞・巧門（Gary Chapman），《愛之語》（The Five Love Languages），（諾斯菲爾德出版社，1995），第 107 頁。

我所有的擔心都會消失得無影無蹤。

性愛的撫摸和平常的愛撫有著各自不同的意義和價值。而且，一般而言，男人和女人在這一方面有很大不同。對於大部分女性而言，她們對身體上愛撫的欲望主要是來自於對愛的回應，而不是對性的渴望。反之，男性則常常會將身體上的撫摸視為性愛的前戲，並很快就能激發起性慾。

男女不同的反應方式可能會導致某個惡性循環。當妻子得不到足夠的關愛，往往就會在性愛上向她的丈夫封閉起來。當丈夫在性愛上得不到滿足，那麼他就很難對妻子柔情蜜意。常常，這種惡性循環的結果就是使性關係陷入僵局。性關係的衰敗常常就是從這裡開始。我們首先要找出原因，然後彼此交流，共同打破這一危險的循環。

對某些人而言，對性愛的慾望和對身體愛撫的渴望，這兩者之間有一條細微的分界線，無法輕易地進行區分。

馬太和佩妮是一對參加過婚姻輔導課程的夫婦。當他們的第二個孩子出生以後，他們之間的關係變得非常緊張。佩妮不是很喜歡性愛，這讓馬太覺得很洩氣。他試圖說服她，結果卻使得佩妮完全拒絕碰他，唯恐馬太會誤以為她的某些動作是尋求性愛的鼓勵。他越是想要，她就越是變得不想要；而她越不想要，他就越想要。結果，兩人的關係一路下滑。馬太感到困惑，不知道妻子為什麼不想要他。愛撫是他主要的愛的語言，因此，這讓他覺得自己不被重視，也不被愛。

在此同時，佩妮也感覺很受傷，而且很憤怒。她將他的堅持視為不體貼，認為他忽視她的情緒。結果，二人被一種彼此傷害、彼此責怪的循環所困住，以至於完全沒有了身體上的接觸。

最終，在朋友們的建議下，馬太向佩妮道歉，因他將自己的需要放在佩妮的需要之前，而她也原諒了他。然後，有大約二個月的時間，馬太沒有在性生活上提出要求。對於佩妮來說這是一個重要的信號，表明馬太的道歉是認真的。而且這也給了她時間，讓她的傷口得以癒合。結果，她又開始向他敞開。當他們之間溝通的線路暢通無阻後，他們開始再度親近，彼此愛撫，而無須擔心會引起誤會。很快，佩妮就能接受馬太的求愛，而且有時候，甚至自己也會採取一些主動。

假如身體的愛撫是我們配偶最重要的愛的語言，那麼，當他們處在艱難低潮時，擁抱他們就是告訴他們，我們是多麼在乎他們。而且，即使當危機過去很久以後，這些親切的、溫柔的愛撫仍會記在他們心裡。

結　論

在婚姻中，了解是最令配偶感受被愛的方式了，因此努力以了解來愛他們是很重要的。還有，他們的需要很可能會隨著時間的變遷或是環境的變化而改變。我們必須要接納他們的需要，並且學習回應這樣的改變，按著他們想要的方式來傳遞我們的愛，而不要試圖去改變他們。

值得注意的是，在福音書中，耶穌用了這五種方式來傳遞他的愛：通過言語、行動、時間、禮物以及撫摸。他對門徒們說肯定的話語，「我乃稱你們為朋友……不是你們揀選了我，是我揀選了你們……」他用實際行動服侍他們，當其他人都沒有預備好要去做那卑賤的工作時，他卻主動地為門徒們洗腳。他花時間和他們在一起，帶他們遠離人群到安靜的地方去。他送給他們各樣

的禮物，而最大的禮物就是聖靈。他也藉著撫摸來表明他的愛：將孩子們抱在懷裡、將手放在癩瘋病人身上、允許那個妓女用頭髮來擦他的腳。在最後的晚餐時，耶穌對門徒們說：「……你們要彼此相愛，像我愛你們一樣。」（約翰福音十五：12）我們若想要履行他的命令，就必須先要愛我們的配偶，向他們表明我們對他們的愛，讓他們感到他們對我們很重要而且很特殊的。

你知道哪一種是你的伴侶最喜歡的愛的語言嗎？你自己喜歡的又是哪一種呢？首要的，就是彼此溝通：在我們所做的事情中，哪一件最讓對方感受到被愛；又有哪些事是因為我們沒有做，而讓對方覺得被忽視的。

現在就行動吧！也許，這會使你對自己的配偶有驚人的發現。

婚姻黃金法則第三條
找出令你伴侶覺得被愛的方式。

第四部分

解決衝突

Resolving Conflict

第八章

欣賞彼此的差異
Appreciating our differences

理論上而言，玻莉與我根本完全不同，但這一點對良好的伴侶關係卻是很重要的。

　　　　　　　　　　　　——弗蘭克 · 莫爾[1]

變化必然伴隨著麻煩，即使是由壞轉好的變化也不例外。

　　　　　　　　　　　　——理查 · 胡克[2]

---

1 弗蘭克 · 莫爾（Frank Muir），《肯特州少年》（A Kentish Lad），（柯基出版社，1997）。
2 理查 · 胡克（Richard Hooker），1554-1660，英國神學家。

力奇

　　我清楚記得，我七歲時和一個朋友練習兩人三腳賽跑的情景。當時，我們要參加學校的運動會。在運動會前的那幾週，我們常用一條紅手帕綁住我的左腿和我朋友的右腿，四處走動練習。開始時，簡直是一種折磨：我們的步伐不一致，總是忘記哪一隻腳要先走。我們摔倒在碎石路上，那條手帕則好像不停在嘲笑我們；我們甚至還起過幾次激烈的爭吵。但是到了運動會那天，我們卻可以跑得飛快，如同獨自一人在跑一樣。最後，我們贏了比賽！

　　從某種意義上講，婚姻也有點像是在進行兩人三腳賽跑。要是我們有時候不想與對方一起奔跑的話，那麼就會發生意外。按照《婚姻中的麻煩事》一書作者保羅・圖尼爾埃的說法：「分歧是完全正常的。事實上，這是一件好事。那些將婚姻經營得美滿幸福的夫妻，都懂得如何正確看待分歧、致力於共同解決問題。」[1]

　　英國進行了一項調查，主要是分析引起英國夫婦爭吵的主因。調查顯示，在這些主要原因中錢財問題高居榜首；個人習慣（特別是不衛生）緊隨其後；接下去則是子女、家務、性生活、父母

---

1 保羅・圖尼爾埃（Paul Tournier），《婚姻中的麻煩事》（Marriage Difficulties），（SCM 出版社，1971），第 26 頁。

和朋友。在情人節前兩天，《泰晤士報》報導了此一調查結果。上面說道：「最常見的爭吵形式是夫妻雙方先激烈爭吵一番，接著便陷入冷戰……」根據一位婚姻諮詢專家表示：「在婚姻中，夫妻處理爭吵的方式是他們的婚姻關係能否成功的唯一，也是最重要的信號。」[1]

婚姻就是將兩個具有完全不同的背景、個性、願望、觀點，和以不同優先順序處理問題的人，結合在最親密的一種關係中，終此一生。同時，還暴露出人性中許多固有的自私本性：要按照我的方式、維護我的權利、認可我的觀點、追求我的利益。

就這個問題，一位結婚僅六個月的女性說道，在婚姻中她對自己的認識遠比對她丈夫的認識，更令她感到驚訝：「就好像有一面鏡子豎立在我面前，讓我看到自己是多麼的自私。」雖然婚姻的親密關係帶來許多快樂，但也讓我們想要按自己喜好做事的自由，大受限制。

希拉

我清楚記得發生在我們之間的一次爭吵。那時我們住在日本，第一個孩子剛六個月大。一位單身朋友邀請我們到他那裡去度週末，他住在距離我們兩百英里遠的地方。

這個朋友特別熱情好客。每次到他那裡去度週末，他都會安排早餐派對、邀請朋友們過來喝上午茶，接著又款待午餐、茶點以及晚餐派對！

---

1 蘇珊・奎勒（Susan Quillam）和《關聯》機構，《停止爭吵，開始談話》（Stop Arguing Start Talking），（維米勒出版社，1998）。

　　禮拜三，在我們要起程的時候，我將內心深處對這個即將到來的週末的焦慮如實地講了出來。因為我感覺到照顧一個六個月大的孩子就已經讓我筋疲力盡了，如果再花一個週末與人週旋，「獻寶」我們的女兒，那將會讓我徹底完蛋的。可是，力奇卻非常固執。他已經接受了邀請，知道很可能有一些活動已經為我們準備好了。所以，我們不能不去。

　　我們雙方都覺得自己有理。當我無法說服力奇，而他也似乎並不體會我有多累時，我簡直火冒三丈。

　　很不幸的，那個週末碰巧是日本的蘋果節。我們買了一大箱的蘋果，放在籃子裡，搭成金字塔的形狀。於是，我就從最上面的蘋果開始，一個接一個朝站在房間另一側的力奇扔過去。

　　他順勢躲到沙發背後，以免被砸傷。好在，這些蘋果是我向力奇所扔過的唯一的物品，通常發怒時，我總是說些很犀利的話來對付他。故事的結局在這一部分的後面會提及。

我們可以在看球賽時玩撬牌。

　　分歧和衝突可以建立婚姻、也可以摧毀婚姻。當我們頑固地堅持自己的意見，想方設法改變對方的想法時，結果往往就是一場塹壕戰——曠日持久。我們深挖壕溝來保衛自己的陣地，不讓對方接近，以此來保護自己，偶爾才發動一次進攻。似乎我們中有一方贏了，但實際上雙方都輸了，因為我們之間存在著一百碼的無人區，

上面佈滿了帶刺的鐵絲網和諷刺的話語、未爆的炸彈和未解決的問題。衝突摧毀了我們之間的親密關係。

　　但是，如果夫妻雙方都準備好要共同處理分歧，那麼這些分歧就能使我們邁向成熟。當然，分歧的解決可能需要我們做出極大的改變。要想贏得兩人三腳比賽，就需要雙方都互相適應對方的步伐。宗教改革家馬丁・路德曾經說過，有兩種方式可以使人變得不那麼自私而更像耶穌基督：第一種是進入修道院，第二種是進入婚姻！

　　以下是邁向有效解決衝突的第一步。

承認我們的不同點

　　獨特性會導致衝突，也會帶來新奇和樂趣。假如我們對任何事物都持相同的觀點，那麼婚姻就會變得索然乏味。婚姻是一種團隊合作。在那些表現出色的團隊中，每個人都會貢獻各自不同的天賦、性情以及洞見，好使大家受益。在一支足球隊中，如果十一個球員都是後衛，那麼這個球隊就不會有什麼效率。在商業活動中，如果每個會員都是夢想家，無人對制訂細則感興趣，那麼生意便無法成功運作。

　　在上一章，我們探討了一個普遍存在的問題：每個人感受到被愛的方式相異。在我們對待生活的態度上，還會有許多別的不同點，特別是那些持不同觀點的人又常常會相互吸引。我們會不知不覺地被那些令我們感覺完美的人、那些身上具備我們所缺乏的特點的人所吸引。

　　一般而言，在婚姻關係的開始階段，我們都會努力使自己適應對方。許多夫妻一開始甚至不會意識到彼此間存在的不同。熱

戀使我們變得特別寬容，願意調整自己的習慣以適應對方。但是，隨著「蜜月期」的逐漸消失，原本吸引我們的這些不同點可能會變成衝突的導火線。

在這一階段，我們總是想消除差異而不是彼此遷就。我們努力讓伴侶按照我們的思想和行為去做。假如我們喜歡提前計畫，那麼我們期待他們也喜歡提前計畫。假如我們每天晚上都把衣服放進衣櫥，那麼我們指望他們也會如此。假如我們習慣從管尾處開始擠牙膏，那麼我們指望他們也能跟我們一樣。我們提出要求、進行操控、被對方激怒、發出抱怨。所有這些都會無可避免地削弱我們之間的親密關係。可悲的是，許多夫妻因此就得出一個結論——我們彼此無法相容。但是，事實並非如此。彼此的差異可以讓我們取長補短，讓我們受益。我們必須停止那種想要消除差異的嘗試，開始刻意地欣賞彼此的不同點。

園藝家、珠寶設計師兼專欄作家蒙特・當，提到他和妻子撒拉對園藝的不同態度時，如此說：

> 如果你和另一個人共同營造一座花園，在某種程度上，這是在發揚你們的共同點，正如你們喜歡同樣的食物或是會因同樣的事物而發笑一樣。但同時，這也是在發揚你們的不同點。只有當你願意讓你的同伴，帶著你去探索你原本不會注意的地方時，花園才會超越它原有的美麗。在實踐中，這意味著，儘管我們不會將自己對花園的設想強加給對方，但是我們仍會常常對種什麼和如何種，發生嚴重分歧。我生來就是一個衝動急躁的人，喜歡在想法剛出爐的時候就趁熱打鐵地落實出來。而撒拉則喜歡先仔細考慮所有的可能性，然後得出一個她認

為正確的結論。她寧願什麼都不做，也不願做一件錯事。而我則寧願先把事情做起來，也不願什麼都不做。但我們都能令對方感到驚訝和欽佩。這是一種極美妙的調和——你已經猜到了——這正是我們婚姻中的一個重要部分。[1]

我們不同的個性

以下是五種不同個性類型的描述。在每一類別中，我們都會有或輕或重的傾向。有嚴重傾向時，我們能輕易地看到自己的個性類型，而只有輕微傾向的情況時，我們也許只能藉著與我們的配偶比對，才能意識到。在看這五個類別時，請分析一下自己和你的伴侶分別屬於哪種個性類型。當遇到不同點時，則需要考慮這些差異，在我們之間是造成衝突，還是激發起對彼此更多的欣賞。

類別一：外向型和內向型

這種類別與我們的動力來源有關。外向的人從和人的互動中獲得能量。他們喜歡花許多時間與人相處，參加派對會讓他們精神振奮。對他們而言，說話非常重要，因為這能幫助他們整理思路並弄清楚自己的想法。事實上，他們許多的話語其實就是在「大聲地」思考。外向的人有時也喜歡獨處，但是如果獨處太多則會讓他們情感枯竭。他們需要被外在世界刺激來重新充電。

相反的，內向的人是從安靜的默想中獲得能量。他們天性關注思想和意念這一內在世界。他們也可能很熱情友善、富有同情

---

1 蒙特‧當（Monty Don），《觀察家雜誌》（Observer Magazine），2002 年 5 月 19 日。

心，但是過多的社交會令他們枯竭，他們需要屬於自己的時間來進行恢復。與其擁有許多的泛泛之交，他們寧可擁有幾個親密的朋友。與其一整晚參加派對，他們寧可選擇在家裡待一晚上。他們傾向於安靜，在說話之前先整理好自己的思緒。

內向之人也許會欣賞外向之人與眾人相處時的從容自若，而外向之人也許會欣賞內向之人安靜的深謀遠慮。

類別二：邏輯型和直覺型

這一類別所涉及的是我們看待週圍世界的方式。對於偏好邏輯性的人會使用他們的五官來收集各種資訊。他們想了解事實的真相。他們留意過去，從經驗中學習。他們對事物的明確性有一種強烈願望，喜歡實際、重要性的事物，不喜歡猜想。他們對細節感興趣，會透過仔細分析事實來解決問題。他們常常被描述為富有條理、務實、腳踏實地。

直覺型的人則重視各種想法，過於各種事實。他們更富有創新精神，而不太注重實際。他們重視大局，而不太關注細節。他們喜歡推測各種可能性，也傾向於著眼未來。他們常常經由各種預感來解決問題，也會輕易地從一項活動跳到另一項活動。他們常常被視為富有想像力、善於打破傳統。

前者可以被視為「對細節一絲不苟」，而後者則可被描述為「天馬行空」。但是，任何專案都需要這兩種個性的人。傾向於直覺的人會被各種遠景、想法和目標所吸引，而傾向於邏輯型的人則會專注在各種實際性事物、細節和行動計畫上。

類別三：任務導向型和以人為導向型

這一類別決定了我們如何根據所收集到的資訊來作出決定。

那些傾向於「任務導向」的人會對自己的目標非常明確。他們追求效率、公正和事實。在事業上，產量和效率是他們的優先選擇。只要有一個清晰的目標，以任務為導向的人就會很快付諸行動，有條不紊地朝著目標前進。

對那些傾向於「以人為導向」的人而言，他們的心支配著他們的頭腦、各樣的關係支配著各樣的目標。他們很敏感，也會很容易同情他人的感受。他們作決定的基礎是：這些選擇會如何影響他人。他們傾向於為別人辯護，而不去指責別人。對於那些以任務為導向的人來說，他們常常只會看見黑白兩種顏色；而對於那些以人為導向的人來說，看到的卻是中間的灰色地帶。

傾向於以人為導向的人，可能會讚賞那些以任務為導向之人的兢兢業業、躊躇滿志，而後者則可能會看重前者的創造寬容、鼓勵和關愛的環境能力。一個高效能的團隊也同時需要這兩種個性的人。

類別四：按部就班型和靈活機動型

這一類型涉及我們是喜歡提前制訂計畫，還是喜歡憑感動行事。那些喜歡按計畫生活的人會根據計畫作出決定，然後嚴格履行。而那些願意保持靈活和彈性的人則希望盡可能在最新資訊、最新報價、更優惠的交易的基礎上，靈活作出決定。

那些喜歡按計畫行事的人比較擅長於安排事情的優先順序別。他們善於組織，在規定的時限前完成任務會給他們帶來滿足感。但是，他們卻不那麼擅長於處理突發事件。

那些喜歡靈活機動的人會傾向於隨性而行。他們喜歡自由和靈感，不太願意制訂計畫。他們顯得比較懶散和鬆弛，不太在意事情的精確時間，因為他們認為，事情很可能會有更加圓滿的結

果。有時候，他們會因為拖延不作決定而錯失良機。但是，他們很擅長調整、適應突發狀況。而且，有時候，在別人遭遇失敗的事上，他們反而會取得成功。

類別五：發起者或擁護者

這一類別所反映的是我們是天生喜歡領導別人，還是喜歡被人領導。發起者們喜歡提出各種新想法，容易作出決定，不怕發生什麼變化。他們喜歡管理，而且能成為優秀的領袖。而擁護者則喜歡別人發起主動。他們仔細地聆聽，但對表達自己的觀點會猶豫不決。他們傾向於回避矛盾，準備好為維護和睦而改變自己的喜好。

為取得領導與擁護之間的平衡關係，我們需要避免兩種危險情況：發起者可能與夥伴未經商議，就擅自決定；擁護者可能會在配偶面前推卸共同作決定的責任。這兩種傾向在婚姻中都是不健康的。因為在婚姻中，夫妻雙方應當對那些會影響他們的事，要共同作決定。值得提醒的一點是，「領導」並不意味著獨裁、控制或是強迫對方來執行我們自己的意願，而「擁護」也不是指被動地順從或是被人置若罔聞。一個團隊要能有效地運作，需要發起者提議並且執行；與此同時，也需要擁護者鼓勵並且協助。

在婚姻中，夫妻二人要能在不同面向，輪替作發起者或擁護者，並且相互配合，這樣婚姻就會比較和諧。

充分利用我們的不同點

將我們自己歸類到這些類型中，並不是要否定我們的獨特性。其實，每一種不同的個性類型中都包含著巨大的多樣性。擁有某一類型的典型反應，並不意味著我們就不會發展出另一類型的某

些特徵。以任務為導向的人未必對人際關係不感興趣，那些以人為導向的人也未必缺乏各種目標。同樣地，很難得出結論說一個內向之人無法享受一場派對，或是一個外向之人不會喜歡某次鄉間的獨自散步。然而，人的類型傾向卻會對我們不同的人生態度，產生根本性的影響。

第一步是要認識到我們的不同。第二步是要承認根本就不存在所謂的正確或錯誤的方式。嚴格地說，我們自身的思維方式並不比我們伴侶的思維方式好或壞，只是彼此不同而已。每一種偏好都能作出有價值的貢獻，但自身又都存在著局限。如果我們把自己的行為方式看為「正常」，而把他人的行為看為「有所缺欠」，那麼我們就不太可能建立一個美滿、和諧的婚姻。

第三步是要相信彼此不同的方式可以進行互補。當我們將心思全部集中在對方身上那些令我們欣賞的個性，而不再去專注那些令我們惱火的層面時，婚姻關係就能得到大大的鞏固。

比爾‧海波斯和琳恩‧海波斯夫婦（Bill and Lynne Hybels）是美國一家超大型教會的兩位領袖。對他們而言，認識到彼此個性上的差異，使得他們之間的關係從充滿惱怒和挫折，轉變為充滿理解和欣賞。比爾這樣描寫琳恩：

> 比起我來，琳恩更加有組織和條理性。對我而言，我喜歡對生活持一種自然而然的態度，就是隨興而行的那一種。一開始，我發現她那種對制訂計畫的強烈愛好令我著迷。但是，結婚幾年以後，這種著迷變成了一種挫折。我開始對她身上這些一開始吸引我的特點感到厭煩……總是在計畫中行事。她就是無法帶著問號生活，總是想要知道計畫是什麼──比如我們去哪裡度假，什

127

麼時候出發，什麼時候回家等，而且事先就要知道！……
現在，我轉了一圈，又回到原點，對我們之間的不同點
有了深深的欣賞。

因為琳恩是一個內向的人，所以我們的家是安全、
寧靜的，是個避難所。而我的生活中常常充滿各種各樣
的人……我需要一個知道如何使生活井井有條的妻子。
多虧琳恩喜歡凡事有條理，我們才會擁有整潔的房間、
乾淨的衣服、健康的飲食習慣、可行的經濟預算，還有
兩個知道如何坐得端正並且會完成家庭作業的孩子。而
且，我不得不承認，因著琳恩的細心計畫，我們有一些
冒險經歷才能更加成功。

有許多次，我真想拿錘子和鑿子，把琳恩重新塑造
成我的樣子。甚至，我會時不時就試一下子。但是，感
謝上帝我沒有成功。現在，我意識到，家裡只要有一個
我就足夠了。[1]

琳恩也從她的角度講述了這個故事：

從比爾身上，我學習到要讓計畫富有彈性。大體
上，我仍然偏向於提前計畫，並且維持一個井井有條的
日常程式。但是我也發現，在日常程式上不時地加上一
點突發奇想會給生活帶來樂趣，也能大大地改善人際關
係。關於這一點，在教養孩童方面尤其如此。在我和孩

---

1 比爾和琳恩 ‧ 海波斯（Bill and Lynne Hybels），《長久持續的愛情》（Love That Lasts），（馬歇爾 ‧ 皮克林出版社，1995），第 12-14 頁。

子們度過的一些快樂的時光中，有一些就是臨時起意的。
要是沒有比爾這種隨性而行的生活態度對我所產生的影
響，我很可能會錯過這些美好時光。[1]

本章最後有一個表格，我們在其中列舉了一些可能會讓夫妻
產生不同態度的事項。在每一項中，請思考你們二人的態度位於
哪一處。然後，看看你們有哪些不同，並問問自己這些不同有沒
有造成彼此的衝突。表格的最後有一些空格，你們可以在上面寫
下一些彼此存在的其他差異。

探討不同的金錢觀

表格中每一個問題都可能讓我們輕易地認為自己的方式比對
方的更好，並且因我們配偶有不同想法而對他們橫加指責。這一
點，在金錢問題上尤其明顯。天生節儉的人常常會責怪天生會花
錢的人，還常常認為自己非常有理。

力奇

剛進入婚姻時，希拉和我對金錢的觀點非常不同。
這反映出我們的個性，而父母對我們各種觀念的形成也
會有影響。

對於金錢，可以有三種選擇：儲蓄、花掉或是捐贈。
關於我們該捐多少以及何時捐出去這一點上，彼此都沒

---

1 同前書，第 15-16 頁。

有異議。但是對於另外兩種選擇，我們的觀點則是截然相反。希拉擅長花錢，而我則更喜歡存錢。（我還記得小時候積攢老式的六便士硬幣的事情。最後我發現這些硬幣已經不再是法定貨幣，而我滿滿一箱的硬幣因此一文不值！）

剛結婚的時候，我有工作，而希拉還是個學生。每個月，我都會把賺來的錢給她一部分，用於家裡的日常開支。我希望希拉能避免透支，但是這個希望總是落空。雖然我總會留下足夠的錢來償還欠款，但是我對她不能控制花錢這件事情感到非常不滿，而她也會對整件事情感到歉疚不已。我們一致認為在錢的事情上我比希拉更加擅長，因為我不會像她那樣輕易地花錢。

結婚十五年以後，我突然領會到自己完全錯了。我意識到，其實我們只是擅長於不同的事情而已。希拉更知道怎麼花錢：她知道我們每週需要什麼東西，擅長為家庭添置樂趣和驚喜，並且為別人購買一些禮物。而我則更擅長於節省。我很願意計算我們已經擁有（或者尚未擁有）多少錢。我管理我們的存款，保證我們能夠付清各種帳單。

自從我們意識到各自不同的傾向其實是互補時，我便不再感到不滿，金錢也不再成為造成我們關係緊張的一個因素。每個月，我們都會討論該月的各種需要，計畫應該給這些需要分配多少錢。在這個過程中，我們也發現了一些可以彼此幫助的方面。在希拉的幫助下，我變得不再過分謹慎，並且能夠更加自由地使用錢財，好使他人和我們自己受益。在孩子們每週的零花錢這件事

上，以前孩子們每增長一歲，就能多得一個便士：六歲的時候是六便士，八歲的時候是八便士，以此類推。我一直不覺得這有什麼問題，一直到希拉告訴我，十便士對於我們十歲的女兒而言，並不能真正地教導她明智地處理金錢這個功課。我真高興希拉說服了我，讓我改變了主意。當然，孩子們對此也是強烈地支持。

另一方面，我想我對希拉的幫助是，讓她能夠更了解錢的去向，確保所花的錢不超過我們的預算。現在，我不再像以前那樣，每個月都扣下一部分錢，以備不時之需。相反地，我會把我們二人一致同意的當月開銷全都交給希拉，讓她根據自己的判斷來使用。

希拉

做預算對我而言並不容易，這當然也與我對數字不太擅長有關。我不想把自己說成是揮霍浪費的那種人，我也不是很喜歡購物。但是，我所買的大部分東西都是我們家庭生活的必需品。除此以外，我也會買一些東西用來招待客人或送禮。大體上，我主要是花錢，而力奇則主要是存錢。這是我們沒怎麼計畫就形成了的。

每個月，我都會因為透支而感到內疚（雖然我確信我無法不使用這麼多錢），而力奇也因為我對此愛莫能助而感到非常沮喪。因為他是一個非常寬容的人，所以我們一直到結婚多年以後，才正視我們之間的差異。

最終，我們進行了一次開誠佈公的討論，講了自己的感受，也討論了該怎麼處理這一情況。從那以後，我們各自的角色基本上仍然沒有什麼改變。但是在力奇的

幫助下，我開始提前計畫。更重要的是，當我感到自己
已經超支的時候，我會告訴他。現在，我意識到，將問
題提出來比期待它會自動解決更好。

　　過去，我對金錢並沒有什麼認識，有種害怕的感覺，
不太願意去討論。自從意識到我自己的這些弱點、充分
地討論了這些狀況以後，我的感受便產生了巨大的不同。

　　因為經濟問題是造成英國夫婦婚姻中緊張關係的最主要原
因，所以每一對夫婦都需要好好討論如何使用錢財這個問題。這
是顯而易見的道理，但奇怪的是很少有夫妻這樣做。常常，夫妻
雙方對於各項開支的優先次序會有不同看法，因此要提前計畫並
在如何分配開支上達成一致。將錢放在不同的帳戶中也會有所幫
助：一個共同的帳戶用於家庭開支、支付帳單和購買必需品，另
外兩個獨立帳戶用來為對方購買禮物或是購買一些休閒用品。這
樣夫妻雙方都能有一些自己作決定的空間。

　　假如發現很容易超支，那麼就應當使用現金而避免使用信用
卡（如果夫妻中有一方對此有嚴重問題，或者你們已經陷入巨額
債務中，請立即尋求幫助。另一方面，假如我們意識到自己對錢
財過分謹慎，那麼同意拿出一部分錢來專門用於休閒、禮物、娛
樂或慈善事業等，會對合理開支有所幫助。

　　當夫妻中一方在外工作，而另一方待在家裡時，賺錢的人很
容易會這樣想：「我埋頭苦幹拚命賺錢，你卻只知道花錢。」當
然，那個「沒有薪水」的丈夫或妻子也許同樣也在天天埋頭苦幹。
在這種情形下，二人可能會對各自的日常生活發生誤會。「你就
知道整天坐在家裡」這樣的言辭可能會被對方還擊以「你就知道
在外面大吃大喝」。

婚姻必須建立在夫妻共同擁有家庭財產與收入這一共識上——包括工資或薪水。丈夫和妻子雙方都應該知道對方真實的財務狀況。如果有一方對家庭收入水準、存款金額或債務金額毫不知情，這將導致嚴重的問題，這些問題所涉及到的不僅是開支，也是欺騙和背叛這些感受。我們需要共同決定如何使用我們的錢財。有一件事也許值得一試，就是夫妻雙方設定一個不必與對方商議，可以自由支配的花費額度限制。有一對夫婦告訴我們，過去他們如何常常為怎樣使用錢財而發生爭吵。妻子不知道他們有多少錢，而丈夫則常常指責她亂花錢。兩年前，他們制訂了一個詳細的預算，共同決定應當如何花錢，保證他們收支平衡了。以前是丈夫負責查看他們的帳戶（只是比較隨意地），現在他們一致認為妻子更適合這個角色。從那以後，他們就再也沒有因為錢而爭吵過。

對經濟問題的討論能夠拉近彼此的距離。但是，如果對此不加討論，因此而引發的各種誤會和不滿，會將彼此愈拉愈遠。本書後面附有一個如何做預算的附錄，可以幫助我們了解各種資訊並且作出相對的決定。雙方共同做預算這一過程本身，會讓我們有機會討論對於金錢的恐懼感或挫折感，而且這也將幫助我們認識到各自的長處和短處。

保持幽默感

夫妻間的差異要麼帶來衝突，要麼帶來樂趣。對這些差異的欣賞，意味著一直能享受對方獨特性所帶來的樂趣。對大部分夫婦而言，當他們剛開始約會的時候，笑聲是他們關係中的一大部分，而且是一個重要部分。他們會被對方個性或行為中那些與他們迥異的方面逗笑。然後，隨著關係的逐漸發展，他們會開始經

常地取笑這些個性特徵。這樣的「調侃」會進一步提升他們的樂趣和對彼此的欣賞。

　　這種調侃與揭短，和羞辱的嘲笑截然不同。前者是一種溫柔的、充滿感情的嬉笑，表達著婚姻中日漸加深的親密關係：我們共有的笑聲為我們的關係劃定出一個專屬領域，其中充滿著私底下的笑話、雙方共用的有趣回憶以及一生之久的相互幽默。所有這些都能夠使我們不將自己看得過分認真，也能防止我們的關係變得緊張沉重。

　　朱蒂斯 · 沃勒斯坦曾作過一項研究，目的是為了藉由調查五十對婚姻幸福的夫妻，來發現婚姻得以維繫的共同因素。她把幽默列為一項關鍵性因素：

　　　　這些婚姻幸福的夫婦一再強調，笑聲是他們夫妻之間一項最重要的連結因素。許多人用「有趣」這個詞來形容他們的配偶。但是他們所說的幽默和「有趣」並不是指最近發生的一些玩笑，而是比這些更為深層的東西，是一種令他們彼此相連的親密關係，是一種善意的玩笑，低調、自然，卻令他們彼此深深聯結。[1]

　　要持續享受彼此的不同點、善意溫柔地取笑彼此，能使婚姻常保笑聲和幽默。這與把彼此視為理所當然完全不同，能幫助我們正確對待生活中各樣的小煩惱。當有人問起瓊 · 埃裡克森和精神分析學家艾瑞克 · 埃裡克森，兩人得以維繫六十年之久的婚姻

---

1 蒂斯 · 沃勒斯坦（Judith S. Wallerstein）和桑德拉 · 布萊克斯（Sandra Blakeslee），《美好的婚姻》（The Good Marriage），（休頓 · 米菲林公司，1995）。

祕訣時，瓊毫不遲疑地回答道：「幽默感！如果沒有它，還有什麼呢？是幽默把每一件事物維持在適當的位置上。」[1]

準備好改變

　　雖然我們無法改變自己或彼此的基本個性，但是我們能夠改變我們的習慣和行為。事實上，婚姻要求我們這樣做，只有這樣才能使雙方步伐一致。光說「我就是這樣的人」之類的話是無濟於事的。在處理夫妻之間不同點的時候，要牢記幸福婚姻有一條簡單、卻十分重要的原則：

　　　　我們能夠改變自己，但是不能改變對方。

　　這種調整將持續整個婚姻過程。外科醫生理查 • 塞爾澤這樣描述其中的含義：

　　　　我站在一個年輕女人的床邊，她的臉剛動完手術。她的嘴唇因為癱瘓而扭曲，顯得有點滑稽。臉上一根很細小的神經，就是通往嘴部肌肉的神經被切斷了。從此，她就是這個樣子了。我已經小心翼翼、盡可能地順著臉部肌肉曲線動了手術，這一點我可以向你保證。但是，為了切除她臉上的腫瘤，還是切掉了一點神經。

　　　　她那位年輕的丈夫也在房間裡，站在床的另一邊。他們二人在夜晚的燈光中，好像我並不存在一樣，儼然

---

1 同前書。

是一個私人世界。「他們是誰？」我問自己，「他和這個被我弄成歪嘴的女人，這兩個如此深情彼此凝視、彼此撫摸的人。」

年輕的女人說話了。「我的嘴巴以後一直都會這樣嗎？」她問。「是的，是這樣的。」我回答道，「因為神經被切掉了。」她點點頭，陷入沉默。但是那個年輕的男人笑了，「我喜歡這樣，」他說，「很可愛。」突然，我知道他是誰了，便低下頭去。當一個人與神邂逅時是無法勇敢的。不經意間，我看見他俯下身去，親吻她那歪曲的嘴。我們相離如此之近，以至於我能夠看見他如何歪起自己的嘴巴以適應她的嘴唇，好表明他們的親吻仍然沒有問題。眼前這一幕，不禁令我想起了古代那些化為凡人的眾神靈。於是我屏住呼吸，迎接奇蹟的降臨。[1]

當丈夫或是妻子願意去接受改變，這個麻煩時，婚姻就有向前邁進的機會。而當夫妻雙方都選擇接受它，一個陷入困境、止步不前的婚姻就能發現一片全新而迷人的天空。

當南茜和瑞克的婚姻從災難邊緣被挽救回來後，南茜這樣描述自己從這一經歷中獲得的最重要的領悟：

……如果你努力想要讓對方適應你的思維方式，那麼這種關係就不會成功。要想讓婚姻成功，並不是要容

---

1 理查・塞爾澤（Richard Selzer），《凡人的功課：手術藝術注釋》（Mortal Lessons: Notes in the Art of Surgery）。

忍伴侶的各種差異，而是要珍惜這些差異。[1]

在橫線上標示出你的習慣和傾向

舉例：（尼＝力奇；希＝希拉）

金錢	花掉	希	尼	存起來
準時性	盡可能彈性	希	尼	嚴格計算時間

（譯者注：如第二項，如果你傾向於「盡可能彈性」，就把你的名字填在線上靠左的位置，傾向「嚴格計算時間」就填在線上靠右的位置，如果一般就要寫在中間。這裡，希拉緊靠左側，力奇緊靠右側！）

項目：

著裝	隨意 ＿＿＿＿＿＿	正式
分歧	再三討論解決 ＿＿＿＿＿＿	維持和平
假日	想要歷險 ＿＿＿＿＿＿	想要休息
金錢	花掉 ＿＿＿＿＿＿	存起來
人	花時間與人相處 ＿＿＿＿＿＿	將時間留給自己
作計畫	作計畫並且嚴格遵守 ＿＿＿＿＿＿	自然而然，隨興
準時性	盡可能彈性 ＿＿＿＿＿＿	嚴格計算時間
休息放鬆	出去 ＿＿＿＿＿＿	留在家裡
睡覺	早點睡 ＿＿＿＿＿＿	晚點睡
運動	熱中 ＿＿＿＿＿＿	不感興趣
電話	長篇大論 ＿＿＿＿＿＿	只談各種事項
整潔	事事井然有序 ＿＿＿＿＿＿	很放鬆，但毫無秩序
電視	老看電視 ＿＿＿＿＿＿	根本不看

---

1 《紅色雜誌》，2000 年 3 月。

其他事項：＿＿＿＿＿＿＿＿＿＿＿＿＿＿＿＿

　　　　＿＿＿＿＿＿＿＿＿＿＿＿＿＿＿

第九章

就事論事

Focusing on the issue

在怒氣中，你可能會說出令你後悔一輩子的話。

——佚名

在《霍亂時期的愛情》（Love in the Time of Cholera）一書中，作者加夫列爾·加西亞·瑪律克斯描繪了一個因一塊肥皂而解體的婚姻。丈夫因為妻子忘記放肥皂而生氣，於是責怪妻子，說：「我已經有一個禮拜都沒有肥皂洗澡了。」他的妻子當然對這一過失堅決否認。於是，接下來的七個月，他們二人分房間睡，吃飯時也保持沉默。

「即使當他們上了年紀、心情平和時，」瑪律克斯寫道，「若要重提舊事，仍然需要格外小心，因為很可能剛剛癒合的傷口又會開始流血，彷彿昨天才受傷般。」[1]

當衝突發生時，我們常常會輕易地選擇退縮、獨自生悶氣、保持沉默，結果我們就豎立起一面牆。一小時、一天、一週、一個月，甚至一年，這面牆越來越厚。或者，我們會選擇全面出擊——海陸空三軍——來削弱我們伴侶的陣地，說服他們投降。我們盡全力想要逼他們轉而順從我們的觀點，結果可能導致言語上的辱罵甚至身體上的虐待。不管我們傾向於作何種選擇，以下所提到的這些建議能夠幫助我們正確面對衝突，讓我們聚焦在問題上而不去彼此攻擊。這些建議的

---

1 引自楊腓力（Philip Yancey），《恩典多奇異》（桑德凡出版社，1997），第 97-98 頁。

目的是為了防止各種特定的分歧，影響到我們整體的關係。

遷就不同之處

在每一個婚姻中，都會碰到夫妻雙方需要就彼此的不同意見進行協商的時候。

力奇

希拉和我對該留多少時間來趕火車或飛機，看法完全不同。要是讓希拉自己決定的話，她很可能會選擇在前一班航班或火車離開時就到達。而我則喜歡「及時趕上」，就是在盡可能接近飛機起飛，或火車開車前到達。否則我會覺得自己是在浪費寶貴的時間，因為我可以將這等候的時間更有效地用在別的事情上。但對希拉而言，在車站或機場等候的時間裡，她可以享受談話、觀察他人或者閱讀雜誌的樂趣。

這是我今天第 33 次把它放下來

多年來，我們都未曾討論過為什麼彼此會有這些不同的傾向。但我們雙方都意識到每次旅行前，都會出現這些緊張的時刻。顯然我們需要作出一些改變。

當彼此的行為有衝突時，我們通常會怎麼做？有四種選擇：攻擊、投降、討價還價或是協商。有些人選擇攻擊，努力想要強逼伴侶順從自己的思維方式。那是行不通的。人們對於強迫的最

普遍反應，要麼就進行防禦並堅守陣地，要麼就表面上合作但內心卻雷霆大怒。

有些人會投降：任由配偶完全按照自己的方式去做，從不發表意見。那也是不健康的，無法產生一種互動的伴侶關係。

但是，希拉，
火車明天
中午才開呢。

還有一些人會討價還價，想要彼此作出同等的讓步：「我退讓一步，你也妥協一些；讓我們各退一步好了。」這種方式反而會使我們的行為受對方反應的制約。當我們將婚姻視為同程度的「給與得」時，我們會將注意力集中在自己所給予的和配偶所獲取的。我們都對這「各退一步」有不同的看法。如果感覺伴侶沒有做好屬於他們的部分，那我們也就不再去做我們的那一部分。

第四種也是最好的一種方式，就是針對我們的不同點來協商。這必須要夫妻雙方都準備好向對方靠近。這種方式與攻擊不同，後者是「以我為中心」；也與投降不同，投降雖然是「以你為中心」，卻是不健康的那種。協商也與討價還價不同，後者仍然是「以我為中心」。協商是「以我們為中心」！二人都要問：「哪一種是對整體最好的解決方式？」有時候丈夫會說：「我需要改變。」有時候妻子會說：「我必須用不同的方式做事。」通常，夫妻雙方都需要作出調整。

力奇

有時候，我們會在旅行前許久，就商量好出發的時間，給自己留下充裕的時間，不至於過分匆忙，以減輕

旅行前的緊張關系。通常，我必須克服自己的本能想法，不要覺得早到就是浪費時間，而希拉有時則必須調整自己過分注重享受等候時間的樂趣，好讓我們不至於花過多的時間用於等待。

透過選擇並堅持一些基本原則，可以練習並且學會協商這種技巧。

尋找最佳時間

《關聯》（Relate）雜誌曾作過一項調查，該調查顯示，夫妻之間的爭吵，有一半發生在晚上。在所有參與調查的人中，有四分之一的人承認，在緊張時刻發生的爭吵，會使爭吵逐漸演變成一個特殊狀況。[1]有幾個好朋友告訴了我們一條簡單卻十分有效的規則，他們稱之為「十點鐘規則」。這條規則規定，如果夫妻之間的意見分歧發生於晚上十點鐘以後，而且在這當中彼此開始出現強烈的情緒，那麼他們中任一方都有權利決定暫不討論，等適當的時機再說。

很快，我們也採用了一條相似的規則。我們意識到我們之間大部分的激烈爭吵也都發生在深夜，而這時疲勞已經扭曲了我們的想法。在這種時候，我們會覺得比較難以聆聽並理解對方的觀點。十點鐘規則雖然要求極大的克制力，卻能夠防止許多分歧進一步發展，成為傷害感情且又毫無益處的爭吵。

---

1 菲力浦‧德爾夫斯‧布勞頓（Philip Delves Broughton），《泰晤士報》，1998 年 2 月 12 日，第 9 頁。

　　對於表達不滿或不同觀點來講，並沒有一個絕對完美的時間（通常情況下），但是，制訂出那些應當避免的時間卻是值得嘗試的。這些應當避免的特別時間可能包括出門前那幾分鐘特別忙亂的時間。時間上的限制常常會導致我們一方面更加迫切地想要說服對方，另一方面又不願意去聆聽對方的觀點。

　　我們會避免在每週一次的二人獨處時間，提出一些富有爭議性的話題。聽說有兩個作丈夫的，彼此推心置腹地講到自己如何害怕每週一次的「約會之夜」，因為那個晚上，他們常常是戰戰兢兢地等候妻子宣判那一週他們做錯了哪些事情！如果這一每週共度的時間不能讓雙方彼此都覺得愉悅的話，那麼它就失去了意義。

準備好聆聽

　　對於夫妻之間的分歧，不應將之視為丈夫和妻子個人的問題，而需要認識到，這是雙方共同面對的問題，需要一起來尋找解決辦法。要達成意見一致可能需要一些激烈的辯論，但是，這與彼此攻擊不同，因為兩人是站在同一邊，共同面對困境。有一點可能有所幫助，就是先列出一個所有可能的解決方案清單，然後再一一地評估每種方案的利弊。

　　聆聽是至關重要的。當爭論激烈時，我們本能地會想要確認對方是否真正地領會了我們的觀點，但是對於自己是否真正地領會了對方的觀點，卻不會有強烈的感受。讓彼此輪流表達能夠幫助有效地進行協商。當我們在聆聽彼此的觀點時，常常就能發現一條前進之路，不是我的路，也不是你的路，而是一條新的路。

準備好表達自己的觀點

有些人在衝突中會聲量大而且好辯，但是另一些人則會變得沉默而退縮。後者也許能維持和平，但是這種反應並不能有助於建立婚姻中的親密關係。外向之人常常需要學習控制自己的感情表達，花時間去聆聽他人的觀點；內向之人則需要準備好表達自己的觀點，學習敞開自己的各種感受。

有一位名叫簡的女性，當她和丈夫瑞克成為基督徒後，她獲得了這方面的自信：

> 在我們結婚剛開始的那幾年，我非常被動地順從，很少發表自己的觀點。透過我和上帝之間的關係，我獲得了一種新的自信，使我能夠更加自由地表達自己。而且，當我和瑞克之間的關係變得緊張時，我也不再像以前那樣害怕他會離開我。我知道我們能夠為彼此之間的不同點找到解決辦法，這使我能夠自由地表達與他意見不一致的地方。我變得更加自信，但更少論斷。我們處理衝突的方式改變了……我不再任由事情鬱積，我們的關係變得更加誠實，更加向彼此敞開。[1]

避免指責

在我們舉行婚禮的前幾週，主持婚禮的牧師給我們一些寶貴

---

1 保羅・西蒙斯（Paul Simmonds）和馬克・希爾華斯（Mark Silversides）等人編輯，《婚姻默想》（Marriage in Mind），（教會牧師幫助協會，1993），第 34 頁。

勸誡。卅二年之後，我們仍然清楚地記得這些勸誡：

> 在婚姻中，你們無論如何要避免使用兩個詞語：「你
> 總是」和「你從不」。

當時，我們並不知曉這一簡單原則背後所隱含的智慧。但是，後來我們認識到了。當戰爭達到白熱化程度時，交戰雙方會輕易地使用這兩個詞語來定罪、詆毀對方：

> 「你從不知道幫忙，連動動手指頭都不肯。」
> 「你總是那麼晚回家。」
> 「你只知道為自己考慮，從不為別人考慮。」
> 「你總是在打電話。」
> 「你總是……」

如果我們發現自己常常在衝突中說出「從不」和「總是」這兩個詞，那麼我們很可能就已經不再聚焦在問題上，已經開始攻擊彼此的性格了。將「你」和「從不」或者「總是」組合在一起使用，這通常是一種爆炸性的組合。

比起指責我們的伴侶，多使用一些帶有「我」字的話語和表述我們自身感受的句子，會更加富有成效。上面的幾句話可以改述為：

> 「我很疲倦，如果你能夠在家務上幫一下忙，我會
> 非常感激。」
> 「我感到孤獨，你晚回家會讓我很想你。」

「我們在一起的時候，你似乎對我不感興趣，這讓我很難過。」

「你晚上花這麼多的時間打電話，也不跟我說話，這讓我感覺很受傷。」

這樣的說話方式傳遞出溫柔——這是愛情的關鍵成分。分歧很容易變成互相攻擊，但是與在實際交戰中身體上所受的刀傷不同，殘酷的話語會在對方心中造成更為深刻的傷痕，需要更久的時間才能癒合。身兼新聞記者、電臺播音員及作家身分的莉比・帕維斯，有力地闡明了這一點。她引用一位名叫莫琳的年輕妻子的話，說：

你總是指責我從不收拾

「有一次，我丈夫說我是一個自私、愚蠢、肥胖而且性冷淡的婊子。無可否認，我用更加不中聽的話反駁了他。但是他所說的關於冷淡這句話，卻讓我一直無法忘記。現在，每次我們做愛的時候，我都會想，這就是他對我的看法。我變得有點不相信他了。」另外，雖然莫琳已經足夠苗條，但是因為她丈夫在辱罵中用了「肥胖」一詞，讓她不斷節食。事後說一句「我不是故意的」，也許能彌補一些，但是在那樣的情況下，受害者會想，是什麼讓你這麼說的？有句老話說：「生氣時，人們總會說出一些不是出於本意的話。」但是，也可以用另外一句同樣很古老的話來反駁這句老話，就是「只有當你憤怒時，你才敢道出實情」。我們中許多人都能夠清楚

地記得一些人在怒氣中對我們所說的話。[1]

我們需要小心地不去重提那些已經過去的事情，也不去進行殘酷的人身攻擊。即使你伴侶的話語傷害了你，我們還是必須抵制想要反擊的誘惑。克制是真愛所要付出的代價的一部分。沒有哪一項爭議性話題，比兩人的婚姻關係更加重要，不論我們對那爭議有多麼強烈的感受。聖經強調了我們的話語具有傷害或是醫治的能力：

> 你們的言語要常常帶著和氣（歌羅西書四：6）。目的是為了在談話中汲引出對方身上最好的部分，不是為了去羞辱他們，也不是為了去擊敗他們。
> 要盡可能清楚地讓他們知道你站在他們那一邊，與他們同工，不要與他們反對（腓立比書四：5，新譯本）。[2]

再沒有比這些話更適用在婚姻中的了。

---

1 莉比·帕維斯（Libby Purves），《大自然的傑作，家庭倖存指南》（Nature's Masterpiece, A Family Survival Book），（霍德和斯托頓出版社，2000），第 227 頁。
2 引自尤金·H·彼得森（Eugene H. Peterson）現代語聖經譯本——《信息本聖經》（The Message），（導航會出版社，1993）。

準備好放棄

要我們承認自己的錯誤真的很困難。我們總是拚命地要為自己辯護，想要證明自己是對的、是清白的。羅布 · 帕森斯（Rob Parsons）如此描述這一過程：

> 每個人心中都有一個「內在辯護者」，一個隱藏在心裡面的律師。每當我們陷入衝突時，他就會跳起來為我們辯護。這個滔滔不絕的演說家毅然決然地，要向我們的心陳述對我們有利的最佳理由⋯⋯我們被他描述為是明智的、合情合理的，以及仁慈的，而對方則是在胡說八道、蠻不講理⋯⋯當這位內在的律師落座時，我們就完全被證明是清白的了，陪審團就下了「無罪」的裁決。一切都沒事了。但是我們忘了，就在那個時刻，或那個時刻的前後，對方心裡面的律師也正在作著他的最後陳詞，而且不可思議地，也同樣裁決對方無罪。[1]

贏得一次爭吵的結果可能會適得其反。對於那些擅長言談、擅長令他人覺得自己藐小或愚蠢的人而言，長遠來看，這種能力反而是一種缺陷。

我們常常覺得承認自己錯了，會讓我們陷於軟弱的地位。但是，當我們決定不一定每次都要贏，嘗試著從伴侶的角度來看問題時，就不再覺得有堅守陣地的必要了。正如聖經中箴言所說的：

---

1 羅布 · 帕森斯（Rob Parsons），《突破重重困難的愛》（Loving Against the Odds），（霍德和斯托頓出版社，1994），第 65-66 頁。

「紛爭的起頭如水放開，所以在爭鬧之先，必當止息爭競。」（箴言十七：14）準備好放棄的心態，必要的話就說一句「對不起」，也許會讓我們損失一點驕傲，但是卻能得到一個更加幸福的婚姻。如果覺得認輸很困難的話，那麼我們就應該嘗試著多輸幾次，然後看看會如何。

共同面對問題

馬丁的父母在他還小的時候就分居了。他的父親在國外生活，母親成了一個酗酒者。從七歲起，馬丁就被送到了寄宿學校。他的父母常常忘記他的生日。每逢耶誕節，要是能得到一份禮物，他就高興極了。偶爾，他才能得到一點象徵性的禮物。當然，從來都是沒有包裝的。靠著性格中強烈的適應力，馬丁接受了他所處的環境，藉著學校生活安慰自己。

成年以後，馬丁發現自己很難有與人維持較長的人際關係。但是最終，他還是瘋狂地戀愛了，而且結婚了。他夢想著他的婚姻和家庭生活，能夠以某種方式來補償並且醫治他過去遭遇的種種痛苦和失敗。

他的妻子露茜來自於一個關係非常親密的家庭，而且對她的父母極度崇拜。她特別喜愛父母慶祝每個人的生日和耶誕節的方式，總是有那麼多的策劃和樂趣：種種驚喜、禮物、祕密和一團傻氣。

結婚幾個月後，她的生日到了。馬丁問她想要什麼禮物，她就作了些暗示，但同時也希望他能夠想出一些驚喜來。結果，馬丁從露茜所列舉的清單上挑了兩樣東西，買來後直接放在購物袋裡，也未加包裝。他又大辣辣地把購物袋放在冰箱上面，這兩樣

東西就從購物袋中露了出來。馬丁自己的感覺是對她已經寵愛有加了，因為從來沒有人為他的生日買過任何的禮物。當生日到來的前三天，露茜在冰箱上看到了這兩樣東西，完全沒有包裝，這讓她感到納悶並且洩氣。但是露茜把這些想法留在了心裡。她能說什麼呢？

生日到來那天，他們一早醒來——沒有賀卡、沒有床上早餐、也沒有鮮花。接著，就在他們準備出門工作時，馬丁從冰箱上取下這兩樣東西（仍然放在購物袋裡），微笑著遞給她。頓時，露茜的淚水奪眶而出，她衝出屋子。

自從那早上發生這些事情後，他們之間的關係就沒有再真正地得到恢復。二人也從未對此加以討論。露茜認定，要麼就是馬丁不愛她，要麼就是他是個天生吝嗇、不體貼的人，也許兩者都有。馬丁也注意到了露茜的態度變得冷淡，他以為這是因為她已經對他失去了興趣。於是，被拒絕這一模式在他的生命中更加地根深蒂固。隨後的這些年，二人一直都生活在誤會和痛苦之中，直到最後以離婚告終。

這是一個多麼大的悲劇啊！在命中註定的那一天（露茜的生日），他們未能認識到要一起解決他們面對的問題。他們本來可以彼此聽聽對方童年時每個生日的經歷；本來可以好好地表達他們的想法、感覺、期望和失望。他們本來可以認識到，那一天引發衝突的其實只有一個問題，而且他們本來可以輕易地解決這個問題。可是，相反地，這成了他們之間關係的第一個污點。這個污點就像是吸水紙上的墨水一樣，漸漸地擴散，最終污染並且摧毀了他們的整個婚姻。

如果在你的婚姻中，也有尚未解決的衝突，請你們討論以下這幾個問題：

1. 導致這一衝突的主要問題是什麼？

2. 討論這一問題的最佳時間是什麼時候？

3. 我們有沒有傾聽對方的看法？

4. 我們能想到的、可能的解決方法有哪些？

5. 我們應該先嘗試哪一種解決辦法？

第十章

建立生活的中心
Centring our lives

　　婚姻：只有在上帝無限恩典之下才可能存在的荒謬發明。

——加夫列爾 · 加西亞 · 瑪律克斯 [1]

　　親愛的上帝，我打賭要讓祢愛這世界上每個人一定很困難。我家雖只有四個人，但我仍舊無法做到。

——丹 [2]

---

1 加夫列爾 · 加西亞 · 瑪律克斯（Gabriel Garcia Márquez），《霍亂時期的愛情》（Love in the Time of Cholera），（企鵝圖書，1989），第 209 頁。
2 《孩子們寫給上帝的信》（Children's Letters to God），由斯圖爾特 · 漢普爾（Stuart Hemple）和埃瑞克 · 馬歇爾（Eric Marshall）編譯，（柯林斯出版社，1966）。

丹　說到了重點。衝突在我們和那些與我們最親密的人之間，是無可避免的，而且我們未必能夠輕易地尋找到所需要的愛。大部分的婚姻都會遭遇到乾旱季節。我們發現，上帝的同在是我倆婚姻中的生命源泉。當夫妻倆把他們的生命交托在上帝的手中，請上帝作為他們婚姻的中心時，他們就能從當中得著滋潤，從一個外在的源頭得到飽足。

對某些人而言，婚姻中有上帝的同在能夠讓信任得以重建；對另一些人而言，這能讓自私得以被關愛取代；對還有一些人而言，這能讓破壞性的行為模式得以改變。

大衛遇見安妮的時候，二人都才十五歲。十八歲時，他們開始約會。結婚十七年以後，他們的兩個孩子已經成長為青少年，這時安妮卻想要放棄婚姻。因為大衛開始以酗酒來應付工作上的各種壓力。大衛的原生家庭背景複雜，用他自己的話說：「我沒有其他可以讓我依賴的。我身上有一些自己無法對付的弱點。如果喝上一兩杯的話，日子就會顯得容易應付一些。」

他們的婚姻每況愈下。大衛那捉摸不透的心情和急躁的脾氣，常常導致彼此間你一言我一語的批評指責。安妮拚命地守護著屬於自己的角落，可是大衛的譏諷徹底地動搖了她身為妻子和母親的角色。他們對彼此的尊敬消失得無影無蹤，兩人都感覺到莫名的孤單。

後來，大衛受邀去參加一個啟發課程[1]，這是一個介紹基督教

---

1 啟發課程提供了人們接觸並討論基督教信仰相關性和真理的機會。目前，英國有超過 7000 所教會正在舉辦這一課程，全世界許多其他的教會也在舉辦這一課程。我們認識許多夫婦，因為參加這一課程，而讓婚姻得以改善。

信仰的實用性課程，為期十週。那時，大衛剛開始一份新的工作。但是他知道，如果自己仍舊酗酒的話，將無法通過體檢，也將因此再度失去這份工作。課程上到第三週，絕望感終於促使大衛將自己的困境告訴了幾個課程帶領者。他們與他一起禱告。那個晚上，大衛將自己的未來交在上帝的手中，請求祂的幫助。

　　對於這樣的改變，大衛並沒有什麼心理準備。到了第二天中午，他驚訝地發現自己完全沒有「想要喝一杯」的強烈欲望。往常，一到中午十一點半，他就已經渴望能喝上一杯了。午餐時，他則需要喝上好幾杯，才能讓他度過一天剩餘的時光。就這樣奇蹟般的，他的酒癮消失了，絲毫沒有任何副作用。

　　大衛開始為安妮，也為他們的婚姻癒合禱告。儘管安妮對於大衛和教會之間的關係表示懷疑，也為此取笑大衛，但是她和孩子們的確注意到了大衛的改變。當她批評大衛的時候，大衛不再激烈的反擊。而且，她也感受到大衛重新開始關心起她來。安妮參加了接下來的啟發課程，主要目的是為了弄清楚大衛到底發生了什麼事。但是，當她不斷地看到大衛身上發生的深刻改變時，她對基督教的認識就越發地加深。而且，對大衛的信心也被重新建立起來。她回憶道：「我們之間有了完全的、無以言喻的饒恕。」

　　在課程持續期間，大衛和安妮不再彼此攻擊，相反地，他們開始討論每一週中所提出來的各種問題。白天，當他們有一方想到一個新主意時，就會打電話告訴對方。

　　愛情開始重新回到他們的婚姻中，而且日益影響他們的家庭和孩子們。「大衛開始重新追求我，」安妮說，「而且第二次的蜜月甚至比第一次更好。」至於大衛，他說：「我們的愛情有了一個更為穩固的基礎。我不再退縮，我們之間的新鮮感和新奇感也不再像以前那樣逐漸消失。」

有時候，他們仍然會被對方激怒，但是處理方式改變了，不再像原先那樣睚眥必報、帶有破壞性的處理模式。他們現在有了耶穌可以依靠。大衛對這些改變，作結論說：「我們變得更能夠克制自己，當我們認為自己正受到對方不當的攻擊時，會儘量不去還嘴。我不再總是採取守勢，開始敢於相信自己，但不是靠酒精的作用。在成為基督徒之前，我就像是一枚沒有定向的導彈一般。現在，我的裡面有一種令我保持穩定的影響力——就像是一個導航儀一樣。」

用安妮的話來說：「當我們有一方不高興時，我們會求助於聖經，向上帝禱告，讓上帝回到我們生活的中心位置。祂讓我們裡面充滿愛，並使我們的婚姻能夠維繫下去。」

上帝是衝突的最終醫治者。我們認識很多像大衛和安妮、詹姆斯和安娜（參見第三章）那樣的夫婦，若非上帝是他們婚姻的中心，他們就不會在一起。不管我們是面對巨大的障礙或面對日常生活的小問題，讓上帝居於中心會帶來巨大的不同。四項理由如下。

婚姻是上帝所賜的禮物

當亞當第一次見到夏娃時，他說：「這是我骨中的骨，肉中的肉……」這番優美的言辭表示出一種認同、親密、歡欣以及完整感。

但往往在經過了幾年，甚或只有幾個月的婚姻生活以後，我們會發現自己不知不覺地開始關注並挑剔彼此的各種缺點。如果我們能夠全心思想擁有彼此的陪伴是多麼美好，儘量去看對方的各種優點並為之感謝上帝的話，那麼就會相愛更深。

我們不能老這樣想著：「我怎麼會嫁給了他，而不是嫁給某某；或是為什麼我會娶了她，而不是娶了某某！」相反地，我們應當為著我們的配偶而經常感謝上帝，這會讓我們更加欣賞對方。批評和忘恩負義只會凸顯對方的缺點。當我們將配偶視為從上帝而來的禮物時，就能為彼此而感恩。

聖經要求夫妻彼此尊敬

耶穌那時代，妻子的身分比丈夫低下，丈夫可以隨意將自己的意願強加在妻子身上。根據羅馬法律，丈夫對家庭有完全的權利，包括他的妻子、兒女、奴隸。丈夫在體力上也勝過妻子，若有虐待，妻子無從受到保護。

因此，新約的教導是具革命性的：「你們作丈夫的，要愛你們的妻子，正如基督愛教會，為教會捨己……丈夫也當照樣愛妻子，如同愛自己的身子。」（以弗所書五：25，28）

保羅的教導正反應了耶穌對婦女所懷抱的尊敬和關懷，這關懷是非比尋常的。有一次，耶穌力排眾議，接納並且赦免了一個在行淫時被抓的女人（約翰福音八：1-11）；又有一次，我們讀到耶穌打破傳統，公開地和一個不知名的女人談話（約翰福音四：4-10）；還有一次，在晚餐席上，他容讓一個妓女用頭髮擦乾被她眼淚所濕了的腳，並用香膏膏他的腳，這行為甚至為那款待耶穌的主人所不齒（路加福音七：36-50）。

耶穌看男人和女人都有同樣的價值。當基督教信仰和教導在歐洲被傳開時，這也深深地影響了婚姻這一關係。要效法耶穌的榜樣，就意味著要在婚姻中尊重彼此、看重彼此的各種觀點。這讓我們比較不會企圖在一些決定中，將自己的意願強加給對方。

上帝是愛的源頭

許多人在步入婚姻時，對他們的配偶都帶著不切實際的預期：他們盼望能夠在彼此身上找到自己所有需要的答案；他們盼望藉著對方無條件且永不止息的愛，能滿足自己對於安全感的缺乏；他們盼望他們的生活會因為二人的關係而獲得最終的目的和意義。但是，經驗告訴我們，我們的配偶永遠無法完全滿足我們的需要。只有上帝才能夠滿足。

那些結婚時懷抱這樣期望的夫婦，最終將會感到失望。不切實際的期望會導致對對方的各種要求，再來就是各種指責，如右圖所示般，形成一個向下的螺旋。

聖經鼓勵我們仰望上帝，向祂祈求，向祂呼求我們所缺乏的愛、忍耐、盼望、饒恕和勇氣（或者其他）。我們應當依賴上帝那無限的資源，在祂那永無止境的愛中找到我們所渴求的安全感和生命意義。基督教的婚姻模式是要先從個人與上帝之間親密的關係中汲取愛，然後再將愛給予對方。

最近，我們聽說了一對夫婦的狀況。這對夫婦名叫比利和黛比，住在北愛爾蘭。他們結婚已有八年，雙方都沒有任何教會背景。他們的婚姻簡直是一場噩夢。婚後第二年，比利的媽媽就因為癌症過世了，他的爸爸也因為一次車禍過世。比利說：「當爸爸去世的時候，我決定永遠都不要再受到這樣的傷害了。我刻意地讓自己變得冷酷無情，不與任何人親近。甚至到了一個階段，我真的變成了一個很恐怖的人……我的脾氣很壞，別人與我在一起根本得不到什麼樂趣。」

當黛比的媽媽去世時，比利沒有給她什麼安慰，他也不願給，他說：「當我父母去世的時候，黛比並沒有給我多少幫助，為什

麼我現在要幫助她呢？這不僅意味著黛比不能和我分享她的任何感受。而且，我更開始對她橫加指責，整個家庭都快分崩離析。」

　　後來，他們一起去了巴黎，想要重新找回婚姻中的愛。卻徒勞無功，他們發現自己根本無法跟對方說話。黛比說：「我們之間的關係就要完結了。所有的一切都在快速下滑，我對此無能為力，比利也是。」照比利的說法是：「我知道我愛黛比，但這是一個不斷下滑的螺旋。我們極速下降，已經控制不住。最後只有一個結局：分居。」

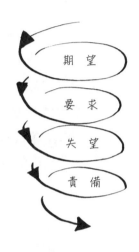

　　就在那時，他們遇見了一對基督徒夫婦，邀請比利和黛比參加在他們家中舉行的啟發課程。讓比利和黛比大為驚訝的是，他們發現自己被這個課程深深地吸引，對耳中所聽到的內容也越來越感興趣。比利如此描述上課三週後所發生的改變，那時黛比已經將生命交給了基督，「我告訴黛比：『今晚我想要成為一個基督徒。』我真的這麼做了。」

　　「我坐在床上說：『主啊，在這世上，我已經生活了卅二年。這是我第一次聽到祢。為著我在生命中做錯的一切事情，我感到非常、非常的抱歉。我需要有祢在我生命中，因為沒有祢，我就沒有辦法再活下去。」

　　「在接下來的幾週中，我開始原諒每個曾經傷害過我的人，我也感受到心裡的苦毒被挪去了。」

　　黛比描述所產生的影響說：「從那以後，我們的婚姻開始改善，大大改善。好像我們又重新開始了，好像以前的這些年日一點都不算什麼。我覺得自己好像從來沒活過，這才第一次睜開眼睛一樣。」

「至於比利，他好像完全換了個人——更加有愛心，也更加關心人。我再一次愛上了他。」

黛比接著說：「在參加這門課程以前，我覺得自己在沒有愛的情況下生活了這麼久，已經無法再給別人愛，也不想從別人那裡得到愛了。而現在，我覺得，如果自己再多接受一點愛的話，我的心簡直就要滿溢了。」

比利結論道：「上帝在我生命中所做的事是令人稱奇的。我是你所見過最不溫柔的人，可是上帝卻進入到我的生命裡，將我完全的改變。耐心本不是我的美德——我缺乏忍耐，可是現在，你不用懷疑，我很有耐心。現在的我很少發火，也很少提高嗓門。如果靠我自己的話，是不可能有這麼大改變，只有耶穌才能！」

「我以前一直認為基督教充滿了禁戒——『你不能做這個』或『你不能做那個』。但事實並非如此，基督教講的是你能做什麼。」

向耶穌基督呼求幫助，能夠給婚姻注入一股從外部源頭而來的力量。因為我們能深深地經歷被上帝熱烈而無條件地愛著，所以我們能夠自由地去愛人。正如使徒約翰在他的書信中所說的：「我們愛，因為神先愛我們。」（約翰一書四：19）上帝知道我們所有的需要，應許要看顧我們，因著這樣的信心，我們就能被釋放，並得以相愛。

上帝給婚姻帶來和睦

在我倆的婚姻歷程中，我們盡力把重大的決定和分歧交託給上帝，尋求祂的道路。一次又一次的，我們看到禱告給婚姻帶來的極大和睦。

聖經再三向我們保證，兩個人一起禱告或為彼此禱告所產生的力量。「所以你們要彼此認罪，互相代求，使你們可以得醫治。」（雅各書五：16）這個應許不僅適用於身體上的醫治，也同樣適用於各種關係的醫治。

有時候，我們會遇到分歧，並且似乎沒有任何解決方法。為此禱告的目的並不是為了讓上帝支援我們的觀點！誠實的禱告是要請求上帝賜給我們智慧，並且向我們顯明祂的道路。

一起（哪怕是咬牙切齒地）禱告後，我們常常會驚訝地發現自己開始能夠理解對方的想法，開始看到之前未見到的第三種選擇。在把問題帶到上帝面前的這個過程中，我們的怒氣和憎惡感逐漸消失，最後變得比以前更加親密。

力奇

回到前面提到的扔蘋果事件，那天晚上希拉和我決定，我們應當一起向上帝禱告，請求祂的幫助和智慧。那一刻，我們雖然仍非常確定自己是對的，對方是錯的。

但是，當我們結束禱告的時候，我發現自己有了一個新的看見。我意識到先前沒有考慮到希拉的疲勞——以母乳餵養小嬰孩的勞累。而且，我也意識到，比起要對朋友道歉的尷尬，希拉的幸福更為重要。同時，希拉也感覺到，如果我能夠意識到她的需要，她就能夠更有

力量。

　　我們還是去了，並且過了一個非常棒的週末，這是
因為我知道自己首先要做的事情是支持希拉。

　　在發生衝突的時候，一起禱告是有困難的。我們被逼著要去
省察自己的各種態度和情緒。禱告是無法與憤怒和憎惡共存的。
所以，只有當我們平時就一起禱告，才有可能在分歧發生時仍一
起禱告。在後面的附錄 4 中，我們就夫婦如何開始一起禱告，提
出了一些實用性的建議。[1]當一個婚姻瀕臨枯竭時，上帝能夠灌
溉。當一個婚姻觸礁時，上帝能夠挪去障礙。當一個婚姻似乎瀕
臨死亡時，上帝能夠吹進新的生命。

結　論

　　各樣的差異和分歧並不一定會摧毀一個婚姻，有時甚至有助
於鞏固、培養彼此的關係。婚姻並不是要壓制我們的個性，而是
要我們討論彼此不同的觀點，尋求彼此理解，找到能夠融合各人
智慧和才能的方式。當我們這麼做的時候就會發現，那些企圖拆
散我們的威脅，反而使我們更加靠近對方，讓我們的婚姻得以繼
續前行。

　　積極地與上帝同行，因為上帝就在我們週圍、在我們心裡、
與我們同在，要向祂呼求智慧和愛。這並不是因為我們無法同心

---

1 對於那些想要更認識禱告的讀者，推薦甘力克（Nicky Gumbel）所著的《生命對答》
（Questions of Life）一書（金斯威出版社，1999），該書第六章中，對此有極好的基本
介紹。

一意而採取的無奈選擇，而是因為我們相信是上帝將我們彼此帶到一起，祂也一定能帶領我們走向成功。

婚姻黃金法則第四條
討論彼此的差異並且一起禱告。

第五部分

饶恕的力量

The Power of Forgiveness

第十一章

親密感是如何失去的

How can intimacy be lost

不可含怒到日落。

——《以弗所書》四：26

離 舉行婚禮還有兩週，黛博拉最後一次去試穿婚紗。「我從辦公室出發，搭了一輛計程車。時值聖誕，所以倫敦異常擁擠。」她解釋道，「當時交通堵塞，但是我卻異常興奮。正在這時，我看到迎面走來一對情侶，互相摟著對方。看著他們，我心裡想：『哇！他們真是匹配。』」

「計程車漸漸靠近他們，我看到的卻令我大吃一驚，那男人居然是麥爾斯——我的未婚夫。他手臂裡正摟著另一個女人。而且，我認識這個女人。她是麥爾斯的前任女友。我好像在看一部恐怖片一樣。」

「計程車開得很慢，讓我仍能看著他們。我心裡想：『我該怎麼做？從車裡跳出去嗎？』我的心狂跳著。我無法相信自己的眼睛。接著，我看到他們走到她的辦公室門口。他們互相道別，親吻對方。雖然這不是深情一吻，但的確是一個吻，這就夠了。正在那時，我所坐的計程車突然加速前行，等我到了試婚紗的地方，我已難過得甚至哭都哭不出來。」

「在試婚紗的時候，我不斷催促他們快一點。我只想做一件事，就是給麥爾斯打電話。當我終於可以這麼做的時候，就立刻打電話給他，問道：『你午餐吃的愉快嗎？』他回答說：『你是什麼意思？』我說：『我全看見了！』他又問：『你是什麼意思？』我再說：『我全都看見了。』他回答道：『哦，我早上想告訴你的。我有打電話給你，想告訴你我今天中午要和安妮一起吃午飯。』」

「我砰的一聲掛斷電話，回到辦公室，號啕大哭，哭到雙眼紅腫。麥爾斯試圖打電話給我，但是我拒絕和他說話。第二天，當我向他解釋我看到這一幕時的感覺，他卻對此無法理解。」

「接著，我們結婚了。可是，雪上加霜的是，這個故事變成了一個笑話，不斷在各個派對上被提起。麥爾斯把它當作個笑話來講：『猜猜看黛博拉去試婚紗那天發生了什麼……』」

麥爾斯講述他的故事

「我真的把這件事給搞砸了。當時我想，在結婚之前，我有必要向前女友安妮道歉，因為那時我結束這段關係的方式並不恰當。安妮和我共進了一頓非常美好的午餐。我為自己有機會這麼做而感到開心。那天早上，我給黛博拉打了幾次電話，想告訴她我準備這麼做。不幸的是，我未能找到她。」

「當我向安妮道歉了以後，我們兩個人都覺得鬆了一口氣。所以我就摟了摟她，並且在離開之前，大大地親吻了她一下。我一回到辦公室，黛博拉就打電話給我，問我：『你午餐吃得愉快吧？』我向她解釋：『我曾打電話找你。』所以，就我而言，我已經做了能做的事情，而且我的意圖也是很正當的。事實上，我覺得我沒做錯什麼。我從未因這事對黛博拉說對不起，因為我覺得沒有這個必要。」

「後來，在婚姻輔導課程中，當我們被要求寫下一些彼此傷害的地方時，我們二人都想到了大概四到五件事情。黛博拉所想到的事情都是很久以前的，而這件事肯定是排第一位。所以我們就開始為此討論。」

「我真的努力嘗試從她的角度去看這件事情。坐在一輛計程車上，看見你的未婚夫摟著另一個女人走在路上。不管他們這樣做有什麼理由，畢竟是被你撞見了，而且你所受的傷害從來都沒有被對方承認並且理解，我想這就是問題的所在。但即使如此，我還是十分不情願地說：『好吧，那我們現在就來處理吧。』」

「直到我對上帝說了對不起以後，我才意識到這件事情對黛博拉所帶來的傷害。所以我對她說，我真的很抱歉。並且我也請求她原諒我。她真的這麼做了，真是太好了。一步一步地經歷這個過程是一種深刻的體驗，這讓我們能夠正確處理這個過程中出現的各種情緒，而且使我們變得更加親密。」

黛博拉的總結

「因為這件事情後來已經變成了一個笑話，所以，當我真的開始和麥爾斯談論起來時，我發現自己已經把這些難過的情緒壓抑起來了。但是，我仍然繼續地感到受傷。每次提到這個話題時，我所受的傷害就會增加一點。但是，因為我覺得麥爾斯是不會聽我的想法的，所以我就一直努力不讓這件事影響我。在上婚姻輔導課程的時候，麥爾斯第一次認真聆聽了我的感受。這讓我覺得自己的這些情緒都是正常的，而且他也理解我的那些感受，對於我來說，這很重要。也因此能夠原諒他，並讓這件事情過去。」

處理好彼此間的傷害，能夠恢復彼此的信任。信任對於婚姻是至關重要的，如同玻璃之於窗戶一樣。玻璃的功用在於讓光線射進來，同時將風雨擋在外面。玻璃的堅硬材質，能夠抵禦猛烈的風暴。但是，它也會因磚頭或錘子的一擊而變得粉碎。

丈夫與妻子間的信任，不管有多麼牢固，也同樣是脆弱的。可以因為某一次的通姦、虐待或是暴力，而化為粉碎。或者，也會因為堆積起來的「善意」謊言、欺騙、批評或是無情而被摧毀殆盡。這些行為就好像灰塵一樣，會在窗戶上積聚起來，進而擋住光線。

親密的關係是建立在信任和敞開之上的。信任和敞開彼此相屬，而且彼此相輔相成。當夫妻互相信任的時候，就能向對方敞

開自己內心深處的各種感覺，包括各種希望和害怕、快樂和憂傷、思想和夢想等。他們會讓對方進入自己的內心世界，真實地認識自己。這種敞開又會使信任變得更加牢固，同時再讓彼此更多的敞開。

當彼此傷害時，不論是有心還是無意，信任就會被破壞，以致不再敞開。當受到傷害時，我們會傾向於封閉自己，有時候這是不自覺的。我們會與伴侶保持距離，以保護自己不受更多的傷害。傷害越大，對信任的破壞也就越大。

常常，婚姻中的親密關係受到破壞，並不是因為某一次蓄意的行為，而是由於日積月累的各種小傷害，這些小傷害未被討論、也未被醫治。一個婚姻失敗的丈夫，用悲傷但又感人的筆調描繪了他和妻子之間的景況：

> 畢竟，我們的婚姻並不像地獄一般可怕，只是變得毫無生氣。妻子和我並不彼此憎恨，只是被對方弄得心煩意亂。這些年間，我們雙方都累積了許許多多瑣碎但又未被解決的積怨。我們的婚姻變成了一個被各種小小的失望和不滿所重重包裹的機器，其中沒有哪兩個零件是緊密配合的。[1]

每一次，當我們向對方作出沒有愛心的舉動時，就會導致傷害：當重要的決定沒有經過事先商量就決定時；當想要進行一次親密交談而遭冷淡回應時；當批評多過鼓勵時；當雙方共度的時

---

1 約翰・泰勒（John Taylor），《墜落》（Falling），（維克多・戈蘭茨出版社，1999），第3-4頁。

間被別人或其他活動占據時；當生日卻沒有收到禮物，或是結婚週年紀念日被忽略時；當自私和懶惰取代愛心的舉動時；當善意卻被報以忘恩負義時；當想要擁抱對方，卻聽見對方說：「你沒見到我很忙嗎？」

即使是在充滿愛的婚姻中，配偶也仍然會有彼此傷害的時候。這些傷害有時是刻意的，但通常是無意間造成的，而且我們不會意識到自己給對方造成痛苦。像這樣的傷害必須得到解決，才能讓信任和敞開得以成長。事實上，解決傷害的過程本身就能建立更多的理解和親密。但是，當傷害沒有被解決時，我們內心所築的牆就會越來越高，上面的水泥也越來越硬，直到親密感完全喪失，有時甚至連婚姻也不復存在。

在本章中，我們希望能夠提供一些輔助，使我們能夠解決過去所發生的傷害、拆毀已經築起的高牆，以避免未來可能造成的嚴重後果。這個過程並不複雜，但很有挑戰性，一切就關乎一個選擇的問題。這個選擇就是：我們是要任由傷害鬱積潰爛、敗壞我們的關係，還是願意去對付這些傷害。我們越是敞開心來解決這些傷害，這一解決傷害的過程就會越顯簡單。若我們未能如此去行，那麼即使是再小的問題也成為隔離彼此的大山。[1]

發　怒

在傷害發生以後，有時甚至只是眨眼之間，就會出現第二種

---

[1] 這一部分我們特別感謝大衛和特雷莎 · 弗格森（David and Teresa Ferguson），他們所著的書《親密的邂逅》（Intimate Encounters）（尼爾森出版社，1997）和他們的家庭生活給了我們許多的洞見和鼓勵。

情緒：怒氣。傷害是我們對自己的感受，而怒氣則是我們對那些使我們遭受傷害之人的感受。

發怒這一感覺本身並沒有錯，認識到這一點是非常重要的。可能會導致破壞的是處理這一感覺的方式。有兩種動物，犀牛和刺蝟，牠們身體受到傷害或威脅時的反應，可以說明兩種典型的人類的反應。當犀牛被激怒時，牠的反應是很有攻擊性的，牠可能會對你攻擊。反之，當刺蝟面對困難時，會立刻豎起全身的刺，形成保護網，以此讓攻擊者與其保持距離。

正如動物們會對攻擊有不同的反應一樣，當人們受到傷害而發怒時，也會有不同的反應。這些反應通常有兩種主要模式。從婚姻輔導課程學員的舉手表決來看，每種模式的人數大概各占一半。一半的人就像犀牛一樣：發怒時會讓你知道；而另一半人則像刺蝟一樣：發怒時會隱藏他們的感受，會變得沉默或者退縮。這不是說他們對自己的怒氣什麼都不做，只是他們會選擇用不那麼明顯的方式來表達：他們可能會壓制自己的感情、對伴侶的聆聽突然變得有選擇性，或者會當面貶低伴侶。這一類的人有時會認為自己比犀牛更有德行，但是他們的反應其實帶有同樣的破壞性。

像我們一樣，許多夫妻的反應模式都不相同，一個人的反應有點像犀牛，另一人則更像刺蝟。第八章中所提到的扔蘋果事件，極具體地表現出希拉所屬的類型，接下去的這個故事則說明了力奇可能會做出的自然反應。

力奇

　　希拉和我之間的諸多差異之一就是，當我們參加派對時的道別方式。當我們雙方都覺得是該回家的時間了，我的方式是直接向男女主人說「謝謝」和「再見」，然後就離開。而希拉的方式則是先開始道別，然後就又捲入一場談話，而通常這一次的道別談話會成為整晚上最有趣的部分。

　　在經過了卅二年的婚姻生活之後，我已經發現，如果我們想要按事先約定的時間到家，那麼就必須在上第一道菜的時候就開始告退。

　　我記得有一次去參加一位好朋友的生日派對。因為第二天會特別忙，所以我們在去的路上就同意一定要在午夜之前回家。為確保達成約定，我決定把回家的時間增加為平時的兩倍。因此，晚上十一點半，我們二人就開始準備離開。我適時地說了再見，然後為了能強行拉走希拉，我就先去開車。我們的車停在朋友家那條街的另一頭。我就把車開到朋友家門口，停好後，就開始等希拉出來。因為街道非常狹窄，我只能並排停車。

　　十五分鐘過去了，沒看到希拉出來。我決定繞一圈再過來等。停好車，我重新走向朋友家，按了門鈴，走了進去，發現希拉正站在地下室的台階口，與我們的女主人相談正歡。

　　為了不破壞聚會，我只得把笑容固定在自己臉上，提醒希拉，我在車上等她一會了，而且現在時間已經過了午夜。希拉回答說：「哦，我都不知道你已經走了。」聽到這話，我所要對付的已經不只是晚回家的沮喪感了，

而是希拉甚至沒有注意到我離席的事實。等我第二次去開車，約莫十分鐘後，希拉終於來了。

在回家的路上，我們談論著這個聚會。希拉對晚上所遇見的人以及所談的話題感到興奮不已。而我呢，表面愉快的樣子，心裡卻是怒火中燒。我們的所思所想完全南轅北轍，這真是令人稱奇。談話間，我也在考慮著要不要告訴希拉我的沮喪感，以及我們的入睡時間將會比所計畫的晚很多。我不想破壞希拉的愉快心情，但是另一方面，我發現自己無法像她那樣放鬆自如。

最後，經過一番內心掙扎後，我儘量輕鬆地說：「你有沒有想到我在車上等了你十五分鐘耶？」希拉當場怔住了，她看著我，充滿焦慮地說：「哦，不！你在生我的氣嗎？」

我把自己的真實感受告訴了希拉，她立刻就說：「我感到非常抱歉，請原諒我！」一旦當我把情緒釋出後，原諒就變得容易了，而且我這惱怒的感受很快就消失了，甚至比一開始積聚起來的時間還要快。

我將怒氣埋在心中的傾向，可能比希拉將怒氣發洩出來的傾向，更具破壞性。為了擁有一個穩固的婚姻，我不得不去學習表達自己的感受，而同樣的，希拉也不得不去控制她自己表達感受的方式。

報　復

如果傷害和隨之而起的怒氣一直得不到解決，那麼接下去我們本能的反應就是想要報復：傷害還傷害、侮辱還侮辱、拒絕還

拒絕。我們想要報復，尤其想要讓我們的配偶知道被同樣傷害的感受。我們一定要扯平！

有一年的暑假，我們開車去到希臘最南端一個叫馬尼的地方，這地方屬於伯羅奔尼薩斯半島的一部分。那裡氣候炎熱，人口稀少。但是，卻有許多殘存下來的荒無人煙的村莊遺跡。這些跡象顯示，這裡曾經人口繁茂，遠多於現在的人口。令我們大惑不解的是村裡那些高得超乎尋常的塔樓遺跡。我們了解到，這些塔樓是房子的一部分，它們是同一村莊裡不同家族之間世代鬥爭的產物。

一個受到侵犯的家族會將他們的房屋建得比週圍房子高一點，好向他們的對手扔石塊或澆滾燙的油。然後，他們的鄰居就會建造更高的樓，來搶回這一優勢，進行報復。

這些世仇最終使得全村崩潰。在婚姻中，當夫妻雙方決意要進行報復、找回公平時，他們的婚姻也會像這個村莊一樣。在這種冤冤相報的模式中，沒有一個婚姻能夠倖存下來。

向害怕屈服

對於傷害的第三個反應就是害怕：因為害怕再次受傷，所以我們選擇退縮。特別是那些像刺蝟一樣的人更是如此。他們會與人保持距離，借此來保護自己。當我們不再敞開，也就關閉了所有深層的對話。

用 C. S. 路易士的話來說：

> 愛就是讓自己變得脆弱。只要愛上什麼，你的心就
> 必定會痛，而且很可能會破碎。如果你想要讓自己的心

完整無損，那麼就絕不要將心給任何人，甚至連動物都不可以。你要將自己的心小心地包裹起來，用種種的愛好和小小的享受包裹起來，要避免任何的牽連，就要將它安安全全地鎖在首飾盒裡，或是鎖在自私這一棺材裡。但是，在那個首飾盒裡——安全、黑暗、靜止、密不透氣的首飾盒裡，它還是會變化的。它不會破碎，但是會變得牢不可破、難以穿透、無可救藥。[1]

帶著罪惡感

在婚姻中，傷害永遠都不是單向的。我們傷害，但也被傷害。如果我們不能坦率地承認我們對配偶有過傷害，而一直帶著罪惡感生活，這會對婚姻產生極大的殺傷力。我們如果否認自己應負的責任、自欺欺人，很快就會導致夫妻情感上的疏離。

傷害的四種後果——怒氣、報復、害怕和罪惡感，會潛伏在婚姻的表面之下。這些未被解決而會給婚姻帶來的傷害，就像戰爭留下的令人頭痛的地雷區一樣危險。因為這些地雷區極為隱密，卻有致命的殺傷力。婚姻也是如此。也許表面上一切看起來都很好，但是其中一方或是雙方都必須小心翼翼地行走，因為不知道下一次的爆炸何時會發生。隨著時間流逝，各種各樣的抱怨和不滿不斷累積。逐漸地，信任感和敞開感都消失了。最終，親密感也被消滅了。

當婚姻中發生這些事的時候，會有一些徵兆，這些徵兆可能

---

1 C. S. 路易士（C. S. Lewis），《四種愛》（The Four Loves），（馮特，哈珀‧柯林斯宗教出版社，1998），第 116 頁。

是：缺乏溝通、批評、發怒、憎恨、對彼此不感興趣、拒絕做愛、喜歡獨自做事。同時，可能還包括一些情感上的後果，比如自卑和沮喪。對某些人而言，他們會讓自己儘量不要動感情，免得自己痛苦。

一對婚姻瀕臨破裂的夫婦說了這樣一番話：「我不再感受到愛。事實上，我不再感受到任何東西。我只感到麻木。」這並不讓人驚訝。要想讓愛情、浪漫和吸引力等正面的感覺回到他們的心裡，就必須先解決掉那些積聚在他們心中的尚未治癒的傷害。並不是愛情沒有可能恢復，而是它已經被傷害和怒氣擠出去了。

作家瓦萊麗・溫莎（Valerie Windsor）講述了一個英國女性，如何在巴黎度假時一時衝動而決定離開她丈夫的故事。顯而易見的，她和她丈夫之間曾經擁有的親密感已經消失殆盡：

> 我努力在想我究竟為什麼會這樣做，可我就是想不出來。我的意思是，究竟是有什麼特別的理由讓我選擇了那個時刻。那是個奇怪的午後。我不知道自己是怎麼回事。外面刮著風：風的聲音，塑膠椅子刮著地面的聲音，讓我的腦袋裡開始產生一種奇怪的感覺。托尼選了那家咖啡館：一家出售昂貴雞尾酒的高檔酒吧。
>
> 「這可以嗎？」他說，「這裡？」一邊說一邊拿出手帕輕揮著椅子。「先不要坐下去，」他說，「還沒有擦過。」儘管我穿了一條白色裙子，但我還是看也不看就故意坐下了。他對這些事情格外留意讓我很煩，一個男人根本不應該對這些事情如此在意的，男人甚至不應該注意到這些事情，我就不在意。難道他是在暗示我應該注意嗎？難道是因為我根本不在乎這些事，他就不得

不自己去做嗎？我頭腦中那奇怪的感覺變成了一種又細又尖銳的蜂鳴聲，好像有一隻黃蜂被困在我頭骨的空洞裡面了。

「你想來點什麼嗎？」他問。

那是六月份吧，對，好像是五月或六月，但還是冷。路邊的餐館算是暖和的了，但坐在那還是想來杯熱飲料。

「咖啡。」我說。

他看著菜單。他的身後有一排盆栽，上面有一些帶刺的橙色花朵。

「是塑膠的。」托尼轉身去看。

「是嗎？不會吧！」我彎下身去，摸了一下。我真希望它是真的，是活的，連那毒刺也那麼危險。但是他是對的，那是假的，是塑膠的。我腦袋裡的蜂鳴聲愈發厲害了。

「怎麼啦？」他問。

我撒了一個謊說：「好像有一隻黃蜂」。

「有嗎？在哪裡？」

「我不知道。」

任何的不確定都會讓他暴跳如雷。「噢，要麼就有，要麼就沒有。」

「我也不知道是怎麼回事。」我說，手指頭按著太陽穴。然後，服務員過來了。

「兩杯咖啡。」托尼說，看也不看那服務員一眼，我只好代表我們兩人朝他笑了笑。

服務員也向我笑了一下。「好的，」他說，而且擦了擦桌子。托尼向後一仰，背靠椅子，呼出一口氣。「哦，

空氣不錯。」他說。

　　就這樣，這就是我們之間發生的一切了。任何事情都不會有什麼氣氛。前一天因看錯地圖而導致迷路的不快，沒有人再提及。而且，我們有一種默契，就是從來不去提及日常生活中所發生的不快，免得攪動了表面的平靜。但每晚循規蹈矩的生活很難讓我將它們和愛情聯繫起來。

　　我坐在那裡，兩手交叉放在膝上。頭腦中的蜂鳴聲變得越來越尖細，好像電鑽在骨頭裡發出的滋滋噪音。我站了起來。[1]

她站了起來，離棄了她的婚姻。

在現實生活中，有太多的人離棄了他們的婚姻，可是內心仍然充滿了各種未被解決的情緒。當他們帶著這些情緒進入下一次的婚姻關係時，這些未被治癒的傷害會成為下一次婚姻破裂的原因，而且常常會破裂得比前一次更快。有些人結婚數次，可是每一次，他們的婚姻都因為相似的理由而破裂。

怪不得聖經上說：「不可含怒到日落。」（以弗所書四：26）怒氣，不論是被表達出來還是被壓制下去，都必須得到解決，而且隱含在其中的傷害必須得到醫治。只有這樣，才能讓關係成長。好消息是，我們不必任由這種傷害來摧毀我們的親密關係。在接下去的這章中，我們描述了一個如何解決傷害的過程，這做起來可能很難而且代價高昂，但是能讓我們和我們的婚姻得到釋放。

---

1 瓦萊麗・溫莎（Valerie Windsor），《新鮮人才》（Fresh Talent），（W. H. Smith），第39-40頁。

第十二章

如何恢復親密感

How can intimacy be restored

饒恕並非偶發的舉動，而是一種持久的態度。

——馬丁・路德・金[1]

---

1 馬丁・路德・金（Martin Luther King Jr.），引用自楊腓力（Philip Yancey）的《恩典多奇異》（桑德凡出版社，1997）。

找出問題的根源

什麼親密感會喪失，對此我們可能會更多地關注各種表面的徵兆，卻忽略了問題的根源。

力奇

1985 年，當我們剛搬到倫敦的時候，我發現，為教會工作所要面對的問題要遠超過我在神學院所接受的訓練。有一次，外面下著傾盆大雨。教會廁所的排水管堵塞了，我們房子隔壁的巷弄中積水達六英寸之深。我和青年團契的德里克去處理這個問題。我設法打開排水管上面的蓋子。下水道完全堵住了，水中翻動著各種堵塞物。在那個時候，我們簡直來不及細想，因為眼看就要發生水災了。

我們試圖用排水桿排除堵塞物，可是很快就意識到，從上面是不可能清除的。必須有人下到及膝深的排水溝裡去，才能從那去排除堵塞物。

我還沒來得及說要下去，德里克——我有幸認識的一個最無私的人，已經在下面了。他一隻手握著排水桿，蹲在溝裡，臭氣熏天的污水漫到他的腰部。他用盡全身力氣推拉著排水桿，過了一會兒，溝裡發出一陣悅耳的汩汩聲，接著又是一陣水流急沖下去的美妙聲音，因為堵塞物被清除了，污水被迅速地吸收下去了。很快，巷弄裡乾淨了。我們用管子接上清水將地面（還有德里克）

沖了個乾淨，臭味沒有了，危機也過去了。

假如德里克和我沒有直接處理那個堵塞物，而只是努力地用拖把擦拭地表的污水，這是沒用的。因為只要再下大雨或是有人沖一下廁所，巷弄裡仍然會氾濫。

反思那些我們曾經彼此傷害的地方，可能會是一個令人痛苦又棘手的過程，而且我們會本能地想要逃避。但是，當夫妻雙方都鼓起勇氣來面對過去，那麼所產生的結果將會帶來長遠的改變。如果在我們的關係中有一些積壓起來的、未被解決的傷害和怒氣，那麼我們就必須要藉著操練以下幾件事，來清理被堵塞的排水溝：

1. 談論傷害。
2. 準備好說「對不起」。
3. 選擇原諒彼此。

這一過程就像是疏通堵塞的排水溝一樣，能夠阻止這堵塞的傷害破壞我們的關係。一旦當我們清理了積累數日、數月甚至數年之久的、未被解決的問題之後，我們就必須學習一個功課，就是在每一次或大或小的傷害發生時，就立刻解決它，永遠不要讓這樣的積累再次發生。

對於那些結婚已有很長時間、從未有效處理並解決棘手問題的人來說，這一個包含三步驟的過程將需要時間，而且具有挑戰性，儘管最終能帶來釋放。各種正面的情緒也許不會立刻就回到婚姻中，但是如果我們堅持下去，這一醫治傷害的過程將會變成一種穩固的習慣，而且我們的婚姻也將朝著好的方面轉變。

談論傷害

希拉

力奇和我結婚大概九個月的時候，我們受邀去慶祝一位朋友廿一歲的生日。一想到可以有一個田園詩般的週末，我們都感到特別興奮。但是，在去的路上，力奇說了或者做了一件事情——我現在已記不得到底是什麼事了，真的傷害了我，而且讓我感到很難過。雖然我感到非常憤怒，但當我們到達朋友處時，我心裡想：「我不會讓這件事破壞我的週末。」我想要說服自己，沒事的，不要緊的，我們會過一個很棒的週末的。

我努力想要忘掉，想要壓抑，假裝它會自動消失。但是事實上，它變得越來越嚴重，我心裡的情緒快要沸騰起來了。我發現我無法藉著對自己說「我很愛他，所以當他傷害我時，我不要在意」之類的話來原諒他。我無法控制自己，一次又一次地重溫著這一事件。我內心的憤怒非但沒有減輕，反而變得越發嚴重。

最後，我實在忍受不住了，我知道我必須告訴力奇，讓他知道我的感受。我很可能選了一個最差的時機——就在派對開始之前。但奇妙的是，我們很快就完成了整個過程：我告訴力奇他傷害了我，他向我道歉，我也原諒了他。這對我們的婚姻是一個新發現，也是一個功課。這讓我們認識到，饒恕並不是說「這不要緊」。傷害的確是要緊的，而且是需要面對的。

這就像是跳進排水溝的決定一樣。假裝一切沒事是沒有用處

的。傷害就像那些巨大的塑膠沙灘球一樣。你可以用力地把球壓到水裡，但是不一會兒，在不經意間，它會嗖的一聲蹦回水面。

　　我們必須告訴我們的配偶，他們在何時以何種方式傷害了我們。我們不需要用一種嚴厲的或是批評的方式來告訴他們。事實上，我們必須溫柔，盡可能地讓他們的道歉變得容易些。先預演一下第九章中所提供的建議是非常值得的，就是多使用「我」的說法。我們的目的並不是要對伴侶的品格進行全面批評或攻擊，而是要讓配偶認識到我們對某一件特定事情的感受，正像黛博拉告訴麥爾斯的，他把和前女友共進午餐的事情當笑話告訴別人，讓她覺得痛苦一樣（參見第十一章）。

　　所以，舉例來講：

　　「前兩天晚上在床上的時候，你不理會我，這讓我感到很受傷，感到被拒絕」要比「你從不對我表示身體上的愛意」更有用。「我為耶誕節裝飾房子的時候付出了許多辛勤的勞動，你並沒有注意到，這讓我感到缺乏支持，也不被認可」，比起「你從不會對我所做的事情表示感激」好多了。

　　「關於那封信，你沒有對我說實話，我還沒有從這件事中恢復過來」，這句話比起「你是個騙子，我無法信任你」更容易讓對方回答。

　　「我們度完蜜月回來後第一個晚上，你就跑到酒吧裡去了，這讓我非常難過」，這句話比起「你的朋友們比我對你更重要」要有用得多。

　　「今天晚上，你當著朋友們的面說我『遲鈍』，這讓我感到受到傷害和侮辱」，這句話要比「今天晚上你捅了我一刀」要溫柔得多。

　　我們也許會覺得我們的伴侶就像是一頭犀牛，皮很厚，眼光

又很淺，四處亂撞，攻擊人，製造破壞。如果真是這樣，那麼他們就可能不容易認知到傷害了我們。然而，傷害的嚴重性並不在於我們的配偶是否是有意的傷害，正如一位婚姻諮詢專家所說的：「少有人是事先就預謀要『好好大肆破壞婚姻』的」。

我們需要經常性的、利用私下的機會，來處理這些或大或小的彼此傷害，好讓我們不致含怒到日落。希望這樣的需要不會常常發生，特別是在我們剛結婚的那些日子。但是，事先約定好如何處理有傷感情的事情，卻是非常重要的。因為，我們遲早會遇到這樣的傷害，即使是在最為和睦的關係中也是如此。

準備好說「對不起」

在二十世紀七〇年代，當電影《愛的故事》（Love Story）被廣為宣傳時，總是出現影片中的一句話：「愛就是不用說抱歉。」這句話實在是錯得離譜了！在一個真正充滿愛的關係中，我們常常需要向彼此道歉，甚至也許每一天都需如此。

大部分人都不喜歡為自己的錯誤承擔責任。父母們常常可以在孩子們身上看到這一點。孩子之所以不情願地道歉，只是為了避免產生更多令人不快的後果。我們會輕易地對我們所做的事文過飾非，卻去責怪別人。有些人會責怪父母養育他們的方式，還有些人責怪他們所處的環境，說「要是我們能再多一點錢就好了」或是「要是我沒有這麼多的壓力就好了……」藉此來開釋自己的行為。

力奇

記得幾年前，我在醫院遇到一位女性，罹患肺癌，

非常嚴重。她請我和她一起禱告。我的禱告常會包含認罪這部分，我會請求上帝饒恕我們所做錯的各種事情。

　　她聽了我的話，立刻停止了禱告，睜開眼睛，對我說：「我無須說抱歉，你要知道，我沒有做什麼錯事。我努力做到對每一個人都友善。偶爾，我確實對人有不好的想法，但是我會盡可能快地消除這些想法。我不知道你能否為我的丈夫禱告，因為，他的脾氣非常壞，對待我就像對待一個傭人一樣。」

　　後來，當我和病房裡的護士談論時，她們告訴我，她是她們所照料過的病人當中最難伺候的一個。

我們往往很難承認自己對別人所受傷害負有責任。但是，我們需要換個立場思考。當配偶知道我們真的了解他們受傷害的程度，那麼我們的道歉就會更有分量。如果他們覺得我們並不真正了解我們所造成的傷害，那麼他們就會擔心我們再度地傷害他們。有一些事情可能讓我們覺得是小事甚至很幽默，比如麥爾斯和黛博拉的故事，但是我們仍須知道這些事情是否為伴侶造成很深的痛苦。

　　要使我們的道歉有效果，那麼這些道歉就必須是無條件的。所以，不要說「如果你講理一點的話，我就不會發脾氣了」，或是「要不是因為你讓我們快遲到了，我就不會忘記要寄那封信了」；我們需要嚥下我們的驕傲，簡簡單單地說：「對不起，我不該發脾氣！」，或是「對不起，我忘記寄那封信了！」

　　同樣地，我們需要確保我們的語調和身體語言，與我們所說的話是一致的。我們有可能嘴上在說「對不起」，可是所表現出來的意思卻是「對不起，但是……」或是「其實是你的錯」。

真誠的、無條件的道歉，在婚姻中是非常有力量的，因為我們不再需要站在防守的地位，不再需要睚眥必報，也不再需要彼此傷害，像一場針鋒相對的戰鬥。突然間，我們是站在同一邊的。這使得怒氣得以消散，傷害得以治癒。

選擇原諒彼此

這是過程中的第三步，對許多人而言，也是這一過程中最具挑戰性的一部分。饒恕是必不可少的，而且饒恕具有無與倫比的力量，能夠給婚姻帶來醫治。我們在第 3 章中講述了詹姆斯和安娜之間如何和好的故事。要是他們之間沒有彼此的饒恕，和好是不可能發生的。我們詢問了他們這是如何發生的。

詹姆斯：

1987 年一月，安娜離開了我。我清楚地記得，自己當時努力想要告訴同事們發生了什麼事。至於事情發生的原因，這就更難講述了。其實，這與我們之間缺乏溝通有很大的關係。但是，即使是現在，我仍然不太清楚究竟是什麼原因使我們婚姻破裂。我的朋友們都很友善，也很有同情心，但是他們所能說的最有幫助的話也就是：「時間能夠治癒你。」但是，日復一日，月復一月，我仍然沒有什麼被治癒的感覺。事實上，我的痛苦開始演變成像一杯用憤怒與遺憾調和的雞尾酒，而這給我帶來更多的痛苦。

記得早上醒來，我就覺得自己像是處在一個深不見底的黑洞裡。失魂落迫、神智不清，我需要一些時間才能回憶起到底發生了什麼事。兩年前，當我父親過世的時候，我接連好幾個月也有相似的情形。

有一件事情一直讓我無法忘懷。安娜搬走後幾個月，她想要回家來收拾一些剩下來的物品。我還記得當時我更換門鎖的場景。不是因為我不相信她，而純粹是因為我想要藉此傷害她。這是一個最糟糕的時刻，因為我知道我的行為是錯的，但是又毫無能力來阻止我自己。兩天後，我坐飛機離開倫敦去印度度假。我記得，當我看到飛機下方的倫敦，又想到自己所做的事情時，我哭得無法控制。

1987 年十二月，當我接受一位同事的邀請，來到聖三一布朗普敦教會時，這件事又在我心中浮現出來。我為自己更換門鎖的行為感到深深的懊悔，也想要從這越來越黑暗的陰影中解放出來，這陰影已經變成了我的生活。我又一次哭了，但是這次是不一樣的淚水。這次，我不是在請求幫助讓我能夠原諒安娜，而是在為我自己請求饒恕。我是在為我自己而哭，為在婚姻破裂中我需要承擔的責任而哭，為我自己缺乏一顆敏感的心而哭，為我自己一心追求事業上的成功，以致忽略婚姻生活而哭。禮拜結束後當我離開時，我的心情並未轉好——環境仍然沒有改變：安娜還是在和別人同居，仍然想要離婚。但是，將近一年了，我第一次感到又活了過來。

我無法具體地告訴你這個變化是怎麼發生的。但我發現自己能夠原諒安娜了，原本像毒藥一樣留在我身體裡的怒氣也好像全部都消失了。就在那個時刻，上帝改變了我生命的方向。現在，當我看到安娜和我們的兩個漂亮女兒時，我就會感謝她。

安娜：

詹姆斯對我的饒恕是如此完全，以至於一開始我除了感到很釋放，也感到大惑不解。他怎麼能夠真的原諒每一件事情、每一

個傷害，完全不提我所做錯的一些事情，也從不以任何方式來攻擊我。當我逐漸認識耶穌，了解到祂對我的饒恕，我知道，上帝在詹姆斯的心裡做了非常奇妙的工作。不管我多少次問他：「你真的確定原諒我了嗎？」他的答案總是：「是的，不要再去想這事了。」

詹姆斯：

有時候，人們會以為形勢急轉之後，接下來就是一系列美妙的羅曼史，之後沒有爭吵，沒有緊張關係，沒有傷害，也沒有誤會。雖然饒恕這一行為是一瞬間發生的，但是我們仍然需要理出導致我們婚姻破裂的各種問題。活出饒恕已經成為我們雙方都想要經歷的過程。

就我來說，我把我們共同的新生活，視為不斷進行的一系列選擇，我們盡可能敞開地活在上帝面前，活在配偶面前。當犯錯誤時，我們要更快地跑向彼此，說對不起，然後原諒。這似乎就是上帝工作的起點，而我們也知道，我們需要祂給我們一切的幫助。

饒恕並不是賺來的

路易士（C. S. Lewis）曾經寫道：「饒恕超越了人類的公義感；饒恕是原諒那些讓人無可原諒的事情。」[1]這就是為什麼饒恕是那麼的昂貴；我們必須放下自己的驕傲、自憐以及對正義的欲望。我們的文化極度強調要盡可能維護自己的各種權利。但是當我們

---

1 《默想和思考讀物》（Readings for Meditation and Reflection），沃爾特 · 胡珀（Walter Hooper）編輯，（紐約：哈珀 · 柯林斯出版社，1996），第 63 頁。

饒恕時，我們就是在放棄自己所擁有的正義的權利以及報復的欲望。

　　我們不能要求伴侶來贏得我們的饒恕，我們也無法確定他們不會再用同樣的方式來傷害我們。有時候，儘管他們意圖良好，但是我們仍然會懷疑他們會做出同樣的行為。耶穌說：「一天饒恕對方七次。」（參見路加福音十七：4）這並非誇張的說法。

　　但這也並不意味著必須無條件地寬恕伴侶的各種行為，例如身體上的暴力、殘酷的言語、性虐待或是不忠。違背結婚誓言是一種對信任的嚴重背叛，我們必須面對。如果這些帶有破壞性的行為已經變成一種模式，而且我們害怕會遭到進一步的虐待，那麼就需要有第三者的陪同下與配偶進行協議。對於處在這些情況中的人，我們推薦蓋瑞・巧門所著的《離婚者的盼望》（Hope for the Separated）一書和詹姆斯・道森（James Dobson）所著的《愛必須自尊》（Love Must Be Tough）一書。

湧流的饒恕

　　基督教關於饒恕的信息是，當我們來到上帝面前，真誠地承認我們的各種失敗時，祂就會白白地賜給我們饒恕這個禮物。耶穌為我們死，為我們承擔了我們所做過、說過或是想過的一切錯事的後果。上帝白白地饒恕了我們，雖然知道我們還會失敗。祂是我們饒恕的榜樣。使徒保羅寫道：「並要以恩慈相待，存憐憫的心，彼此饒恕，正如神在基督裡饒恕了你們一樣。」（以弗所書四：32）

　　上帝一直在饒恕我們的各種過失，當我們開始領受這一驚人的真理時，祂不僅成為我們的榜樣，而且成為我們饒恕他人的動

機。我們會受到鼓舞和啟發，在自己和他人的關係中，去效法祂的寬宏大量。

但是，即使有了這個榜樣，即使受到鼓舞，饒恕仍然可能是一個無法達到的目標。我們在哪裡可以找到饒恕的方法呢？我們可能會覺得有障礙，也許我們心裡只想要伸張正義，而沒有一點饒恕。聖經一再鼓勵我們要把結果交給上帝：「主說，申冤在我，我必報應。」（羅馬書十二：19）我們可以將正義留給上帝。我們被告知：「不要以惡報惡、以辱罵還辱罵，倒要祝福，因你們是為此蒙召，好叫你們承受福氣。」（彼得前書三：9）當我們願意放棄報復的欲望時，上帝應許要照顧我們，要將祂各種祝福傾倒在我們的生命中。

一個湖需要有水流動才能避免停滯。我們在各種關係中也極度需要饒恕的流動，在婚姻中尤其如此。饒恕需要從上帝那裡流進我們的生命中，但是如果它只是積存在我們裡面而不流出去，那是毫無益處的。我們必須要藉著上帝的幫助，讓饒恕流進我們週圍人的生命中，特別是那些與我們最親近的人的生命中。

饒恕是選擇，不是感覺

饒恕是指要作一個選擇，不再向對方計較過去。所以，問題並不是「我們想不想饒恕？」因為，我們常常一點都不想饒恕。問題是「我們要不要饒恕？我們要不要讓傷害過去？」當然，有一些事情饒恕起來會更困難，因為造成傷害的程度更大。有時候，人們會說：「我不能饒恕他。」他們其實是在說：「我不想要饒恕他」，或是「我不知道怎麼饒恕他」。常常，人們總是在等待

自己先獲得寬慰或者先獲得公平，然後才饒恕。

　　我們並不想低估饒恕的困難度，而且，正如詹姆斯在前幾章中所講的，我們常常需要尋求上帝的幫助。但是如果我們靠意志來選擇饒恕，那麼饒恕的感覺也會隨之而來。對一些人而言，這會很快發生；而對另一些人而言，可能需要比較長的時間。

饒恕使我們得自由

　　當我們饒恕時，就會讓我們的配偶受益，但是最終，我們才是受益最多的人，因為這會叫我們得到自由。基督徒作家楊腓力如此說道：

> 　　如果這個循環不被打破的話，那麼接下來的就可以稱為「憎恨」。這一詞語按照字面上的意思就是「重新經歷」：憎恨使人緊抓過去，一次又一次地重溫過去，不斷地撕扯掉新結的痂，使得傷口永遠不得痊癒。[1]

　　彭柯莉（Corrie ten Boom）是一個曾被關在拉文斯布呂克（Ravensbrück）集中營裡的荷蘭戰俘，她在那個集中營裡親眼目睹妹妹貝茨死在獄卒的手下。在她所著的《他使被俘的得釋放》一書中，她回憶了戰後當她再次與一個集中營的獄卒面對面的場景。那人已經成了一個基督徒，而且專程趕來請求她的饒恕。只有藉著默默地呼求上帝的幫助，她才能抵抗住每一個仇恨和想要報復的本能，做出原本不可能做到的事情。她後來寫道：

---

1 楊腓力（Philip Yancey），《恩典多奇異》（What's So Amazing About Grace）（桑德凡出版社，1997），第 97 頁。

　　在那個時刻，當我能夠饒恕的時候，我的仇恨消失了。這是何等的釋放！饒恕是打開憎恨之門的鑰匙，也是打開仇恨手銬的鑰匙。它是打破苦毒鐐銬和自私桎梏的力量。當你能饒恕時，這是何等的釋放。[1]

　　只有藉著饒恕，我們才能夠從過往各種關係的痛苦中被釋放出來。愛琳是一個年輕的南非女孩，她很喜歡在倫敦生活和工作。踏出校門不久，她遇見了羅傑，他已經有些年紀，卻仍令她神魂顛倒。羅傑說服她放棄了工作，開始與他同居——她懷孕了。於是，他們結婚了，搬到了倫敦郊外的一個小村莊。幾個月後，他們的兒子提米降生了。

　　愛琳帶著一個新生的嬰兒，孤單待在家裡，遠離家人、朋友和工作。很快地，她就被各種可怕的想法所折磨。她懷疑自己的丈夫有婚外情。但是，羅傑對自己經常不在家、常常手機關機的解釋是，他正在參與一些政府的機密工作。這一解釋聽上去極為牽強，但是他的話又說得信誓旦旦。最終，愛琳恐懼的事情還是發生了。一天晚上，一位中年婦女出現在她家門口。她站在臺階上，手裡拿著一封羅傑寫給她十六歲女兒的情書。他們儼然是情侶。這位母親之所以特別傷心，是因為她自己也正在和羅傑發生婚外情。

　　事情很快就敗露了。愛琳的丈夫不僅同時和這位母親和她女兒發生關係，甚至在倫敦還有一位情婦。後來，羅傑向愛琳承認，他在婚禮後第二天就發生了第一次的婚外情。他是一個性成癮者，

---

1 彭柯莉（Corrie ten Boom），《他使被俘的得釋放》（He Sets the Captives Free），（金斯威出版社，1977），第 38 頁。

而且還是個強迫症說謊者。愛琳的世界頓時垮掉了。

　　他們接受了數個月的輔導。漸漸地，愛琳開始應用聖經裡的各種原則，學習饒恕，甚至學習再度去愛羅傑。愛琳說這些事情靠她自己是絕對不可能做到的。她感覺他們的婚姻擁有了第二次的機會。但是一年之後，羅傑最終還是離開了她和提米，去和懷了他孩子的祕書一起生活。愛琳被拋棄了，孤單一個人。在這樣的情況下，愛琳心裡對羅傑的憎恨和苦毒不斷加深。有時，她甚至想到自殺。

　　後來，有一天，當愛琳在禱告的時候，她突然意識到自己的不饒恕就像是寄生蟲一樣，不斷地以她為食物，生長得越來越健壯，因為她在任由牠生長。意識到這一點後，她就用自己的意志作了一個決定──她要原諒羅傑。以後，每當愛琳發現自己又在腦海裡重新播放羅傑怎樣傷害和羞辱她的種種場景時，她就會提醒自己曾經為了哪些事尋求上帝的饒恕。然後，便開始為羅傑和他的新家庭禱告。剛開始，愛琳的禱告是很不情願的，但是一段時間以後，她開始認真起來。漸漸的，苦毒和不饒恕消失了。她開始經歷到一種奇妙的釋放和平安，最終她獲得了自由──重新開始的自由。

　　選擇饒恕能夠讓我們不被「苦毒的鐐銬和仇恨的手銬」壓倒，得以繼續前行。一開始，我們可能仍然會感到劇烈的痛苦，但是饒恕可以驅動恢復。就好像被蜜蜂叮咬一樣。當蜜蜂的刺被拔出時，皮膚並不是即刻就恢復原狀，但是刺的拔出能讓醫治得以開始。當我們饒恕時，仍然能夠記得所發生的事情，但是當我們不斷地饒恕，這些記憶對我們的勢力就會越來越弱。

　　不饒恕不僅會影響到我們和傷害我們之人間的關係，而且會影響到我們所擁有的每一種關係。因此，如果我們對第三方懷有

怒氣，我們的婚姻也會受到不良影響。我們的一位日本朋友，她致力於促成過去的戰俘和她同胞間的和解工作。當那些在戰爭中飽受痛苦的男人們，饒恕那些曾經苦待他們的人時，他們的妻子們都對自己婚姻因而產生的改變，大大驚嘆。

當這些作丈夫的能再度安穩入睡，就不再會動不動就為日常事務而生氣了。時間本身並不能治癒傷口，只有饒恕才能。但是饒恕是一個過程。我們可能常常要一次又一次地進行饒恕，好像一層層剝洋蔥皮一樣。要想最終得到釋放，我們可能需要每一天都為同樣的事情來饒恕。我們越是吝於饒恕，饒恕起來就越發困難。但是一旦饒恕過一次，下一次就會更加容易。隨著不斷饒恕，情感上的創傷就會逐漸癒合，婚姻也會得以前進。

結　論

如果這過程是你所從未聽過的，特別是如果你結婚已有一些年日的話，那麼當你進入這一過程時，需要非常小心，不能急躁。請求上帝來指引你，好讓你按著祂的步伐進行。當我們回想過去的傷害時，會變得比較脆弱。因此，就必須要對彼此都很溫柔，好讓配偶知道我們理解並同情他們的感受。如果婚姻中的信任已遭破壞，那麼就需要時間來進行恢復。不要期望被傷害的一方能夠立刻遺忘所受的傷害，並且迅速和好如初。

使徒保羅在「愛的頌歌」裡面講到，愛是「不計算人的惡」（哥林多前書十三：5）。請你稍微想像一下，我們每一天的婚姻生活都像筆記本中新的一頁。每一天，我們都會因為說了一些話，做了一些事，或者是因為未說一些話，未做一些事，而傷害到我們的配偶。這些傷害有時是輕微的，有時則是嚴重的。

　　有些日子的清單會比其他日子的清單更長。每一天，頁面上都會記錄一些事情。如果我們不去面對和饒恕這些事情，那麼這一頁就會被翻過去，而上面的清單也就原封不動。這樣，我們就會開始積壓起一些憎恨和苦毒的情緒。即使我們無法清楚地記得每一個清單裡的每一個細節，但是這些冒犯行為的記錄還是保留在那裡，而且時間一長就會深深銘刻在彼此的關係裡，進而消滅彼此的親密感。

　　如果學習每天饒恕，就好像在每一天結束時都撕掉一頁，並將之丟棄。這樣，在婚姻中，我們的每一天都是新的一頁，而且沒有積壓的事件。我們雙方都不需要站在攻擊或是防守的地位。這樣，我們就能夠以愛心行事，而不去計算彼此的惡。

婚姻黃金法則第五條
操練饒恕

[第六部分]

父母和姻親

Parents and In - Laws

第 十 三 章

如何與父母和姻親融洽相處

How to get on well with our parents and in-laws

當我還是個十四歲小男孩時，我覺得自己的父親是如此無知，以至於我無法忍受他在我身邊。但是當我到了廿一歲時，我驚訝地發現這個老人居然在這七年時間裡學會了很多東西。

——馬克‧吐溫

「父母們很奇怪，」艾米說，「就他們的年齡而言。」

——艾曼達‧威爾 [1]

---

1 艾曼達‧威爾（Amanda Vail），《愛我少一點》（Love Me Little）。

家族內各種關係對婚姻所產生的影響深遠，不容低估。家庭是極為複雜的——家家有本難念的經。有些家庭對個中成員所帶來的傷痛，甚至無法用語言來描述，隨著歲月流逝，這些傷痛不但不會消失，反而會代代相傳。另一些家庭則是喜樂和幸福的巨大泉源，這些家庭能引起連鎖反應，影響到無數的生命，給他人帶來無限的祝福和恩典。如果我們期待我們的家族能成為每一代人的祝福，那麼我們首先就需要弄明白，在成長過程中我們與父母的關係是如何發展的。

從依賴到獨立

從孩子自幼對父母完全的依賴，一直到最終的獨立，這一過程對我們的婚姻是至關重要的。從幼年到少年，再到青年，一直到成為他人的配偶，我們會經歷人生的四個不同的階段。為了能夠具體說明這四個階段中，父母和兒女間應當有的恰當關係，我們畫了四個圖來表現（見圖一至圖四）。當然，沒有哪一種家庭生活是與這些圖所表示的內容完全相符的。有些人是在單親家庭長大，而且也有許多是充滿關愛的單親家庭，這些家庭為孩子們的成長創造了一個極為健康快樂的家庭環境。另外，還有些是父母離婚、喪父或喪母、父母再婚、繼父母、再婚家庭等各種情況。但是，不管是哪種情況，從一個階段過渡到另一個階段的普遍原則，仍適用於我們所有人。

夫妻二人可以一起來探討這些圖示。記住，你們曾經就是圖中的那個孩子。我們之所以要這麼做，是為了更易於看清自己和

對方從小所受的教養，更好地了解我們與父母之間的關係，是否按著每個階段應當發生的改變而改變。我們必須坦承的討論，我們父母和他們婚姻所具有的優缺點。要想與父母之間維持一種成熟的關係，就必須放棄孩童時期對他們充滿崇拜的幻想；放棄青少年時代覺得他們什麼事情都不會做的失望。我們需要按著父母的本相來認識他們。我們希望能夠透過察看這四個不同的階段來幫助你們。

幼年期

在我們生命的初期，父母需要滿足我們身體上的各種需要，包括食物、飲料、睡眠、清潔、溫暖和藥物治療等。他們也需要負責我們情感上的各種需要，如圖一箭頭所示。情感上的需要包括關愛、接納、安全、鼓勵和安慰等，這些需要，雖然不像身體上的需要般立刻呈現，但同樣是至關重要的。對父母愛的體驗會建立一個孩子的自信，這也是他在日後生活中建立其他各種關係的關鍵特質。要建立各種關係總是會涉及風險，如果我們願意承擔自己的愛遭人拒絕的風險，那麼就需要擁有自信的特質。對父母無條件之愛的體驗會使我們能夠承擔被拒的風險，能夠主動去關愛他人。

圖　一

　　圖中的圓圈代表父母為我們的安全而設立的一些界限。小孩子的各項活動必須在父母的嚴格掌控之下。必須避免各種危險，對於孩子不安全的地方必須禁止。因為孩子還不成熟，無法在這些事上作出正確的判斷。

青少年

　　你還記得自己的青少年期嗎？這時，父母會給我們越來越多的獨立，允許我們盡可能為自己作決定。包括對於朋友的選擇、如何安排時間、如何穿衣、剪何種髮型（如果他們敢嘗試的話）以及如何裝飾自己的房間等。

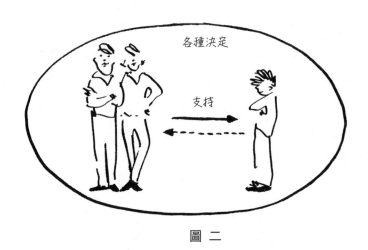

圖　二

　　這一逐漸放手的過程，是從父母完全掌控到孩子最終獨立的關鍵過渡期。但是，作為青少年，我們仍然需要一些界限，來限制我們的各種活動。從圓圈到橢圓的轉變，代表的是在一定的限制內，我們獲得越來越多的自由。我們並未成熟到僅憑自己就可以作出所有決定的程度。而且很多時候我們不得不承認，很感激

這些界限所帶給我們的安全感。青少年在建立自我身分的過程中，常常有很多關於自我的疑問，需要父母不斷地給我們情感上的支持。

此時，我們可能已經開始意識到可以如何幫助父母。圖中淡淡的虛線所表示的就是我們對父母的回饋。

成年／離家

從十八到廿一歲之間，我們中有些人仍然會與父母一起生活。但是，我們正在學習獨立，自己決定是否要繼續深造、選擇何種職業、處理各種人際關係，以及如何使用錢財等。

在這一階段，大部分人仍會繼續指望父母提供建議、經濟支持和安慰（如果出了什麼差錯的話）。但是此時，雙方應當更多的是一種成熟的關係。但願我們不是那麼以自我為中心，也能夠承擔對父母的一些責任，比如和他們保持聯繫（如果我們離家在外面自己住），認識到他們對於理解、支持、關愛或鼓勵等方面的需要。

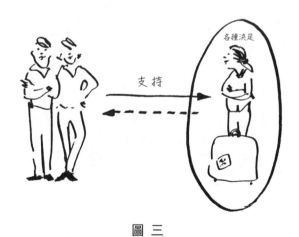

圖　三

結　婚

　　相對的，圖四的情況看來更加複雜。但不論我們身處的環境如何，所面對的問題都是相同的。我們所在的圓圈代表我們需要建立自己的家庭、自己作各項決定並且滿足彼此的需要。此時，我們首先必須對彼此忠誠，必須丟棄對父母情感上的依賴。

　　這一委身對象的改變並不代表要完全切斷與原生家庭的關係。當與原生家庭的關係立在一個恰當的基礎上時，父母（以及兄弟姐妹）將成為婚姻的巨大支援。我們自己的經驗便是如此。對我們來說，父母一直是一個巨大的愛的源泉，他們為我們提供關愛、支持、樂趣和親密的友誼。同時，我們也非常看重和兄弟姐妹，以及他們各自家庭之間親密而特殊的關係。儘管我們相隔數百英里之遙，但是這些關係在我們自身和我們孩子們的生活中，扮演著十分重要的角色。然而，這些關係的培育需要一定的時間，因為需要雙方都付出努力，保持聯繫和花時間在一起。

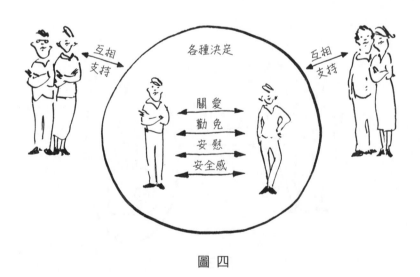

圖　四

　　聖誕、新年、學期中間的假期，以及一些特別的假日和週年紀念日等，都是一些珍貴的場合，藉此我們可以有家族的聚會，數代同堂。像這樣的機會值得充分利用，特別是因為生活的各種需要和壓力會輕易地消彌了這些獨特的關係。

　　在下一章，我們將討論如何確立夫妻間的相互獨立。在這裡，我們所要思考的則是如何培養與自己的父母、配偶的父母和家族間，相互支持和令人愉悅的穩固關係。

合宜地安排婚禮

　　開始創造未來的機會，通常是伴隨著各項婚禮安排而來的。在預備婚禮時，很少有情侶會不激動的。通常，人們對婚禮要如何安排都頗有自己的想法，而很多父母為著這一天，已經憧憬、計畫了好多年。

我想唱《世事皆美好》
這首歌——兩次

　　但這時候，新郎新娘的朋友們會告訴他們說，這一天是完完全全屬於你們的日子。這一天當然是屬於新人的，但同時也是屬於父母的，部分原因是父母為婚禮慷慨資助。而且，出席婚禮的許多客人都是父母的舊識，所以他們的看法對於父母來說還比較重要。

　　父母應當參與婚禮的各項計畫和準備工作，這是再自然不過的事情了。這是父母在兒女結婚之前最後一次給予兒女的協助，這同時也能幫助他們學習放手。籌劃婚禮並不簡單，那是數週之久的辛苦工作。而且，新人常常要作出各種各樣的決定，常會令

他們無所適從。截然不同的觀點、複雜的情緒以及身體的疲乏，釀成一杯濃烈的雞尾酒，讓新人頭昏腦漲，爭論不休。如果想要維持和睦，就需要大家都耐心傾聽、盡可能地作出讓步。

表達我們的感激之情

我決定戴這頂帽子

父母都喜歡兒女向他們表達感激之情。婚禮前幾週是感恩的極佳機會。就算並非來自幸福和睦的家庭，甚至與父母的關係也不太好，但我們仍然要記得父母在諸多方面照顧了我們，或是在我們幼年時，或是在我們生病時。很少有父母是絲毫未曾為孩子做過犧牲的。有些新人會寫一封信給父母，以表達對他們的感謝。這樣做能夠大大增加父母對兒女放手時的喜悅和自豪，也能夠為兩個家庭未來的關係奠定好的基礎。

如果是在婚禮後，仍然可以儘量尋找機會，把我們的感謝訴諸筆端，可以運用生日賀卡或是父親節、母親節的賀卡，來表達我們的謝意。我們有一位朋友，在她父親六十歲生日的時候，寫了一封長長的信，愉快地回憶了她成長過程中父親給予她的愛，以及很多支持和鼓勵。蒙她允許，我們在這裡摘錄了她信中的一段話：

> 我非常喜歡一起度過的那些歲月，比如你給我一顆裝在圓罐裡的鹹味奶油糖。我也喜歡當我告訴你學校裡發生的故事時你的反應，那些老古板的老師似乎總是讓你好氣又好笑。這讓我有種感覺，就是你完全站在我這

邊，而不是他們那邊。我一直覺得，你對我的信任遠遠
超過對他們的信任，這一點我從未懷疑過。現在，我知
道這是很不尋常的，這讓我感覺好極了！

　　家長會也是同樣如此，你會嘲笑某個讓我覺得不舒
服的老師。我會充滿期待地等在大廳裡，因為總是會得
到你的祝賀，但你的祝賀也從不會過分誇張。我知道，
你一直看我比任何的好成績都更重要。你從不給我任何
壓力，只是給我充分的空間，讓我自己來作決定。

　　作為父親，他並沒有意識到這些事對自己女兒的意義。女兒
的這封信有助於維繫他們之間親密的關係。這一關係不僅使她自
己獲益良多，也使她的丈夫和兒女受益匪淺。

保持聯絡

　　一旦結了婚，很重要的一點就是，夫妻雙方對如何與父母保
持聯絡要有共識。定期的交談是很有幫助的。但是，如果天天早
晚晨昏定省，那麼可能就會引發伴侶的不耐。如果這樣的談話又
十分冗長，或常常是在晚上伴侶剛回到家時，電話就來了，情況
就會更糟糕。夫妻需要刻意的作出決定，將最適合交談的時間留
給彼此。為了父母們，要和他們保持聯絡；而為了你們的婚姻，
這樣的聯絡要適度。

　　我們必須要共同決定多久拜訪父母一次。如果我們中有一方
有依賴父母的傾向或是受不了某些壓力的話，那麼選擇在自己家
中和父母相聚可能會更好。如果開始時不適應，那麼拜訪時間就
再短一些、拜訪頻率再高一點，這樣的拜訪可能會更有助於和父

母建立關係。短期拜訪有時更容易維持愉快的氣氛。如果我們待的時間過久，又無話可說或無事可做的話，反而會導致氣氛緊張。

有一位女性告訴我們，她不喜歡她的公公。對她而言，花時間和公公相處十分困難。這樣的感覺是無法一夜之間就可以消除的，但我們可以應用本書前五章中，所描述的那些用以建立彼此關係的工具，特別是，我們可以考慮一下，在五種愛的語言中，哪一種語言對他們最為重要。如此這般，隨著時間流逝，將會開始意識到父母身上的一些好品格，彼此之間的關係也會因此得到改善。為著配偶的緣故，我們必須作這樣的選擇。

有一位朋友，偶然間發現理解自己公公的方法。結果，她和公公間的關係因此大為改善：

> 我的公公十分嚴謹，特別注重責任和奮鬥，在家庭關係中尤其如此。關於這一點，我總是覺得很讓人討厭，因為我認為人與人之間的關係應當是從容、自發的，不應當給人造成壓力。我們之間的關係進展不多，雖然不是太糟糕，但是也很普通。後來，有一次他過生日，我也不知道到底是什麼原因，就決定要為他做一個水果蛋糕。我想，這可能是因為我們實在不知道給他買什麼禮物才好，所以才作出這個決定。他曾經說過不想再要我們給他訂閱園藝雜誌，而我們也以此應付過他之前的三次生日了。我知道他很喜歡水果蛋糕，可是對於如何做這種蛋糕我毫無頭緒。但是我清楚地意識到，即使我給公公買世界上最好的水果蛋糕，也無法表達出我所付出的努力和奮鬥。
>
> 於是，我忙了大半天，終於做出了一個賣相很差的

蛋糕。放在一個盒子裡，滿懷歉意地在他生日時送給他。他非常激動，說：「你一定花了很多時間吧？你的工作很忙的。」我的公公對於我——一個女人——能在這專屬男人領域的城市裡（他如此認為）工作，一直感到非常好奇。這也是我們之間的另一個問題：對於女性的看法，我們的觀點截然不同。但是現在，這個奇怪的現代女性卻為他烘烤了一個水果蛋糕——她的一番辛苦、忙碌竟然都是為了他。

在品嚐了這個蛋糕以後，我逼著他承認這並不是他所吃過的最好的水果蛋糕——當然，伴隨著開懷大笑！從那天起，我們就一直在笑，不僅笑那個水果蛋糕，也笑許多的事情——包括我們對於女性的不同看法。

在上婚姻輔導課程的時候，我意識到了我公公能接受的愛的語言就是行動。如果你特地為他做一些事情，他就會感覺到被愛。其實，這與水果蛋糕的好吃不好吃，並沒有什麼關係。因此，我學習到愛的語言（以及幽默感）不僅在婚姻中十分重要，在和姻親的複雜關係中也是如此。

另外，我們也需要決定與父母間關係的親密程度。許多父母能給兒女無比的支持，特別是當夫妻有年幼的孩子需要撫養、處在壓力情況下的時候。但是如果我們想要父母來為我們粉刷整間房子、製作所有窗簾，或者一週兩次照顧我們的孩子，那麼我們就是在邀請他們完全地參與我們的日常生活。如果我們只在父母為我們提供協助時才對他們表示關懷，這將是極端缺乏愛心、操控他們的行為。因此，在經過仔細考慮之後，得出的結論是，最好還是我們過自己的生活，不讓父母過多地參與比較好。我們必

須對父母誠實以對，絕對不能剝削他們的愛。

嘗試解決衝突

即使是和父母及姻親間關係極密切的情況下，大家也總是會有一些看法上的不同。當碰到一些緊張或難以處理的情形時，必須應用第十二章中所探討過的那些原則——溝通、道歉和饒恕來解決。

我們遇到過一位女性，結婚七年。在這些年間，她總是覺得受到婆婆的詆毀。她與婆婆之間沒有共同點，交談起來很困難。在婆婆眼中，她的丈夫什麼都對。除此以外，婆婆還經常拿她和別家兒媳婦作比較，這使得她更加覺得受到傷害。婆婆的某些話在她心裡引起強烈的情緒反應，甚至大大超過了事件本身的嚴重程度。

然而，由於丈夫的理解和鼓勵，也由於她定意尋求上帝的幫助，不斷地饒恕和愛婆婆，結果關係不僅得以維繫，隨著時間的流逝，她們之間的關係也逐漸獲得改善。今天，當她們在一起時，婆婆變得不再那麼喜歡論斷，而這媳婦也變得更加有自信。

處理過去所遺留下來的衝突是非常重要的，最理想的情況是在婚前就處理。如果未能解決的話，怒氣、苦毒、憎恨或罪惡感，會在以後的生活中以各種的偽裝方式重新冒出來。有些人在結婚時就下定決心，絕對不要像自己的父母那樣行事為人。這可能是因為他們的父母經常發脾氣，或是缺乏關心和體諒，或是在情感上與兒女不夠親密，或是對兒女偏心。但是當這些人結婚幾個月後，就開始漸漸地變得跟他們的父母一樣。這是因為他們尚未除掉自己心裡對父母所懷的憤怒和恨意。

有一位婚姻輔導員曾做過這樣的分析說，如果我們集中思想

在生活的某件事情上，那麼我們就會受這些事的影響。如果我們能夠饒恕我們的父母、忘記背後繼續向前的話，那麼我們就不會再專注於他們的弱點和過失。這樣，我們就能夠得到自由，可以擺脫對他們下意識的模仿。

　　如果作孩子的與父母的關係破裂，負有某些責任的話，那麼就需要向父母道歉，而不是去責怪他們，或是試圖為自己的行為辯護。這樣做的影響可能是極其深遠的，經驗豐富的諮詢專家瑪麗 • 畢潔絲（Mary Pytches）這麼闡述：

　　　　記得有一次，我聽到一個感人的故事。一位上了年紀的婦人即將死於癌症。她的兒子到醫院去看望她。回到家後，兒子告訴妻子說，母親快要死了，醫生已經無能為力了。聽了這番話，妻子就建議丈夫，在母親過世前要把一些尚未面對的事情處理好。妻子提醒丈夫，他曾在多年前離家出走，有一整年的時間未與母親聯繫。「你應該在她去世之前，處理好這件事情。」妻子如此說。她的丈夫同意了。於是，他又回到醫院，為著這多年前的事情，請求母親的原諒。

　　　　母親非常感動，欣然原諒了他，同時也請求兒子的原諒，因為是她讓他不開心，而導致他離家出走。等他們二人完全和好了，兒子才回到家裡。接下去的那個星期，他的母親就出院了，身體也竟然完全康復了。之後她又活了許多年，而且身體康健，高壽而終。[1]

---

1 瑪麗 • 畢潔絲（Mary Pytches），《昨日的孩子》（Yesterday's Child），（霍德和斯托頓出版社，1990），第 147-148 頁。

考慮他們的需要

在我們年幼時，父母（或別的照顧者）曾悉心地照料我們各種需要。現在，我們終於有了報答他們的機會。現在我們與父母的關係已經完全成熟，從對父母的完全依賴到與父母互相支持。對某些人而言，到最後這些角色會完全顛倒過來，變成父母對孩子的完全依賴。

女演員雪拉 · 漢考克有一個女兒，名叫梅勒妮 · 索爾（但是，雪拉喜歡以艾莉 · 簡來稱呼女兒）。充滿深情地記敘了女兒對她的關愛：

> 幾年前，我罹患癌症。於是，就讓艾莉 · 簡（雪拉女兒的教名）來照顧我。我完全相信，會罹患癌症是因為我給自己的壓力太多了。以前的我常常急急忙忙地四處奔走，以為自己能救每一個人，其實這是一種逃避，這樣就可以不用對自己想太多。在接受了傳統療法以後，我到布魯斯托爾診所去了，艾莉也過來陪我。她十分沉穩，也非常支持我，以至於我們倆的角色徹底顛倒了。那段日子都是靠她一人支撐，讓我無比驚訝，我甚至無法準確地用言語來形容。如果在以前有人對我說她會是現在這模樣，我肯定會大笑的……啊，我真的好愛她！[1]

雖然結婚後，我們不再受父母的管束，但對父母仍負有作

---

1 安 · 麥弗蘭（Ann McFerran），《祖國——與母親和女兒們的交談》，（維拉格出版社，1998），第 22 頁。

兒女的責任。當我們成年或結婚後，「當孝敬父母」這第五條誡命並非就此失效了。當父母年紀越來越大，對我們的依賴也就會日益增加，這讓我們有機會能報答他們對我們所施的慈愛和所做的犧牲。我們可以幫他們做些家事、在經濟上幫助他們或是替他們規劃未來。作家兼播音員維多利亞・格蘭丁寧（Victoria Glendinning）講述了自己從兒子馬太身上得到的諸多關愛，也講到兒子對她的意義：

> 他總是仔細地聆聽、了解我在說什麼，也提出一些經過思考、很有啟發性的意見。他總是全心地投入，不會催促我趕緊去做別的事情。
>
> 就在最近，有一次當他已經起身準備要走的時候，我自言自語地說了句麻煩之類的話。「麻煩？什麼麻煩？」他又在餐桌邊坐了下來，好像他有的是時間陪我。[1]

如果我們的父親或母親是獨居，那麼他們最大的需要可能就是有人陪伴，和他們說話。我們有一對夫妻朋友，孩子們已經十幾歲了。他們把唯一仍健在的祖父母接到自己家裡來住。這樣的安排不僅使夫妻和祖父母都有各自足夠的獨立性，也培養了三代人之間十分特殊的友誼。

---

1 維多利亞・格蘭丁寧（Victoria Glendinning），《兒子和母親》（Sons and Mothers），（維拉格出版社，1997），第 248 頁。

重視家族

　　有時候，一些剛結婚的新人會盲目地、無情地、義無反顧地拋棄他們的原生家族。有時候，因為他們的家族對他們的婚姻持有強烈的偏見，無論是宗教、種族或等級上的，導致他們不得不這麼做。但我懷疑，他們之所以這麼做，更多的原因是出於輕率：離開家、一頭栽進外面的花花世界、一切從頭開始。

　　但是，當孩子出生後，隨之而來的是一段快樂無比的時間。在這段時間中，家族的呼喚又出現了，那古老的回音開始環繞這個新生的家庭。換句話說，不管你的家譜在你眼中有多麼老舊，千萬不要隨便地就砍斷與她的連結。當你建立起自己的家庭，你會驚訝地發現，家族中不是只有缺點，也充滿了無比的優點。[1]

　　的確，沒有哪個家族是完美的。但是，在大家庭中存在著多樣化的年齡、個性和觀點，這些會讓生活變得多彩多姿。我們生活在一個簡單劃一的小家庭時代，這些小家庭常常向那些共同姓氏和血緣的家族關起大門。但是，當這樣做，會變得狹隘，甚至可能患上幽閉恐懼症。何不透過一些場合大家團聚在一起呢？莉比‧帕維斯（Libby Purves）建議道：

---

1 莉比‧帕維斯（Libby Purves），《大自然的傑作，家庭倖存指南》（Nature's Masterpiece, A Family Survival Book），（霍德和斯托頓出版社，2000），第 260 頁。

　　每一年的家庭生活都需要設立一些里程碑，就是在日曆上標上一些可以期待的事件。你可以為這些事件找一些合理的理由，比如說那代表著文化傳統、宗教信仰，或者單純是為了找些樂趣，特別是當這事件發生在一年中比較冷清的日子。在我們那年代，不僅會慶祝所有人的生日和耶誕節，還會慶祝新年、主顯節、聖灰節、復活節、豐收晚餐……蓋伊・福克斯日、勞動節、聖尼古拉斯日、週四布丁日（不太有名，但是在這一天你只能做一件事，就是吃約克郡布丁）。如果給我時間，我還能設計出不同的方式來裝飾布置莎士比亞的生日、米迦勒節、仲夏夜、聖安德魯日、聖派翠克日（為那些與蘇格蘭和愛爾蘭有所關聯的人而做）。如果有美國人來我家的話，我還會很樂意地把感恩節和土撥鼠節包括進去。慶賀的方式並不需要很昂貴：將一兩面紙做的旗幟塗上顏色、在餐桌上放上食物就可以了，如果可能的話還可以玩個遊戲。[1]

　　這樣的家族聚會還有一些額外的好處：我們這些成年人又有機會被更有智慧的長輩教導一番；將獲得一些活生生的榜樣，大概知道我們的孩子以後會變成什麼樣的人。孩子們會很喜歡和堂／表兄弟姐妹們在一起，特別是那些比較叛逆的兄弟姐妹。而且大家都很喜歡會寵孫子的老奶奶或是有點離經叛道的叔叔。這就是吵吵鬧鬧的現實生活的一部分，同時也是模塑我們的機會。如

---

1 莉比・帕維斯（Libby Purves），《大自然的傑作，家庭倖存指南》（Nature's Masterpiece, A Family Survival Book），（霍德和斯托頓出版社，2000），第337-338頁。

果沒有一個大家庭的話，也可以用別的方式來創造同樣的氣氛。我們有一個朋友（是一位單身母親），在今年的星期二懺悔節時辦了一個煎餅派對，邀請了二十個人來參加，裝扮成各世代的人，非常的豐富多彩。

這些家族聚會有著必然的地位和價值。同樣地，培養一些特殊的隔代關係也有其意義。這讓我們不僅只是受益於與父母的親密關係，同樣也可以讓祖父母在孩子的生命中扮演十分特別的角色。

力奇

當我還是個小孩子的時候，常常在週六早上和母親一起去外婆家看望她。這些時光已經成為我孩童時期回憶中很特殊的一部分了。我們的探望肯定也滿足了外婆的需要，雖然當時我並沒有意識到這一點。

透過我們和父母間關係的維繫，也讓孩子們能夠認識他們的祖父母和外祖父母，而且我們自己也能以一種全新的態度，來看待自己的父母親。

力奇

藉由觀看我父親和孩子們的玩耍，使我能夠更加充分地欣賞父親的溫柔和幽默的特質。我想我可能早已忘記自己在孩童時期所享有的這些時光，或者我可能把它們視為理所當然了。父親退休後，有了更多的閒暇時間，而他的孫子孫女則是這些閒暇時光的主要受惠者。

有些祖父母和外祖父母，能在兒孫輩的生活中擔當起一個十分特殊的角色。而且，一個小嬰孩的出生，足以改善或連結家族內各成員間的關係。美體小舖（The Body Shop）創始人安妮塔・羅迪克的女兒賈斯汀這樣寫道：

> 從麥雅一出生，我媽媽對這個孩子的喜愛，真的讓我感到十分驚訝。我發現媽媽又再度變得像一個母親了，而且與以前完全不同。我得了很嚴重的產後憂鬱症，因此就請媽媽來幫忙。結果，她整夜不睡覺，就為了照顧小嬰孩……我和薩米（賈斯汀的姐妹）已經搬離家中，我想是麥雅把這個家庭重新連結起來，她成了我爸爸媽媽之間的另一個環扣，改善了他們之間的關係。[1]

許多祖父母都會談到孫子孫女帶給他們的樂趣。他們不是這些孩子們的法定監護人，在一天結束時得將孩子們交還給他們的父母。有些祖父母會為了能夠有時間與孫子孫女相處，而欣然犧牲一切。如果是這樣的話，那麼很可能是因他們經常照料孫輩。無可避免地，這會對孩子們的成長有更多的影響。但是，也有一些祖父母，他們對於長時間照顧孩子並不十分熱中；或者當孩子們長大一點時，他們會想擁有自己的生活。我們不可以對父母有過多的期待，畢竟，孫子孫女的出生並不是祖父母選擇的結果，而且他們也不需要像孩子的父母——我們，那樣對孩子們負責。

---

1 安・麥弗蘭（Ann McFerran），《祖國——與母親和女兒們的交談》，（維拉格出版社，1998），第 119-120 頁。

如果我們的父母已經過世，或是住在外地，那麼我們就可以嘗試幫助孩子們多結交一些其他的老年人，這是非常值得的。我們的教會就是這樣，這真的是非常美好。而且在這樣的情況下，兩個年齡層的人都會覺得很有樂趣。

彼此理解

即使我們和父母或配偶的父母間擁有健康愉快的關係，大家仍然有可能會產生衝突。因為我們是不同世代的人，祖父母和孫子孫女之間的代溝就更大了。當我們的生命邁入最忙碌的階段，父母們的生命正趨於緩慢。我們可能需要十分努力地去理解他們。我們可能不僅需要面對父母因為年老而體弱多病的痛苦，還需要面對如何安排兒女與父母的優先順序這一複雜難題。

如果我們有時候對雙方父母所持的種種態度和看法無法理解時，那麼也許應該停止這一嘗試。相反地，我們可以先放鬆下來，單純地按照他們的本相去欣賞他們，不去苛求他們、論斷他們。畢竟，他們不會永遠待在我們身邊。

雪拉．漢考克（Sheila Hancock）談到自己在了解母親方面的一些想法時，說了如下一番話。反映出許多人所經歷的各種情續：

> 父親過世後，我就把母親接到倫敦，讓她住在離我不遠的一所公寓裡。那時候，我已經有了女兒艾莉．簡，因此母親對我們的干涉，有時會讓我感到很不滿。母親不和我們在一起的時候，就待在她那片小天地裡，完全孤身一人。可是，我又不想讓她一直和我待在一起，因

為我有自己的生活。母親可能過得很不開心，我本來應該能對她更體貼的，可是她並沒有告訴我她很痛苦。

現在我才了解，當你的兒女們長大，而你又被隔離在他們的世界之外時，會有怎樣的感受。我現在對當初沒有向母親伸出手而感到非常惋惜。我非常後悔自己不夠了解母親，特別是對母親身為女人這個角色。在她臨終時，是我在照料她。還記得有一次我給她擦洗，我對她說：「你有一個很漂亮的鼻子。」她說：「可是我始終很討厭自己的鼻子，我覺得長得太醜了。」聽了之後，我大吃一驚，我居然不知道母親一直在意自己的長相。我對她說：「我簡直無法相信。這是一個多好看的鼻子啊！我的鼻子就很滑稽，可是你的卻很漂亮。」她並不知道自己很漂亮，但也可能是我從未這樣告訴過她。我只對她說過：「你不要在我的畢業典禮上戴那條項鍊！」

我想，在她所有的努力下，其實隱藏著一個沒有安全感的女人，特別是當她那自命不凡的女兒去了語法學校，教育的程度超過了她以後，更是如此。一方面她非常以我為榮，可同時又為我擔驚受怕。我想，有時候我一定是個很無情的人。我常常賣弄自己新獲得的知識，雖不至讓她感到羞愧，卻是讓人十分不舒服的。我開始在知識上超過我的父母，但那時，我並不懂得像現在這樣尊重他們所擁有的智慧。皇家戲劇藝術學院檔案館裡有一封我父親寫給校長的信，他在信中問校長：「你確定我們的女兒有這個天賦嗎？」我的父母為我感到非常擔心，但又對我抱有極大的期望。我很高興他們能夠看到我開始邁向成功，但又對那個世界感到不知所措——

我也有著相同的矛盾與不安。當我開始成名的時候，我母親寫信給我，說：「要照顧好你的丈夫！」她在信上還說了一些別的話，是我們今天不會對女孩子們這麼說的。

　　另一方面，我的女兒們如今也與我當年一樣不屑。我有一點炫耀自負，總是非常肯定地說出自己的觀點。我會在開車時大喊大叫，而且言語誇張。我會突然出現在女兒們的學校，而且穿著極不得體——就像我母親當年一樣！如今，我希望自己當初能夠更加尊重我父母的特別之處。當我現在回憶起父母的出身背景，和他們的成就時，心裡充滿了敬佩。[1]

不管我們對於童年的回憶是美好或是悲傷，不管我們和父母之間的關係是平和或是緊張，我們一起擁有過往時光，都帶著同一個家族、同一血脈的特徵。自然而然地，我們渴望在現實生活中彼此擁有：去關心對方的生活、分享對方的成功和失敗、扶持對方的軟弱並且欣賞對方的長處。

---

1 安・麥弗蘭（Ann McFerran），《祖國——與母親和女兒們的交談》，（維拉格出版社，1998），第 15-17 頁。

第十四章

如何脫離父母的控制

How to leave behind parental control

我們必須離開父母，而不是圍在他們身邊，等著他們給我們更多。

——洛賓・斯金納、約翰・克理斯 [1]

---

[1] 洛賓・斯金納（Robin Skinner）和約翰・克理斯（John Cleese），《如何讓家庭倖存》（Families and how to survive them），（曼德林出版社，1990），第 298 頁。

歡笑、淚水、哽咽、期盼、緊張和興奮，這些都是婚禮那一天的一部分。這對新郎新娘誠然如此，對於他們的父母而言，也是如此。在聖經創世記中，婚禮那一天的意義被記載得直截了當：「因此，人要離開父母……」（創世記二：25）

最近，我們和一位作父親的有過這麼一次談話。那天是他兒子婚禮後的第一天。我們知道他們是一個非常親密的家庭，也知道他很喜歡他的新媳婦。當我們問他，婚禮那一天過得是不是很愉快時，他躊躇了一會兒才回答。他說：「很難用語言來描述我的感受——那比我所預期的複雜得多。」

儘管在這之前，他兒子已經在外面住了幾年，但是這位父親知道，婚姻的一個關鍵部分就是要離開父母。因此，他在婚禮那一天的感覺是悲喜交加：他感到喜悅，又感到別離；對未來充滿憧憬，同時又對過去無限眷戀。

力奇

當我在為新人主持婚禮的時候，常覺得有一個特別辛酸的時刻，就是當新娘的父親把他女兒的手遞給我，再讓我轉遞給新郎的時候。這一動作象徵著兩對父母正在放開他們的孩子，將自己的孩子交給各自的配偶，讓他們彼此照顧。從孩子的孕育到他們結婚，當一個新的家庭形成時，父母們承擔多年的養育責任終於到了一個頂點。新郎新娘的父母曾經是孩子們生命中最重要的人，現在他們必須為了孩子們婚姻的緣故，退後一步，用一

種新的方式來關愛和鼓勵他們。

有些父母發現，對孩子們放手是為人父母最為艱難的一部分，正如維多利亞・格蘭丁寧所回憶的：

> 我發現這一過程是如此痛苦，以至於當我最小的兒子西蒙離開家，也就是家裡面第一次沒有「孩子」在家的時候，我不得不給自己寫下一個措辭嚴厲的提醒——記得當時我是在火車上寫下這個備忘錄的，當我寫的時候，淚水不斷地滴下來。這個備忘錄的大意是：我對孩子們沒有權利，他們只是被暫時借給我的。如果我期望他們幾乎每天都能給我打電話的話，那我就是個怪物和傻瓜……有些人渴望有更多的聯絡；有些人天生健談一些，這些都與誰最愛誰沒有任何關係。[1]

離開父母，這是婚姻中不可少的一個層面。可是在今天，這一需要卻常常被忽略。原因是（至少在西方而言），大多數即將結婚的人早已在數年前就搬離了他們父母的家。但是，離開的意義與其說是身體上的分開，倒不如說是心理上和精神上的分離。多年來，我們出生的那個家庭一直是我們生活的重心。我們一直都是從這一重心出發，不斷地向外擴展自己探索和獨立的圈子。

但是值此同時，這個中心一直沒有改變。我們以前是必須回到這個家；後來則是當我們想要安慰、需要建議、缺錢或是待洗

---

1 維多利亞・格蘭丁寧（Victoria Glendinning），《兒子和母親》（Sons and Mothers），（維拉格出版社，1997），第 256 頁。

的衣服堆積如山的時候，會選擇回到這個家。家是一個權柄、供應和給你安全感的地方。結婚後，我們其實有了一個新的重心、一種新的決策機制、一個新的家。現在，我們最高的忠誠和義務必須是屬於配偶，對父母的依賴必須切斷。

即使結婚已有多年，我們仍然需要問問自己是不是完全離開了父母。請共同思考以下這些問題：對我們而言，是不是父母比我們的伴侶更加重要？我們有沒有在情感上繼續依賴父母？他們是不是在試圖控制我們的生活？我們期望自己的婚姻像父母的那樣嗎？

我們首要的委身對象

有一位即將結婚的女性向我們描述她的母親，她稱自己的母親為「我最好的朋友」。為自小所受的良好教養而向父母表示感激是十分恰當的，但是她若能把她的丈夫視為最要好的朋友、可以向他吐露心事並且從他獲得情感支持的話，那對於她將是一個十分重要的進步。

婚後，我們新的重心必須是我們那新的家庭，以及和配偶之間的關係。即使我們的父母正遇上一些困難，我們委身的對象還是必須要改變。作家兼新聞記者朱莉‧麥爾森寫到她自己的經歷時，如此說：

> 母親被她所愛的男人離棄了，而我又遇到了我生命中的愛人。喬納森是不是已經取代了我母親，成為我生活中最重要的人了呢？應當是吧。喬納森讓我看到，在情感上我並未離開自己的母親。我十四歲的時候，會把

任何事情都告訴母親；到了廿一歲，還是這樣。但其實再過些日子，就不必那麼做了。[1]

在許多婚姻中，關於需要改變委身對象這一話題，從未被提起過。有時，父母在兒女們結婚以後，仍然向他們施加不健康並無益處的影響，導致兒女配偶的憎嫌，給他們的婚姻造成負擔。也有一些家庭中，則是作父母的未能認識到孩子們有自己作決定的需要。父母們會因為缺乏安全感而恐懼，因而導致對兒女的不當控制。還有些父母，想盡辦法緊抓孩子不放，其實是為了滿足自己對關愛和支援的需要。

父母刻意地想要拆散兒女的婚姻，這現象並不常見。如果父母對兒女的婚姻有不恰當的干預，經常提建議或橫加指責，這通常是因為他們覺得自己是在幫忙。夫妻共同的責任就是，要客氣而堅決地抵制這樣的干預。

如果一直都很順從父母，或是父母中有一方的控制和操縱欲望特別強的話，要這樣做將會非常困難。父母會不會以為兒女不再關心他們或是對他們忘恩負義呢？這樣的想法可能會帶來情感上的壓力。我們可能會覺得不去附和父母的想法，就是對他們不孝。必須要提醒自己，現在首先的委身對象應當是誰。

---

1 安 · 麥弗蘭（Ann McFerran），《祖國——與母親和女兒們的交談》，（維拉格出版社，1998），第 168 頁。

自己作決定

　　婚姻中有一點是至關重要的，就是夫妻需要共同討論各樣的問題並且作出相應的決定。對於假期、錢財的使用、家裡的裝修和佈置、職業的選擇、孩子的撫養以及探訪父母的次數等問題，都必須一起作出決定。

　　一年前，當湯姆和克莉斯汀結婚後，湯姆搬到了克莉斯汀的家裡。因為湯姆身體有病，很虛弱，一週只能上四天班。湯姆的父母碰巧也住在附近。有一次，我們問克莉斯汀對於婚後生活有什麼感受，她給我們講了一件特別的事情，那件事在他們夫妻中間造成了摩擦。有一天，湯姆沒有上班。當她回到家時，發現湯姆和他母親變更了家裡一部分傢俱的擺放位置。因為這些傢俱不難移動，所以基本上，這件事並不怎麼嚴重。但是克莉斯汀卻感到十分難受，甚至遠遠超過對這件事本身的反感。湯姆經過好久才理解為什麼她如此耿耿於懷。

　　我們問她，有這麼強烈的反應，是不是因為這房子在結婚之前是屬於她的。她認為這有一定的關係。但是真正的問題是在於，擺放家具的決定不是由她和湯姆作出的，而是由湯姆和他母親。這一事件雖然很小，但是卻造成了強烈的情感反應。如果這種情況繼續下去的話，勢必會在夫妻中間造成嚴重的分裂。

　　父母因為自己擁有豐富的經驗，所以常常給我們提供寶貴的意見。夫妻聽取這些經驗是十分明智的。但是，最重要的一點是，夫妻有自由選擇接受父母的建議，或是不採納他們的建議。我們絕對不可以在不經配偶商量下，就和父母一起作出某個重要決定，也絕對不能讓配偶覺得，我們更看重父母的觀點勝過配偶的意見。這會危害到彼此的信任，讓夫妻關係充滿緊張和衝突。

即使夫妻在經濟上受到父母們的資助，也必須能自由地決定如何使用這一幫助。我們知道一個例子，丈夫是美國人，妻子是英國人。他們現在住在美國。丈夫的父母為他們蓋了一棟房子，又住在他們附近。妻子深深感覺到自己裝修房子的想法受到限制，因為她知道公公和婆婆並不完全贊同她的品味。結果，這對夫妻一直很難讓自己相信這房子是他們的，因為他們總是覺得受制於人。

這種在作決定過程中所受到的干涉，經常會在小孩出生後更加惡化。在孩子出生前，許多夫妻對於如何照顧孩子都沒有，或只有很少的經驗。父母們給的建議很可能被年輕的父母視為批評和干預，特別是如果這對夫妻對自己的新角色還沒什麼把握的時候，更是如此。除此以外，對於如何教養孩子，夫妻可能會有一些自己的想法，而這些想法和決定可能與自小所受的教養方式有所不同。

力奇

我們的父母給了我們所需要的一切鼓勵和自由，使我們能夠以自己的方式建造我們的家庭。但是，我們也曾碰到過，彼此因為觀點不同而產生矛盾的時候。一件日常生活瑣事就可以說明這一點。

我年輕的時候，頭髮絕對是從左邊往右梳，然後在一邊留出一道筆直分明的分界線（這條分界線在過去二十年間已經變寬了好多，現在已經看不出是往左還是往右啦）。相形之下，希拉和我則對孩子們選擇何種髮型抱持開放的態度。他們會把頭髮往前梳、往後梳、往上梳，也會搞個中分，甚至還會把頭髮漂白了。有時候，

他們會把頭髮留得長一些，有時候則會短到離頭皮只有幾毫米長。

對我們來說，這是允許孩子們作出個人選擇、表達自己個性的一種方式。但是我們的父母則從一個更為傳統的角度出發，並不總是喜歡孩子們的這些髮型，也因此常常會批評的比較多一點。當我們某一方的父母做出這些評論的時候，因為多年來我們已經形成忠於父母這一根深蒂固的習慣，往往會傾向於贊成他們所說的話。在這種時候，就必須要刻意地作出決定，團結一致來維護對於自己家庭生活的想法。

最近，我們聽到一對夫婦在共同生活了三十年後，婚姻破裂。據說，原因是那位妻子從未脫離母親對她的控制。即使經過了這麼長的時間，父母的干預仍然有可能是婚姻問題的根源。我們不能忽略這個問題，以為會自生自滅。

彼此支持

有一對夫妻朋友，在有了第一個孩子以後，就和丈夫的父母有了分歧，結果導致了強烈的紛爭。事情是這樣的，這對夫婦決定用橡皮奶嘴（或稱「安慰奶嘴」）來使孩子停止哭鬧。妻子知道婆婆會強烈反對，因此她變得越來越焦慮。特別是當丈夫因為工作的緣故需要出差，而她就要和公公婆婆住一段時間時，她就越發感到焦慮。她知道在整整一週裡要掩飾自己的焦慮，用她自

己的話說：「一想到要面對婆婆，我就感到非常恐懼。」

當她告訴丈夫這感覺時，她丈夫說：「沒問題。我來給媽媽打個電話，處理這件事情。」當丈夫和他母親通電話時，他母親在電話中勃然大怒：「我的孩子從來沒用過橡皮奶嘴，我也絕對不要看到我的孫子用橡皮奶嘴。」在激烈爭吵了一番以後，丈夫最後對母親說了一句話：「就這樣了，我已經決定了，以後也別再提了。」

即使之後要和公婆同住，丈夫的干預也對妻子產生了強有力的影響。她說：「我感到這是我們一起作的決定，而且他也在支援我——這就是我所需要的一切。從那以後，我就再也不害怕婆婆對此有什麼意見了。」實際上，在那一週裡，她婆婆從未對橡皮奶嘴發表任何意見，哪怕是一個字都沒有。這個話題後來也未再被提起。

前任美國婚姻與家庭諮詢專家協會（the American Association of Marriage and Family Counsellors）董事長大衛・梅斯提出了下面這項建議：

> 當夫妻雙方達成某項共識，要堅定不移地付諸實踐的時候，所有試圖利用和操控的作為就必定會失敗。但是，如果在丈夫和妻子的聯合陣營中出現任何的軟弱或是裂縫，那麼就會使得姻親們有機可乘，在這對夫妻之間挑起不和。[1]

---

1 大衛・梅斯（David Mace）博士，《預備好進入婚姻》（Getting Ready for Marriage）。

　　我們必須築起一道聯合陣線。這代表我們任一方都必須拒絕站在父母那一邊，而且如果有必要的話，當丈夫或妻子受到批評時，要站出來支持對方。彼此之間恆久的支持會產生巨大的效果，不僅使夫妻得以聯合，也會向父母傳遞出清楚但友善的信息。

必要的話，設立界限

　　在上婚姻輔導課程的時候，有一對夫妻告訴我們一件事情。丈夫的父親多年獨居，但每天給兒子打一到兩次電話，而且常常是在晚上剛要坐下吃飯，或是上床睡覺前。丈夫的母親在他十五歲的時候就過世了，因為丈夫是長子，所以就和父親之間形成了一種非常特殊而親密的關係。這在他結婚以前沒有造成什麼問題。

　　但是，一旦結了婚，這對他妻子就造成了很大的問題。她變得越來越苦惱。因為公公一個人住，和兒子之間的關係又對彼此極為重要，所以如果她對這件事說什麼話，心中就會產生罪疚感。

　　最後，她覺得自己不能再置之不理了。於是，對丈夫說：「我覺得你和爸爸在電話上的談話，越來越讓我煩惱了。這些談話的時間對我們不好，而且每次都是他先聽到你發生的任何事，這讓我感覺被孤立在外。當你打完電話開始跟我說話時，就懶得再把說過的事重講一遍了。」經過溝通，他們想到了一個解決辦法：丈夫改為每天在上班時和他父親通一次電話。

　　起初，這樣做仍然行不通，因為父親還是每天晚上打電話來。

所以，丈夫對父親說：「當你早上起來以後，在我上班時給我打個電話，我很喜歡在那個時候和你說話。但其他的時間，我說話會不方便。」

在接下來的幾天，他父親試了幾次。每次，當他晚上打電話來時，丈夫就會說：「對不起，爸爸。現在不方便和你說話，你早上再給我打電話好嗎？那個時候，我可以和你好好聊聊。」這樣過了兩週，作丈夫的說：「爸爸適應了。」妻子說，在這樣做以後，他們的婚姻有了很大的改善，「我丈夫更加注重我們的婚姻，將之放在優先的位置，這讓我覺得非常好。」她還說，現在她自己和丈夫及他父親之間的關係，比以前更加親密。

在類似這樣的情形中，第一步必須是夫妻一起來討論這一難題，並且努力去理解彼此的感受。這並非易事，因為我們會本能地想為自己的父母找理由，或是順應他們的意願，特別是當我們已經把父母過度理想化，或是他們身患疾病，或是他們獨自居住時，就更是如此。相對的，這也會使我們想為自己辯護，或是對配偶的看法不以為然。甚至，可能不會感覺到這樣做有什麼問題。我們需要仔細地聆聽丈夫或妻子所說的話（如第四章所述），承認這對他們來說是一個問題。通常，帶著同理心去聆聽，至少能解決一半的問題。另外，我們還需要認識到一點，就是伴侶並不是在攻擊我們的父母或家庭，他們只是在正當地保護自己的婚姻關係。當我們認識到這些事情時，就會站到正確的位置，和配偶一起來尋找當採取的行動。如果必要的話，也可以尋求外界的建議和幫助。

有一對剛結婚的夫妻，花了一個小時的時間向我們講述他們正面對的難題。女方的父母顯然想要繼續控制女兒的生活，對於和女婿建立關係並未做出任何努力。在聆聽並且理解了彼此的感

受之後，這對夫妻決定，最好的辦法就是和女方父母安排一次懇談。我們並不十分清楚他們打算說些什麼話，但是我們建議在談話中包括以下這些內容：

—— 對父母給予的各種幫助和支持表示感激。

—— 表達想要繼續與父母維持親密關係的願望。

—— 用一些實例來解釋丈夫為什麼會覺得不被接納，說明為什麼這給他們的婚姻造成負擔。

—— 針對大家如何共同努力來改善這一情況，提出一些實際的建議。

在一個週六，他們去見了她的父母。臨走前大概一個小時，他們勇敢地提出了這個尷尬的話題。結果，當時氣氛很緊張。父母也不太想聽他們所要講的話。但是，在接下去的幾週，這對夫妻特意地、千方百計地想辦法和父母保持溝通，情況也得到穩定改善。面對面的衝突是令人痛苦的，但是從長遠角度來看，是非常值得的。

把對方擺在第一位

埃瑞克現在已經離婚了。他承認，儘管當他那年輕的妻子獨自一人守著一個四歲的小孩兒、一個嬰兒、一份兼職工作、在一片陌生的社區和一間又大又冷的房子中掙扎的時候，他自己則常常會在下班回家前先去他父母那裡。父母居住的小屋離他工作的地方不遠，他會中途在那裡停留一下，喝點什麼，再和母親聊上一會兒。

在那個小屋裡，腳下踩著長毛絨地毯，手邊擺著一滿碗自製的乳酪，他會將一天中的成就和遇到的麻煩事，

一一說給他媽媽聽。他媽媽對這些事很感興趣，她很聰明而且很會找話題。有一天，當我們可以有足夠的睡眠，只需管好自己的事，而不用對別人負責時，我們也會變成這樣的人。然而，當埃瑞克回到家裡，看到的卻是一個體力透支的妻子，因為給寶寶們洗澡而筋疲力盡女人，而且這女人還在絕望地看著冰箱，想著怎麼將裡面的東西變為一頓晚餐。對比起這兩個家庭和這兩個女人，他情不自禁和母親大聲抱怨起來。最後，是他的父親阻止了他。有一天晚上，當埃瑞克和他母親聊得正起勁時，他父親來了，告訴他（極有智慧地），可能他自己的妻子現在正需要他幫助哄孩子們上床睡覺。可是，為時已晚。愛琳已經帶著孩子們搬到自己母親那裡去了。[1]

如果我們對每件事情都有正確的優先順序，那麼這種情況就不會發生。梅勒妮・索爾告訴我們，她和母親間的關係是如何變得更加穩固：

> 自己做了母親後，我和母親變得更加親密了。但同時，也改變了我們之間的關係，因為我現在的責任也有所改變了。現在，我的負責對象必須是我的丈夫和孩子。我不希望這看上去好像是我在把媽媽推開，可能有人會覺得就是如此。但她不再是我生命中唯一最重要的人了。

---

1 莉比・帕維斯（Libby Purves），《大自然的傑作，家庭倖存指南》（Nature's Masterpiece, A Family Survival Book），（霍德和斯托頓出版社，2000），第262頁。

因為，她的角色也改變了——媽媽現在成了一個很棒的
外婆了……[1]

---

1 安·麥弗蘭（Ann McFerran），《祖國——與母親和女兒們的交談》，（維拉格出版社，
　1998），第 28-29 頁。

第十五章

如何處理童年期痛苦帶來的影響
How to address the effects of childhood pain

愛，有改變環境的力量。

——艾倫 · 斯圖奇[1]

---

1 艾倫 · 斯圖奇（Alan Storkey），《愛情的意義》（The Meanings of Love），（IVP 1994）。

我們的過去會影響我們的現在，進而又會影響到我們的未來。這種連鎖反應在家庭各種關係中表現得更為明顯——無論是好是壞。本章是為那些因童年和成長中的痛苦經歷，而使婚姻蒙受陰影的人而寫的。他們也許正掙扎著去接納過去所受的創傷，或者，尚未意識到自己過去的經歷與現在的行為有何關聯。

　　泰德的母親是一個精力充沛又能言善辯的女性，有著用不完的精力。她把這些精力全用在督促三個兒女的教養上。她對他們滿懷期望，而這些期望都是她自己未曾實現的。於是，她全部轉嫁到了自己的兒女身上。泰德的哥哥在運動上卓有成就，他的姊姊可以彈奏兩種樂器，而且技藝高超。

　　泰德的母親總是期望泰德也能有哥哥姊姊那樣的成就。「泰德，你一定要進入一軍——就像羅伯特一樣，」他母親這樣說，「我已經為你在假期安排了兩週的訓練。」「不行，你不可以和費爾一起住，因為我已經為你登記了為期一週的帆船課，這樣你就可以在明年夏天和簡比賽了。」從泰德出生的那一刻起，他的生活就已經被計畫好了，他從來都不可以反對或者表達自己的感受。

　　當他的妻子朱利亞提議，他們也許週末時可以到湖區去騎自行車度假，他尖刻地反問道：「你為什麼總是想要控制我的生活？」這個回答傷了彼此的感情，也觸

發了一場激烈的爭吵。他們二人你一句、我一句地開始指責對方，互相朝對方開火，以至於騎自行車度假的計畫也忘記了。現在，泰德對如何以嘲諷來結束爭論的本事，可謂爐火純青。而且，他諷刺的用詞也總會讓朱利亞淚眼汪汪。

泰德對母親掌控他生活的反感和壓抑的情緒，並未因時間的流逝而消失。但是，當他把這些情緒傾瀉出來的時候，並不是對著母親，而是對著自己的妻子朱利亞。婚姻中有這麼多的衝突，這些衝突的源頭到底在哪裡呢？他們對此感到非常困惑，最終他們決定尋求幫助。

世上沒有哪對父母是完美的，我們當中也沒有人自小就受到完美的教育。有時候這確實是父母的過錯，有時候則不然。未被解決的痛苦或怒氣可能因著某人的去世而造成，也可能是因為親人離家或長期不在身邊而造成。另外，父母離婚、虐待孩子（無論是身體上的或是情感上的）、過度的控制或是對情感的壓抑，都有可能造成痛苦或引發怒氣。

由於家庭環境的差異，有些人在成長過程中得到的愛是有條件的，這愛是視他們的聰明程度、長相、能力、學習成績或家中表現而定的。若父母親未能給予孩子無條件的愛，就很可能會在孩子心裡留下深深的傷口。所以，問題的關鍵就是我們對於兒時的記憶，到底是愉快的還是痛苦的。對於有些人而言，這些記憶令他們痛苦至極，導致出現失憶的徵兆，他們很難回想起自己在成長過程中的任何感受。

兒時的痛苦經歷，有時會讓我們對自己的伴侶或其他人作出不理性的反應。這些反應甚至可能會讓我們的配偶感到極度困惑

不安。

　　米蘭達結婚不久後，在和公公的相處上就開始碰上麻煩。她公公沒有女兒，因此就不大習慣和晚一輩的女性相處。米蘭達越是脆弱敏感，他就越發強硬固執。有幾次，當米蘭達和派特里克去看望派特里克的父母時，最後竟是流著淚回來的，這讓派特里克感到大惑不解。而後情形越變越糟，米蘭達甚至開始感到身體不適。當他們預備耶誕節去看望父母時，米蘭達心裡就開始充滿恐懼。派特里克意識到了這個問題，於是二人開始一同尋求幫助。

　　終於，事情真相大白。原來，米蘭達在童年時期受過創傷。米蘭達有個姐姐，一直是家裡的寵兒。而米蘭達十八歲時卻被她父親打過。父親命令她離開家，永遠不許再回去。後來，她的父母也離婚了。當派特里克和米蘭達開誠佈公地討論後，米蘭達意識到自己和公公在相處上的困難，其實是一種過度反應，之所以有這種過度反應，是因為自己在過去受到了太深的傷害。

　　像這樣的傷害，在充滿愛的婚姻中，藉著上帝的幫助，是能夠被治癒的。要治癒這樣的傷害，沒有特效藥。但是，隨著時間的流逝，我們的感覺可以被改變，彼此親密相處的能力也能夠被恢復。

　　在童年時期的痛苦中，有兩種危險情況必須注意。其中一種就是受傷害之人心中的絕望感。他們可能會這麼說：「我無法控制自己的行為，也不能控制這種反應。我是受害者！我就是這樣，都是我父母的過錯。」我們絕對不可以這樣推卸自己的責任。無論任何時候，即使是心裡仍然帶著過去所受的傷害，我們仍然可以選擇去關注其他人的需要，包括我們的丈夫或妻子的需要。

　　第二種危險情況就是伴侶的缺乏理解。伴侶也許只會責怪，而不去想辦法提供幫助。這樣的伴侶需要認識到一點，就是配偶

過去所受的傷害是可以被治癒的，但往往需要時間。那些曾經被深深傷害過的人，需要得到有經驗的輔導員的幫助。在他們受醫治的過程中，伴侶的愛、鼓勵和禱告會讓他極有幫助。

　　如果你對童年時期的回憶感覺特別痛苦，而這些回憶可能正在影響你的婚姻，鼓勵你們共同探討以下幾個方面。如果在探討過程中的任何階段遇到困難，或是產生一些無法控制的情緒反應，那麼向牧師或是基督徒諮詢專家尋求幫助，是非常明智的作法。

認識痛苦的根源

　　在第十三章一開始，我們就探討了父母在滿足孩子身體和情感各種需要上所擔當的角色。現在，請重新查閱當中的「幼年期」和「青少年期」那兩張圖表（圖一及圖二），問問自己，你的父母或是任何當時照料過你的人，有沒有滿足你在童年時期的這些需要？

　　要誠實地面對這些事情可能會很困難。對大多數人而言，都對父母懷有一種深深的忠誠感，不希望自己好像表現的忘恩負義。那些未能滿足童年時期需要的人，往往會以為不被愛，是因為自己的錯。他們猜想，這可能是因為他們不可愛或是不值得人重視，因此父母才會不肯定他們。所以要真實地看見自己生命中的虧缺，及造成我們現在人際關係的後果，這是很重要的。

　　當我們這麼做的時候，如果心中產生一種莫名的怒氣，或是諸如悲傷、拒絕、害怕和羞恥等的情緒，請不要覺得驚訝。這些情緒若不被釋放出來，就會長期壓抑在我們心裡。有一位來參加婚姻輔導課程的年輕女性告訴我們，她和母親之間的關係很糟糕。她還描述自己晚上在臥室裡四處扔鞋子的情形。之前，她並未了

解這是因為積壓在心中的怒氣所導致的。

如果我們有這些情緒上的感受，可以向上帝傾訴，尋求祂的安慰。禱告要越誠實越好。聖經將上帝具象地描繪成一個父親和母親的形像。對我們充滿了憐憫，鼓勵我們將每一個需要都帶到祂面前。詩篇的作者向上帝表達出人所有的情感——怒氣、沮喪、痛苦、後悔、感恩和喜悅，我們也可以。用使徒彼得的話說：「你們要將一切的憂慮卸給神，因為祂顧念你們。」（彼得前書五：7）

彼此同悲傷

童年時期的需要未被滿足，會在心靈深處留下失落的傷痕。如果丈夫或妻子能夠談論彼此過去的缺憾，那麼就能透過聆聽給予對方情感上的支持。只要聆聽，不要試圖以解釋來消除這些感受，也不要過度地輕視這些影響。聖經告訴我們，要「與哀哭的人同哭」（羅馬書十二：15）。向關心自己的人坦誠地自己的失落感，這過程本身就會帶來醫治，並且能夠幫助受傷之人面對悲傷。

如果我們的配偶回憶起小時候缺少關愛、肯定或支持時，我們就要特別留心，在婚姻生活中不能忽略了他們的這些情感需要，以免加重他們的痛苦。願意坦承自己童年痛苦經驗的人，極需來自伴侶的安慰，我們更當主動的給予這樣的安慰。

饒恕那些曾傷害你的人

在第十二章中，我們描述了有關饒恕的過程。這裡，我們將再重複一些重點。首先，饒恕是一種意志力的行為。即使心裡不

想要饒恕，我們仍然必須饒恕那些傷害我們的人。對於有些人來說，童年時期的經歷可能已經成為「禁區」。參加過婚姻輔導課程的珍妮佛，意識到自己需要饒恕她的繼父。她給我們寫了一封信，信中說道：

　　我的繼父名叫約翰。在我七歲的時候，母親嫁給了他。當我十五歲的時候，母親與他離婚了。離婚的理由是「精神虐待」。我的童年簡直就是個噩夢，我最大的願望就是要儘快長大，好擺脫那個環境。

　　我現在卅三歲了。這十八年來，我一直都背負著這些回憶的包袱和仇恨生活著。即使兩年前，我成了一個虔誠的基督徒，情況仍然未變。那記憶成了我生活的一部分，是一塊禁區。我覺得孤獨又淒涼。我怎麼能夠「饒恕」他所做的事呢？如果那樣做的話，正義又在哪裡呢？我是個孩子，是個受害者。從我十五歲以後，我就再沒見過他——他甚至也從未要求過我的饒恕，或說「懇求」過饒恕。

　　參加婚姻輔導課程、閱讀楊腓力的《恩典多奇異》以及上帝在我生命中的工作，都讓我清楚看到，我必須完整地了結這件事情，除非我想要讓十八年變成廿八年、卅八年、四十八年……永無止境。

　　我開始禱告，好幾個晚上我都不能入眠，哭一會兒，再禱告一會兒。然後，我給約翰寫了一封信，信中我饒恕了他對孩提時的我所造成的傷害和痛苦。儘管寫信的時候，我並不知道他是否意識到對我所造成的影響——我決定把這一部分留給上帝。但是，當我寄出這封信的

時候，我知道自己已經被釋放了。

後來聽說，珍妮佛的繼父與她聯繫了。他完全不知道自己造成的傷害，也沒有意識到為什麼需要她的饒恕。儘管他的反應如此，珍妮佛仍然經歷了從傷害中得釋放的自由。

首先，饒恕是一種意志的行為。其次，也是一個持續不斷的決定。我們要在內心深處，受傷的地方反覆饒恕那件傷害，每天這樣做。當我們像珍妮佛一樣有意識地去饒恕時，得釋放的感受就會隨之而來。

還有，正如同在珍妮佛的故事中所見到的，饒恕不應該是有條件的，這不因著我們的父母（或繼父母）是否認識到他們讓我們失望，或他們在態度上有沒有改變。饒恕意味著放棄報復的欲望，和冀望父母能彌補我們的需要。這是我們不再讓自己依賴父母所當做的。

直接向那些傷害我們的人表達我們的饒恕，未必都能被接受。即便我們的雙親都已過世，或是已經失去聯繫，我們仍然需要釋放所懷的怒氣。在下一段，我們列出了一個禱告的範例，能夠幫助你將這些情緒釋放給上帝。

尋求上帝的愛

我們可以請求上帝來醫治我們的失落感，邀請這位完全的父來賜給我們在父母那裡從未得到過的安全感。祂應許我們的是：「我以永遠的愛愛你，因此我以慈愛吸引你。」（耶利米書卅一：3）這樣的愛能夠滿足我們對接納、安全感、關注和鼓勵等最深的需要。

上帝邀請我們成為祂家庭裡的一員，成為祂的兒女：「凡接待祂（耶穌）的，就是信祂名的人，祂就賜他們權柄，作神的兒女。」（約翰福音一：12）當我們將自己的生命交給上帝，祂就將祂的靈賜給我們，聖靈將祂的愛真實地充滿我們：「因為所賜給我們的聖靈將神的愛澆灌在我們心裡。」（羅馬書五：5）

以下是我們建議的禱告範例。如果你心裡有成長過程中所受的傷害，那麼你就可以這樣禱告：

> 主啊，感謝祢賜給我那無條件的愛，感謝祢無條件地饒恕我！為著我父母所給予我的一切好處，我感謝祢（將一些美好的回憶說出來）。現在，我也將他們對我的傷害帶到祢面前，求祢幫助我能夠饒恕。
>
> 我父親／母親（或是用你平時習慣的稱呼）因為沒有……（列舉自己孩提時未被滿足的需要），以至於讓我產生這樣的感受……但是我選擇饒恕他們。
>
> 主啊，為著祢是一位完全的父而感謝祢！現在，求祢讓聖靈來充滿我，好叫我經歷祢的愛。謝謝祢應許凡求告祢的都能承受祢的愛。阿們！

在本章的後面，我們列出了上帝的應許。請仔細思想這些話語。勇敢地相信上帝對你那無條件的愛。當你這樣做的時候，上帝就會賜給你安全感和安慰，漸漸撫平你童年所受的痛苦與虧損。

繼續前進

當我們決定饒恕父母時，會發現：因在潛意識裡我們想要滿

足童年時期未曾被滿足的需要，所以我們曾對別人有不理性的行為，甚至對他們造成痛苦，特別是對那些我們深愛的人。我們可能曾無來由地對配偶暴怒，或是有拒絕和仇恨自己的行為，或是將那些努力愛我們、想和我們親近的人推開。我們可能過於頻繁地探視父母或是給他們打電話，告訴他們我們的成就，並且渴望聽見他們的稱讚。現在我們要將這些行為丟棄。這雖然有時候非常困難，但是靠著上帝的幫助和配偶的鼓勵，或其他人的鼓勵，這是可以做得到的。

然而，變化也會讓我們產生不安全感。維克多・弗蘭克爾描述了戰爭快結束時，從達豪集中營中被解救的猶太人。這些囚徒們走出牢房，來到陽光底下。可是，陽光太刺眼了，以至於他們又回到了小牢房裡。[1] 有時候，我們也會寧願回到那不完美但熟悉和令人覺得安全的人際關係，和舊的行為模式中去。因為當我們跨出設定的範圍，可能會覺得不安、害怕。如果真是這樣，不要覺得驚訝，也不要覺得氣餒。

如果夫妻一方有非理性的行為時，另一方往往是首當其衝的受害者。但萬勿期望伴侶立刻就發生改變。新舊模式間的轉換是需要時間的。妻子或丈夫要溫柔、耐心，多鼓勵對方。

懷抱希望

本章是特別為了那些在童年時期有著痛苦經歷的人而寫的。他們童年期受到的痛苦和怒氣，給他們後來的婚姻關係造成了極

---

1 克多・弗蘭克爾（Victor Frankel），《人對意義的尋求》（Man's Search for Meaning），（霍德和斯托頓出版社，1992）。

大負擔。如果本章和你的生活有所關聯，那麼我們鼓勵你，為了你自己婚姻的緣故，即使需要付出極大的勇氣，也要和伴侶或是和他人（如果有必要的話）一起來面對。嘗試與家族成員恢復關係可能成功，也可能得不到任何回報，但不管怎樣，為了我們自己婚姻的緣故，這樣做仍然是值得的。

對我們而言，上帝是一位完全的父親，祂「……不輕易發怒，有豐盛的慈愛」（約拿書四：2），總是預備好聆聽我們和祂說話，安慰和幫助我們。如果我們自己的父母未能愛我們，可能一開始會覺得上帝的愛也令我們難以接受。哥林多前書十三章中那段大家耳熟能詳的話：「凡事包容，凡事相信，凡事盼望，凡事忍耐」對我們是一個很好的鼓舞和激勵，能夠幫助我們在過程中堅持到底。

在這裡，我們挑選了一些上帝對愛的應許，許多人都從這些應許中得到了安慰。

「耶和華遇見他在曠野——荒涼野獸吼叫之地，就環繞他，看顧他，保護他，如同保護眼中的瞳人。又如鷹攪動巢窩，在雛鷹以上兩翅搧展，接取雛鷹，背在兩翼之上。」

（申命記卅二：10-11）

「相離還遠，他父親看見，就動了慈心，跑去抱著他的頸項，連連與他親嘴。」

（路加福音十五：20）

「父親怎樣憐恤他的兒女，耶和華也怎樣憐恤敬畏祂的人。」

（詩篇一○三：13）

「你不要害怕，因為我與你同在；不要驚惶，因為我是你的神。我必堅固你，我必幫助你；我必用我公義的右手扶持你。」

（以賽亞書四十一：10）

「你們既為兒子，神就差祂兒子的靈進入你們的心，呼叫：『阿爸，父！』」

（加拉太書四：6）

「神愛我們的心，我們也知道也信。」

（約翰一書四：16）

結　論

下面是一位已婚女性和家族成員關係的描述：

聽著朋友們講述各自長輩們的情況，有控制欲極強的母親、冷漠疏遠的父親、喜歡干涉的祖母和頑固的祖父，聽他們講述和親人間的掙扎時，我真不知道自己的成長過程是不是太平順了。但現在，我想我的成長過程即便沒那麼艱難，但仍然有一定的複雜度。

爸媽為哥哥和我提供了一個很實際而正常的家庭生活。當然我們倆不時地會吵吵架。特別是當哥哥和我在學走路和學開車的時候，幾乎每小時都會吵架（照我母親的說法）。但是，在這一切家庭生活的起起伏伏中（不管我們有多少不完美），我們總會彼此溝通——現在仍然如此。幾乎每個晚上，我們都會一起吃飯。飯桌上，我們會討論各自一天過得如何。我們會徵求每個人的意見，也會關心每個人所遇上的麻煩事。某天晚上，我的初戀男友騎摩托車到我家，他全身穿著重機車手的皮衣。他一進門，我家人就邀請他和我們一起吃飯。他們一點兒都沒有大驚小怪，也沒有彼此竊竊私語或是皺眉不悅。一切都顯得很正常，除了我爸爸那句「你為什麼不把夾克脫了呢？老弟，你袖子上的流蘇碰到奶油韭蔥了。」

然後一切繼續。

後來，我結婚了，我和丈夫提姆、我哥哥，當然還有我父母之間的關係也逐漸成長。不僅我自己和他們的關係擴展了，也把提姆包括進來了。這關係一定有所變

化──但是我不知道這變化是如何發生的。

　　我並沒有仔細想過這些事情，但是我猜想，我們對自己重新調整了一番，使自己融入新的角色。接著，有了孩子們，可能我們又再次調整了一番。

　　我們常在電話裡聊天，聊肉末到底可以反覆加熱幾次；聊爸爸如何做層板隔架，並期待他能夠幫我們做；當然也約著見面吃午飯和晚飯。有時候，他們會幫忙照看孩子們，我們就可以抽空溜出去一會兒。有著一個十八個月大的孩子，而這孩子樂於翻箱倒櫃或黎明即起，令我們四人忙碌不已。當然關於這一部分，又是說來話長了。是的，我的成長出奇的平凡。但是，我愛他們，愛他們每一個人。

　　這個家庭的成員並不完美──事實上，他們常會強調自己的不完美之處。但是，他們卻有堅固的基礎，得以在這些基礎上建立各自的婚姻。

　　然而很多人的成長歷程並不是這樣。在前面的章節中，我們看到很多家庭陷在艱難與極度痛苦之中。

　　不管我們的過去如何痛苦，未必一定會損害我們的婚姻。事實上，婚姻本身可以帶來醫治的關係。我們有一個朋友，前幾天告訴我們，當她還是個小孩子時，就發現自己是被領養的。當時，她非常痛苦，無法接受自己沒有親生父母。但是，當她懷了自己的孩子時，她發現這痛苦得到了醫治。這一醫治來自於她的婚姻和她對家庭生活的體驗。另有一位男性，和父親之間關係不佳。但是，他告訴我們，當他和老丈人建立起健康而且充滿愛的關係時，他感到非常的興奮。這讓他終於可以相信，自己是正常的，

是一個能夠讓人接納的人。

有些人因為自己父母的冷漠無情，會擔心自己能不能成為一個好父親或是好母親。當他們有了自己的孩子並且開始享受疼愛呵護兒女的喜悅時，他們的過往的生命創痛也能得到醫治。維多利亞 · 格蘭丁寧（Victoria Glendinning）這樣寫道：

> 我自己有個艱辛的童年。但是，藉由自己兒女們的童年，我可以幸福地重寫童年的記憶。[1]
>
> 對所有人而言，婚姻都可以成為帶來醫治的一種關係。藉由婚姻，我們一直存在的不安全感和自我懷疑，能被顯明並被改變。藉著上帝的愛和配偶的愛，這些鴻溝可以被填滿，傷害性的話語可以被撤銷，對自我的信心可以被重建。

婚姻黃金法則第六條

當孝敬父母，但不被他們所控制

---

1 維多利亞 · 格蘭丁寧（Victoria Glendinning），《兒子和母親》（Sons and Mothers），（維拉格出版社，1997），第 255 頁。

第七部分

美好的性生活

Good Sex

第十六章

性──到底是什麼

Sex-what is it all about?

性的目的之一，就是要破除孤立。有些人選擇孤立，
之所以這麼做，不是因為他們原本就喜歡孤立，而是因為
害怕被拒絕、被疏遠。但是，如果不展露自己的話，要如
何才能發現被另一個人懷抱與沉浸在他裡面的奇妙呢？

──約翰 · 懷德[1]

---

1 約翰 · 懷德（John White），《禁果：被玷污的性愛》（Eros Defiled），（IVP 出版社，
　 1997），第 20 頁。

性愛能夠帶來最自然的親密關係。我們之所以把這個話題留到現在，並不是因為性愛在婚姻中是個無足輕重的部分，而是因為婚姻中的每一層面都會影響到夫妻間的性愛，反之亦然。當夫妻間的性關係成為彼此表達愛意的重要方式時，兩個人就真能合二為一了，而這種感覺會滲透到我們生命的各個層面。

上帝創造並喜悅性愛。他對我們的計畫就是，要我們陶醉在配偶對彼此的吸引裡。藉由雙方身體的聯合來表達愛意的能力，是上帝賜給我們的禮物。上帝就是愛，祂悅納我們在婚姻的範圍裡充分地享受這關係。婚姻是一種愛和委身的關係，在婚姻裡，夫妻彼此間沒有任何的隱藏或保留。梅麥克（Mike Mason）這樣描述這種「完全赤裸」的行為說：

> 向另一個人袒露自己是一種寫真或是象徵性的證明，表示著絕對的誠實、絕對的信任、絕對的給予和委身。如果一個人赤裸著身體，心卻並未隨著身體一起敞開，那麼這行為就是一個謊言、一種可笑的行為，最後變成一種荒謬而悲劇性的矛盾：給了身體卻保留自我。與人的接觸中，暴露自己的身體就好像是在告訴別人自己最深的祕密。一旦如此，就無法再回頭了，無法再假裝這個祕密仍然是你自己的，彷彿對方並不知情似的。事實上，這一行為是人類關係的最高階段，因此也是絕對不可掉以輕心的一步。這一步並不是用以建立深度親密關係的手段，而是以深度親密關係的存在為先決條件。[1]

　　對於性，我們很可能有不同的認識和體驗。在廿一世紀的今天，性愛過於氾濫，也被過分地渲染和標榜。我們隨處都可以看見，有時候顯得很廉價，有時候顯得濫情，有時候則被當成了偶像來崇拜。但是，所有這些性行為的發生幾乎總是在婚姻之外。有些人對此上了癮，有些人對此受夠了、厭煩了。最近有一份印刷品上印著一條大字標題：「為什麼性已不再性感了？」

　　許多人（包括我們自己）對於性的認識，多半是從同輩那裡學習到的。他們自以為是這方面的老手，其實年紀實在太小了，而他們對性的認識也同樣出自無知或誤導。

　　我們所受的教育也影響著我們對性的看法。莉比・帕維斯（Libby Purves）描寫她在學校裡所見到的各種態度：「……有一兩位特別嚴肅的老師，像負責紀律課的女教師，她禁止早晨在盥洗室聽收音機。她認為，年輕女孩子穿著輕薄的內衣在房裡聽低沉男人說話，是不合體統的。」[2] 這和現今許多學校所教導的，真是天壤之別！今天有許多學校，只負責宣導學生要有安全性行為。除此以外學校就算盡到責任了。

　　縱觀歷史紀錄，教會必須對某些錯誤的認識承擔一部分責任。聖經明確地說，婚姻中的性愛是好的，但是教會並未正確地宣講。四世紀時，奧古斯丁曾說「性交都伴隨著羞恥」。其他的神學家則相去更遠了。有些人甚至警告已婚夫婦，當他們性交的時候，聖靈就會離開他們的臥室。因此，性生活還是越少越好。

　　然而，形成我們對性愛的態度中，對我們影響最大的，也許

1 梅麥克（Mike Mason），《婚姻的奧祕》（The Mystery of Marriage），（三角出版社，1997），第 100 頁。
2 莉比・帕維斯（Libby Purves），《聖潔的馨香》（Holy Smoke），（霍德和斯托頓出版社，1998），第 85 頁。

就是我們父母對性的看法。在一些家庭中，性的話題從不被公開地提及，或有時是以一種不恰當的方式提及──比如在低級的笑話裡或是粗俗的言語裡。還有一些人，他們父母對於性的害怕和過度保護，讓他們對性產生了一種虛假的罪惡感，覺得所有的性行為都是骯髒的。很可悲的是，有些人一直在一種被扭曲了的性觀念中掙扎，因為他們曾經遭受可怕的性虐待；還有一些人，則把過去性關係所產生的痛苦後果，完全地帶進了他們的婚姻。

今天的社會，對於性和性行為似乎是非常的開放。但是，許多人在婚姻中卻仍然無法彼此坦誠地討論性愛，這一話題讓他們感到尷尬。這是一種奇怪的矛盾現象：一方面，在社會上，性愛被當作熱門話題到處傳播；另一方面，在私底下，我們卻從不談論，特別是當我們在這方面有一些問題的話，更是如此。

在從實際層面討論性愛這一話題前，我們將大概地列出聖經中與之相關的四項原則，這四項原則，為我們在充滿愛的美好婚姻中，提供了享受合宜性關係的基礎。

性──一股強大的力量

那人說：「這是我骨中的骨，肉中的肉，可以稱她為女人，因為她是從男人身上取出來的。」因此，人要離開父母與妻子連合，二人成為一體。

（創世記二：23-24）

亞當第一眼看到夏娃時所說的這番話，如果用現代的話語來表述，那麼很可能是以一個長長的「哇」字作為開始。上帝對於婚姻的偉大計畫，就是要讓丈夫和妻子將彼此想要在一起的渴望，

在兩性的聯合中達到頂峰。當這行為在愛中發生時，不僅能夠表達而且還能產生出一體感。

這就是為什麼婚外性行為是有害的。男女在性愛上的聯合永遠都不只是一種短暫的身體結合而已。不管我們的意願如何，必定會深刻地影響到我們的情感、心理和靈性。我們在第一章中曾經提到，兩張紙粘貼在一起就會變成一張紙，如果將它們撕開，就得不到一張完整的紙。

性是上帝所設計的，是男女之間彼此委身關係的表達。而且，這一關係具有排他性。每一次，當夫妻用這種身體聯合的行為來向對方表達愛意時，彼此間的聯結就會變得越來越深，越來越堅固。

性──一生的探索

這邊的第二處引文來自聖經的雅歌。在聖經的中間部分，有一篇非常美麗的性愛之詩。描述的是一位愛人和他新娘之間充滿激情的關係。在這卷書中，作者毫不羞愧地歌頌了上帝所賜的性愛，這一禮物的神祕力量。

對於詩中那些充滿詩情畫意的景象，雖然在剛開始讀的時候令人費解，但是卻能讓我們毫不懷疑地相信，上帝希望我們能夠享受探索對方身體的樂趣，因著互相的吸引、性慾的激發和性愛的高潮而快樂。在這方面，根本不必感到羞恥、罪惡或是尷尬。

我的朋友們，請吃！
我所親愛的，請喝！且多多地喝。

（雅歌五：1）

在雅歌這首詩中，隨著這對夫妻關係的發展，他們的性愛也漸趨成熟。也許，這也能幫助我們更進一步地看見，上帝為什麼讓性愛存在婚姻裡面。

相較之下，今天，無數的電影所留給我們的印象則是，只有當雙方的關係還很新鮮或是在通姦的關係裡，性愛才是最令人興奮的。這種毫無根據的觀念使得許多人以為，當丈夫和妻子對彼此感到越來越熟悉時，無可避免地興奮感必然減少。這時，只有驚險和祕密的曖昧關係，才能再次讓他們達到高潮。

但是，這並不是上帝設計我們身體的方式。實際上，當我們越來越認識到該怎樣激發對方的性慾、讓對方產生快感，並且以這樣的方式來表達和接受愛的時候，夫妻間的性關係才會越發提升，對於性愛的享受也會逐步增進，整個婚姻關係會更加和諧。正是這一信念，使得箴言的作者滿懷感情說道：「……要喜悅你幼年所娶的妻……願她的胸懷使你時時知足，她的愛情使你常常戀慕。」（箴言五：18-19）

有一對年近七十歲的夫婦，在過了卅六年的婚姻生活後，這樣描述自己的經歷：

> 性生活首先是為了加深夫妻間愛的關係。若非這樣的話，上帝也不會讓我們在過了生育年齡以後仍然對性愛充滿著活力和熱情，一直維持到五十多歲、六十多歲、七十多歲。對此，我們感到十分開心。[1]

---

1 邁克爾和麥朵・鮑根（Michael and Myrtle Baughen），《你的婚姻》（Your Marriage），（霍德和斯托頓出版社，1994），第62頁。

當丈夫和妻子用這樣一種長遠的眼光來看待性愛時，他們將會得到極大的回報。基督教作家兼精神病學家約翰・懷德（John White）如此評論：

> 性愛的目的是為了結束孤獨感……夫妻間的這一交融（如此接近、親密、了解與被了解、愛與被愛）是一種有生命的複雜構造，需要許多年日才能成熟。一開始，它不過是一株美麗嬌弱的植物，充滿生氣。漸漸地，就成長為一株茁壯的樹，也長出深深的根，來支撐它能經歷乾旱和暴風雨。[1]

因為性愛有創造愉悅和親密感的力量，因此，雅歌中這些多情的性愛意象，也被用來比喻上帝想要和我們擁有親密個人關係的渴望。

性——一個不可或缺的組成部分

第三處引文來自保羅對哥林多教會所寫的第一封信，哥林多這個城市是以允許性交易和紅燈區而聞名的。

> 丈夫當用合宜之份待妻子；妻子待丈夫也要如此。妻子沒有權柄主張自己的身子，乃在丈夫；丈夫也沒有權柄主張自己的身子，乃在妻子。夫妻不可彼此虧負，除非

---

1 約翰・懷德（John White），《禁果：被玷污的性愛》（Eros Defiled），（IVP 出版社，1997），第 86 頁。

兩相情願，暫時分房，為要專心禱告方可；以後仍要同
房，免得撒旦趁著你們情不自禁，引誘你們。

（哥林多前書七：3-5）

這些經文有時會被誤用，特別是丈夫們可能會以此來向妻子
提出要求，讓妻子來滿足他們的每一個怪念頭和慾望。這與這段
經文的要點是矛盾的。這段經文主要是為了提醒丈夫和妻子盡到
彼此的義務，而不是各自的權利。除非經夫妻雙方同意，並且只
能維持一段時間，否則的話，丈夫和妻子都不可以向對方拒絕性
愛。夫妻雙方都需要認識到，他們的性關係不是點綴在婚姻這個
蛋糕上的糖霜而已，而是蛋糕本身一種不可或缺的組成部分。

正如我們前面所提到過的，羅馬律法給予丈夫們絕對的權利，
可以主宰他們的妻子。因此，保羅對於丈夫和妻子互相給予對方
自己身體的這一教導，在第一世紀的當時是具有革命性意義的。
在今天，也同樣適用。

《星期日泰晤士報》上有一篇關於英國人的性態度和生活方
式的全國性調查。該文章顯示，一方面，婚外性行為被廣泛地視
為戀愛關係的一個尋常部分；而另一方面，數以千計的已婚夫婦
則「摒棄性愛，寧願選擇貞潔……研究顯示，三十對夫婦中，會
有一對夫婦在他們婚姻的關係中選擇禁慾，因為他們對性愛沒有
時間也不喜愛」。[1]

人們普遍以為，性關係有其天然的生命期限。《性並非強制
規定》（Sex is Not Compulsory）一書的作者麗茲‧霍金森（Liz

---

1 《星期日泰晤士報》（The Sunday Times），1997 年 11 月 2 日，第 14 頁。

Hodgkinson）這樣說道：「對於某些人而言，那也許是一週；對於另一些人而言，也許是二十年。但是，如果你刻意地延長你們的性愛關係，希望超過它的天然生命期，那麼你就是在自找麻煩。因為那樣，性愛就會變得不再自然，也不再令人愉悅了。」[1]

這是對性愛的一種可悲誤解。上帝設計性愛就是為了一生之久的婚姻關係，而且祂希望性愛能夠給我們的一生帶來滿足（雖然會發生變化）。當我們隨著歲月的增加，越加深刻地認識彼此，彼此的親密感和喜悅感就越發能夠經由性愛的連結而增加，而不是減少。當夫妻對性愛的慾望有所減弱時，千萬不要放棄，而是要去尋找、發現激發對方性慾並讓對方滿足的新方式。

如果我們忽視聖經的命令，拒絕有規律的性生活（除非是因為健康原因或是正從分娩中恢復），那麼夫妻雙方就會在各個層面上變得疏遠。婚姻中缺乏性愛這一問題，必須要嚴肅對待。這一情況可能會造成孤立感和孤獨感。而當我們感到孤獨的時候，就會對其他地方來的誘惑變得脆弱。

性——一種給予的行為

第四處引文來自新約聖經中有關婚姻的最全備的教導，這一教導並不只是針對婚姻，但絕對包括婚姻：

> 又當存敬畏基督的心，彼此順服。你們作妻子的，當順
> 服自己的丈夫，如同順服主。……你們作丈夫的，要愛

---

1 《衛報》（The Guardian），1998 年 10 月 17 日，第 3 頁。

你們的妻子，正如基督愛教會，為教會捨己……丈夫也
當愛妻子，如同愛自己的身子；愛妻子便是愛自己了。
從來沒有人恨惡自己的身子，總是保養顧惜，正像基督
待教會一樣，因我們是他身上的肢體。為這個緣故，人
要離開父母，與妻子連合，二人成為一體。這是極大的
奧祕，但我是指著基督和教會說的。然而，你們各人都
當愛妻子，如同愛自己一樣。妻子也當敬重她的丈夫。

（以弗所書五：21、22、25、28-33）

　　美好的性生活要求夫妻雙方都去思考，如何藉著性愛給對方
最大的愉悅。今天，許多對性慾的刺激和滿足已經變成以自我為
中心了。強調的是我的權利，用我所選擇的方
式滿足我的慾望。然而，性愛並不是一種用
以滿足自我的禮物。而是一種將自己給予
對方、順服對方需要和願望的方式。

太神奇了……我感覺
好極了

　　性交是向丈夫或妻子表達愛意的最
親密方式，而且這一行為也意味著要為對
方做出犧牲。夫妻之間需要學習如何相互給
予。我們每個人都會在不同的時刻、因為不同
的原因而有不同程度的性慾，特別是在承受壓力或是剛有孩子的
時候更是如此。對一方而言，犧牲的愛也許意味著要有所克制；
而對另一方而言，也許意味著要不顧身體的疲憊配合對方。

　　性愛是一種給予，這一概念可能會讓人難以領會。在給予和
獲取之間，我們的頭腦更容易被後者先入為主。很多人在成長過
程中，一直都以為性愛是我們所要獲得、賺取或是掌控的。因此，
將自己給另一個人的這門藝術，可能會與他們頭腦中的觀念格格

不入。但是，給予的藝術，必須在婚姻的各個層面得到培養，在性愛這一層面上更是如此。

> 結婚的目的並非為了性，結婚，是為了建立互相幫助、彼此服侍的盟約，並以此作為一種愛的表達。故此，性愛的親密感就是委身的印證。同時，也是對愛和信任的微妙溝通。藉此，男人和女人將越來越深刻地認識對方。[1]

---

1 約翰・懷德（John White），《禁果：被玷污的性愛》（Eros Defiled），（IVP 出版社，1997），第 15 頁。

第十七章

美好伴侶的六個特質
Six qualities for great lovers

性愛是對夫妻餘生所要發生之事的頌贊。

—— 艾倫 · 斯圖奇[1]

1 艾倫 · 斯圖奇（Alan Storkey），《愛情的意義》（The Meanings of Love），（IVP 出版社，1994），第 98 頁。

關於性慾，我們所要了解的最基本又最困難的一點就是，男人和女人在受造上的不同。有人這樣描述男女之間的差異：

> 男人們通常聚焦在性交上；女人們則通常聚焦在浪漫上。男人們在意的是目的地；女人們在意的是過程。男人們好像煤氣爐：立刻就會變熱，但冷卻得也迅速。女人們則像電爐：需要時間加熱，卻能維持較長時間的熱度。

上帝設計男人女人以不同的方式激發性慾。當兩者結合時，能營造出一種長久且令人滿足的性關係。如果女人被造的像男人一樣的話，那麼性愛就會在短短三十秒以內全部結束，而無法照著上帝所設想的那樣成為親密感的最佳促進劑。

丈夫和妻子都必須要了解並且享受這些差異；否則，可能會變成某種無法克服的難題。丈夫必須要學習對妻子溫柔、有耐心，給妻子時間醞釀。同時，妻子也需要了解自己和丈夫的差別所在。對妻子而言，激發性慾的過程要比丈夫的更為複雜，而且性愛可能無法輕易地與她生活的其餘部分有所分離。彼此對性反應的差異常常也會導致夫妻間的誤解和衝突，而這又會影響到整個婚姻，往負面發展。下面列出了六個重要特質，了解這些特質能夠讓我們的性愛更加美好。

溝　通

對許多人來說，親密的性關係這一話題是極度私密的。但是，如果我們能夠對彼此敞開和誠實，那麼這個話題的談論，將會大大鞏固夫妻間的互信和親密感。

有一對參加婚姻輔導課程的夫婦，在描述公開談論這一話題所產生的效果時，這麼說：

卡羅爾：

在上婚姻輔導課程以前，我覺得我們的性生活還好。我認為是我丈夫感覺有問題，而我自己則什麼問題也沒有。我對我們的性生活很滿意。

理查：

如果你問我：「你們的性生活有什麼問題嗎？」我很可能會說：「沒有。」但是事實上，我有。我好像總是不得不問卡羅爾：「你想要這樣嗎？」我感到很無助。我好像沒有任何辦法左右到她的反應。

卡羅爾：

在上這門課的時候，我們必須用分數來評估我兩之間的友誼、靈性親密度和身體親密度。當我丈夫給我看他所寫下的分數時，我大吃一驚：在各項總分二十分中，我們的友誼是十八分；靈性上的關係是十九分，而身體上的關係則只有二分！真的！後來，我們開始一起討論。這是我第一次真正傾聽理查所說的話，並且竭盡全力地

去理解他所說的問題到底是什麼。我的態度非常嚴肅。在那之前，我覺得他總是過分的要求，也不理解我。但是現在我開始意識到，婚姻中的這一部分對他有多麼重要。

在上婚姻輔導課程以前，我從未用基督信仰的觀念來看待性這回事。我並不知道這有多麼要緊。我想，我們是很好的朋友，在靈性上也很一致，如果我們的性生活不是很好的話，那也沒什麼關係。在上這門課程的時候，我意識到，其實我是遇到了難題，這些難題阻礙我們，使我們無法在性愛上坦誠相對。

我在十二歲時，有一次，進到我父母的臥室，發現他們正在做愛。在這之前，從未有人告訴我有關性方面的事情，包括我的父母。我不知道他們正在做什麼，但是那感覺好像與愛沒有任何關係。這件事情讓我感到十分尷尬，以致第二天，我在父母起床前就上學去了。那天晚上，他們讓我坐下來，試圖解釋給我聽。他們看上去非常非常的尷尬。從那天起，性對我就成了一個極度尷尬的話題。過了幾年，我發現父親的不忠。從那時起，我內心裡就開始相信，要在性上面相信男人是絕對不可能的。

在上婚姻輔導課程前，我完全沒有跟理查說過這件事情。但是，他卻一直生活在這件事所給我造成的陰影裡。有一天晚上，在黑暗中，我告訴了他這件事情，心裡交織著羞恥和尷尬兩種感覺。出乎我的意料，他非常溫柔體貼。後來，我又花了些時間和婚姻輔導課程的一位帶領者說了這件事情，和他一起為此禱告。就這樣，

在理查的愛和支持下，這個難題被解決了。

理查：

首先，能夠誠實地給身體親密度評為 2 分，真的很好。最好的部分是卡羅爾願意認真地聽我說話，而且態度十分嚴肅。以前，我會覺得我所說的話好像都被當成耳邊風了。但是，這一次卻沒有這種感覺。第二點是，我決定要稍微冷卻一下，並且嘗試著達成共識，就是一週只做愛一次。而相對地，我需要努力變得更加浪漫。

能對性愛抱持一種基督信仰的觀點，真的非常好，因為這意味著，性愛不只是一種本能的生理現象，它還是我們親密關係的一部分。另外，我也意識到，以前我表現得好像自己是個受害者，對於自己的需要常常不能直接地表達。

卡羅爾：

自從上完婚姻輔導課程後，我終於發現性愛到底有多麼美妙。現在，我們在身體上不再是一種彼此獨立的關係，一同成長也忽然成為一個事實。過去，我總認為，只要我們可以彼此交談，那麼婚姻就沒有問題了。現在，我認識到性關係其實是婚姻中另外一種溝通方式。而且，這一溝通形式與我們言語上的溝通同樣重要。

通常，作丈夫的會比作妻子的有更強的性慾。如果夫妻對此沒有良好溝通的話，就會導致很多女性覺得自己性冷感或是受到性威脅。我們需要彼此敞開，坦誠地表達想要做愛的慾望，告訴

伴侶自己喜歡和不喜歡的。對於彼此喜好的猜測、臆斷或是從性別的角度一概而論，都是無所助益的。有些妻子會比丈夫性慾更強。而丈夫如果未能表現出時下普遍認同的男人形象，就會心生愧疚。夫妻間的性愛沒有統一的固定模式。我們都有不同的性慾高峰期和低谷期。彼此聆聽、互相表達對性愛的感受，與婚姻中其他領域的溝通一樣重要。

在做愛時，妻子需要告訴丈夫如何激發她的慾望、什麼時候她已經準備好了。而丈夫則需要告訴妻子，當他在努力延後性高潮的時候，她最好不要做哪些事。我們越多地了解對方，就越能夠享受做愛。像這樣的溝通一旦開始了以後，任何尷尬都會迅速消失。

過往的性經驗可能會深深地影響我們：我們可能會因為害怕再次受傷而不願將自己給予對方；或者糟糕的回憶可能會阻礙我們，使我們無法自由自在地做愛。願意在配偶面前暴露自己內心的恐懼，是很重要的。唯有藉著這樣的坦承（這經常會伴隨著軟弱而痛苦的感受），我們的丈夫或妻子才能來安慰和鼓勵我們，我們被拒絕和被疏遠的感覺才能被溫暖和接納所取代。然後，這樣的接納才能夠藉著愛意濃烈的性愛表達出來。這樣才能建立良性循環：做愛時，不好的回憶會得到醫治，並且能減低恐懼，增進性慾。

溫　柔

性的親密感來自於溫柔對待，兩者有如一枚硬幣的兩面。在夫妻關係中溫柔是不可少的，缺乏溫柔，做愛就會變得空洞而且單向。溫柔意味著在做愛時要慢慢來。花時間從一天的各種壓力

中釋放出來；花時間營造浪漫和激發性慾的氛圍；花時間享受彼此身體上的親密；花時間用兩人的話語表達愛意：體貼、溫柔、肯定的話語。如果我們對所說的話是認真的，就算是一遍遍重複同樣的話也沒關係。

宛如一支管弦樂隊，一開始是由雙簧管吹出一個音，然後其他的樂器就以這個音為準來調音。溫柔也意味著要對準對方的情感需要，如果一心只想獲得性高潮的話，性愛就會變得呆板。

有些丈夫只在想要親熱時才去撫摸妻子，這會向妻子傳遞出可怕的訊號。而且會使得妻子對丈夫的態度和意圖反感，以致選擇退縮，最後導致夫妻之間沒有任何的身體接觸。在某種意義上如果妻子覺得受到利用，那麼她的身體就會封閉起來。要想讓一個女人願意把自己獻給丈夫，就必須要讓她覺得安全。作妻子的需要感覺到被愛，感覺到自己很獨特。我們並不是暗示說，溫柔和激情間有什麼對立之處。但是，特別對女性而言，情感上的滿足和性高潮的滿足是同樣重要的。

英國廣播公司的「晨間新聞」最近有這樣一篇報導：在英國婦女中，有三分之一的妻子們在生命中的某個階段曾遭到家庭暴力。這與我們在前一章所引用的「你們作丈夫的，要愛你們的妻子，正如基督愛教會……」（以弗所書五：25）的話做比較，是完全背道而馳。在傳統的猶太人婚禮中，新郎不是將戒指戴在妻子的指頭上，而是把自己的外套脫下來，圍在她的身上，作為他承諾要保護她的象徵。

有一些女性曾被問到：哪些要素可以使一個男人成為美好的伴侶？她們的回答點出了重點：讓一個男人成為美好伴侶的，不是他運動員般的健壯體魄，也不是他的肌肉大小，更不是什麼尺寸大小的問題，而是他的溫柔。這一要素遠遠超過他的身體機能。

性愛在自私、利用、批評或粗魯的基礎下，是行不通的。

當一個女人感覺到安全、獨特和美麗時，她的心思和身體就會對丈夫產生性慾的反應，而這一點會提升他們對彼此的滿足感。臥室應當是這樣一個地方，在這個地方，妻子知道：「我是被關心、被愛、被珍視的。外面的世界也許會低估我的價值，會蔑視我、嘲笑我，但是在這裡，有一個男人，他比任何人都更了解我，對我極其溫柔。」

要有所反應

像理查一樣，許多丈夫在被問及他們的性生活時，都會回答說他們的妻子不是很有反應。聖經把女人比喻成一個隱祕的園子：「……關鎖的園，禁閉的井，封閉的泉源。」（雅歌四：12）

希拉

我知道一個古老而美麗的英國花園，我很喜歡那花園。花園中種的是一些草本植物。你轉一個彎，就會看到，沿著長長的草坪延伸出去的是一片紫杉樹圍成的樹籬，中間隔著一扇拱門。穿過拱門，再走幾步路，就進到了一片隱祕的低窪花園。在遠處，古老的牆上有一個缺口，直接帶你進入一片小小的私人薔薇園，園子中間有一片圓形的池塘。在花園的深處，經過一片攀緣著的紫藤、薔薇花和鐵線蓮，你就會看到一個很大的、四面有圍牆的菜園子。夏天的時候，裡面有一圃圃粉色、橙色和紅色的罌粟花，色彩絢爛，花枝搖曳。經過這片菜園你會來到一片果園，裡面全是蘋果樹、李子樹和杏樹。

在果園遙遠的另一端就是一扇門，門外就是田野。

　　無論天氣怎樣，季節如何，這個花園總是能誘發人的好奇和嚮往，也總是能讓你在某個尚未被發現的角落裡，有一些全新的發現。雅歌就是這樣用花園這一圖畫來描繪妻子的性慾，足以讓你一生去探索並為之欣喜。

　　雅歌中的意象迴蕩著這兩個情侶的愉悅和欣喜。這個女人了解自己的慾望，她用自我意識和克制將自己保護完好、毫無玷污。她主動地歡迎她丈夫進到園中：「北風啊，興起！南風啊，吹來！吹在我的園內，使其中的香氣發出來。願我的良人進入自己園裡，吃他佳美的果子。」（雅歌四：16）

　　妻子有所回應，是讓丈夫在情緒上感到幸福的祕訣。作妻子的常常誤以為：丈夫的性慾純粹是一種身體的慾望或是一種自私的要求。其實，丈夫需要知道他的妻子覺得他很有吸引力；他需要知道妻子到底有多麼想要他的愛；他需要聽到妻子對他說，他對她而言是多麼的特別（不論是身體上的或是其他方面的）。丈夫需要感受到妻子充滿興奮和期待的渴望，感受到妻子想要與他分享這一切的快樂。一位丈夫說道：「當她說『不』的時候，讓我感覺到被拒絕。『不』並不是像她所想像的那樣，只是針對性愛這件事。這『不』，是對我這個人說『不』。當我在詢問或是主動求愛的時候，其實我很脆弱。」[1]

　　對於大多數女性和不少的男性而言，性愛始於一個決定，然

---

1 桑帝・菲德漢（Shaunti Feldhahn），《給你的悄悄話：了解男人的內在生命》（For Women Only: What You Need to Know about the Inner Lives of Men），（穆特諾馬出版社，2004），第 100 頁。

後性慾就會隨之引發。要有所反應，有時候意味著要刻意地作一個選擇，就是主動求愛。不管有沒有意識到，妻子都正握著那把打開園門的鑰匙。她必須選擇和丈夫共同探索這個園子。

然而，有些女性並不知道那把鑰匙的存在，甚至是這個園子的存在；另一些女性則害怕知道門後面到底有什麼；還有些人，她們過去對於這園子的經驗是負面的，甚至給她們造成創傷。在婚姻這一安全又委身的關係裡，這些問題都可以得到解決。妻子需要相信，性愛的行為的確是能夠帶來愉悅和滿足的。在有些情況下，這可能需要極大的勇氣。妻子需要得到丈夫耐心、關切和體貼的幫助與支持，才能自由自在地把自己給予丈夫。彼此信任的氣氛是必要的。理想的狀況是丈夫和妻子一同進入園內，手牽著手，共同開始探索和享受這個園子。

在這首詩後面的部分，新娘說：「我們早晨起來往葡萄園去……我在那裡要將我的愛情給你……在我們的門內有各樣新陳佳美的果子；我的良人，這都是我為你存留的。」（雅歌七：12-13）如果丈夫們聽到妻子說出這些求歡的話，他們中大多數人肯定會期待著迅速地回到家中。

浪　漫

浪漫具有一種潛力，能把我們帶進一個只屬於夫妻二人的世界。在其中，兩個人的想像力被喚醒，各樣的感官被激發出來。這能夠讓性愛變得不那麼呆板，不再是無奈的例行公事。浪漫能夠創造出美好的做愛氛圍，在這個氛圍中，我們整個人得以完全地被捲入其中，二人也得以更加親密。一般而言，比起男性來，浪漫在女性性慾的激發過程中扮演著更為重要的角色。

力奇

　　有一年母親節，我決定為希拉做一頓特別的晚餐。然後，我問她，晚上餘下的時間她想做什麼。在那之前，她已經和孩子們在電視上看了《簡·愛》的前半場，也把下半場錄下來了。於是，她建議我們二人一起來看這部電影的下半場。整部影片中，每個人物的頸部以下沒有一寸肌膚是裸露的，但是這個浪漫的愛情故事卻讓她如此激動，簡直令我感到難以置信。

　　如果我們在婚姻中忽略浪漫，只繞著家務雜事、支付帳單等事情團團轉，那最後可能就會變成只是團隊夥伴，而不是親密愛人了。甚至我們可能會對性愛感到尷尬，像一開始那樣感到不可思議。

丈夫和妻子可以為彼此製造浪漫。這並不需要很大的花費。我們只需要做一些與日常行為有所不同的事情就行了：沿著河邊散散步、在公園裡辦個野餐或是去看個電影。如果你們能一起離開家，共度一個週末的話，環境的變化常常能營造出浪漫的感覺。

力奇

　　這麼多年來，我嘗試了各種各樣製造浪漫的方式，但不是所有的嘗試都是成功的。我記得，有一次特別尷尬的經驗。那是我們結婚十週年紀念日。我們一起去戲院看音樂劇《悲慘世界》。本來，我天真地以為可以在中途來趟公園野餐。可是，不僅一路都沒有看到公園，而且這場音樂劇的幕間休息又短得令人難以置信。更糟糕的是，因為對於浪漫野餐的過度期待，我提了個很大

的野餐用籃子。因此，整個晚上，我都不得不拽著那個大籃子，籃子的邊緣幾乎都快嵌到我膝蓋裡去了。

希拉

力奇決意要執行他的計畫，不讓浪漫野餐被浪費了。最後，我們在二樓後座和一樓間的樓梯上鋪開地毯。在那一條狹窄的愛德華式的樓梯上，我坐在樓梯的一端，力奇坐在另一端。他遞給我一杯香檳和一盤美味的冷餐，當然，還送上一朵紅玫瑰，以作映襯。上上下下經過樓梯的路人都向我們投以好奇的眼光。

那是一個值得懷念的晚上。事實上，我永遠都不會忘記！我很高興沒有在觀眾中，特別是在樓梯上，碰到熟人。雖然那個晚上並沒有如力奇所願的那樣展開，但是他的心願對我意義非凡。

期　待

美好性生活的另一個祕訣，就是要認識到我們的心思是最重要的性愛資源。在一個健康的關係中，期待能夠創造慾望，而這樣的慾望則會導致最讓人滿意的性愛。正像一位丈夫所說的：「最好的性愛始於早餐時刻。」

有些夫妻為自己設立了一些暗號，用以製造期待。一位妻子告訴我們，有一天，她和丈夫特意把晚上的時間留出來，要一起

共度。那天晚上，當他們正準備上樓到床上去的時候，突然一位朋友打電話來，說要送一些食物到他們家來，準備明天派對之用。妻子快速想了一下，便回答她，請她把食物放在家門前的臺階上。從那天晚上以後，「把食物放在臺階上」這句話對他們夫妻就有了全新的特殊意義。

力奇

正因為心思對我們的性愛非常重要，所以作丈夫的就必須讓自己對性愛的想法只單單投注在自己妻子的身上，反之亦然。很多男人在他們生命中的某個階段，通常是在他們作學生的時候，都曾接觸過色情書刊。今天，網絡上充斥著色情，誘惑比以前更大。色情資訊的危害在於，不僅會激發我們的性慾，而且會將我們的性慾導為淫慾，而不是導向一種愛的關係。而且，極容易讓我們沉溺其中。

色情會使我們失去人性，奪走真正的性滿足。使女人淪為激發與滿足男人性慾的工具。今日社會，男人們要想不讓自己被所看到的看板、雜誌封面或電影內容，激發起一定程度的性衝動是極其困難的。為了你婚姻的緣故，一定要將你對性的慾望朝向自己的妻子，這是至關重要的。

除此以外，我們可能也需要尋找、發現一些保護自己的方式。對於那些需要經常出差而且獨自住宿旅館的人而言，電視會成為一個很大的陷阱，特別是如果電視裡有色情頻道的話更是如此。這對於一個身心疲累又想念妻子親密陪伴的男人而言，是一種特別的誘惑。我們

有一個朋友，在入住旅館的時候，都會要求服務人員把房間裡的電視機搬走。如果電視機是固定在牆面上的，他就會把遙控器交給櫃檯。

還有一位朋友，他在電腦上安裝了一個程式。這個程式能夠阻止他的網頁流覽器彈出色情畫面。這些自我設定的界限並不是軟弱的表現，而是一種智慧，會讓婚姻關係變得更加堅固。

如果丈夫（或是妻子）有色情方面的問題，強烈建議你找一位同性朋友和他討論這一情況。然後一起向上帝禱告，祈求原諒，求祂來幫助你掙脫這個捆綁，重獲自由。還有一點很重要，就是在以後的日子中，你必須讓這位朋友了解你隨時的情況，允許他每隔一段時間關心你的進展。

希拉

對許多男性而言，色情會帶給他們虛假的快感。但是對許多女性而言，她們的危險則在於幻想。有一位知名女演員，在接受一份娛樂報紙的採訪時，直言不諱地談到自己的性關係。她告訴記者，自己常常會在和丈夫親熱的時候心裡想著別的男人。這也許能增加她的性慾，但是對她的婚姻卻毫無幫助。

女人可能會經由她所讀的書報和所看的影片，而沉溺於性的幻想。這會讓現實生活相形之下顯得枯燥乏味，缺少所渴望的愛和親密感。許多流行小說也鼓勵這樣的幻想。但是，如果常常要靠這些幻想來逃避現實情境的話，久而久之，很可能會給婚姻帶來危機。

新約聖經中強調訓練我們心思意念的重要性：「弟兄們，我還有未盡的話：凡是真實的、可敬的、公義的、清潔的、可愛的、有美名的，若有什麼德行，若有什麼稱讚，這些事你們都要思念。」（腓立比書四：8）

多樣性

美好性生活的第六個要素，也是最後一個必不可少的要素，就是要創造多樣性。對於新事物，大家往往都會格外的呵護。有一次，我們買了一輛嶄新的汽車，大家都非常珍惜。剛開始的那段時間，我們不允許孩子們在後座吃任何東西。但過了幾年，就算是吃個數道麥當勞大餐，附帶番茄醬、飲料和正在融化的冰淇淋，都不以為意了。習以為常會導致虛應故事。

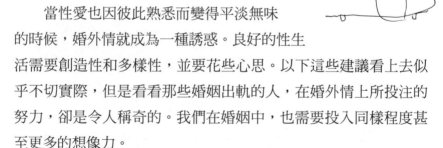

當性愛也因彼此熟悉而變得平淡無味的時候，婚外情就成為一種誘惑。良好的性生活需要創造性和多樣性，並要花些心思。以下這些建議看上去似乎不切實際，但是看看那些婚姻出軌的人，在婚外情上所投注的努力，卻是令人稱奇的。我們在婚姻中，也需要投入同樣程度甚至更多的想像力。

• 變化做愛的地點。做愛並不一定非得在臥室才行。在沙發上試試看怎麼樣？或是在淋浴時、一堆爐火前呢？如果你家中住著別的成年人的話，可以在一週中定出一個只屬於你們兩個人的夜晚，這也是值得一試的。你們可以告知他們哪段時間你們想要

用來單獨相處。

如果家裡有小孩的話，那麼選擇就較受局限了。如果孩子們已經大到會自己跑進來的話，那麼就在臥室門上加把牢靠的鎖，這是十分重要的。這不僅是為了孩子們的緣故，也是為了讓我們能夠徹底放鬆。放鬆對於良好的性生活而言是不可少的。

你有沒有聞到燒焦味？

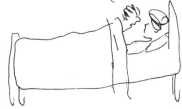

計畫一兩個晚上在不同的環境中做愛，是對付枯燥和習以為常的一服靈丹妙藥，而且簡單易行。你可以一年請朋友照顧你們的孩子一到兩次；或者像我們在第一章中所建議的那樣，和朋友們交換一下住處試看看。

• 變化做愛的時間。不要總是讓做愛成為晚上筋疲力盡時的最後一件事。如果有孩子的話，那麼這顯然又會變得更加困難。其中一個選擇是，一旦我們確定孩子們已經入睡了，就不要浪費時間，立刻開始。如果孩子們都比較大了，可以經常問問他們要不要去朋友家待上一個晚上。

試試在餐前做愛。酒足飯飽以後，不管男人還是女人，往往都不會是準備親熱的最佳狀態，特別是當這頓飯又吃得特別晚的話。此外，酒精也會產生不良影響。兩三杯老酒下肚，可能會減損女性達到性高潮的能力，也可能會損害男性維持勃起的能力。在餐飲習慣上做一些改變，也許會令我們的性生活富有新意。留出時間做愛與留出時間一起外出，同樣重要。

• 變化氣氛。比如放一些音樂，或者變換一下燈光。在 100 瓦的電燈泡下做愛，並不能製造浪漫的氣氛。可以嘗試一下燭光、暗影、月光或是爐火。

在雅歌中，這兩位愛侶在做愛的時候，他們的五種感官都被喚起，也都得到享受。有一位女性曾說：「做愛至少有百分之七十五是感官上的，最多只有百分之二十五才是性愛本身。」[1]感官的享受能刺激想像，增加樂趣。

• 變化做愛形式。我們可能會輕易地落入固定的做愛形式，總是採用同一種方式，因為從沒問題。我們會對自己所知道、所習慣的事情感到自在。但是，在體貼對方享受的前提下，我們要有創造性。也可以彼此變換發起主動的人。多樣性和浪漫能夠幫助我們，讓我們把適當的感覺和渴望植入彼此的心思，增加彼此的激情。

但是，有時候，過多的試驗也不是一件好事，特別是如果女性正從分娩中恢復、對於性生活還未感到完全適應的時候。

有時候，一些人會問我們，聖經中對夫妻間的事有哪些規範。聖經並沒有對細節作出明確說明，但是確實有一些特定的原則，可以作為安全界限。其中最重要的一條原則就是，不管我們做什麼，都必須是雙方欣然同意的，必須要尊重對方的尊嚴。這樣做有沒有給我們雙方帶來愉悅和滿足？或者，有沒有讓我們的伴侶感覺不自在、尷尬或是被利用？能不能讓雙方都達到高潮？有沒有使我們的思想單單投注在我們的丈夫或妻子身上？

上帝的計畫是要我們在婚姻中，藉由性生活來彼此相愛。祂並不驚訝於人對性愛的享受。因為那就是祂為夫妻所設立的。祂造我們成為有靈性、有情感，也有性慾的人。要我們的身體對彼

---

1 邁克爾・卡斯爾曼（Michael Castleman），《性解決方案》（Sexual Solutions），（西蒙和舒斯特出版社，1983），第 162 頁。

此具有性吸引力,並給彼此帶來愉悅。祂在兩性結合中的精美創造,讓我們在性愛中享受一生的新奇與發現。

第十八章

保護我們的婚姻
Protecting our marriage

　　以前，我曾愚蠢地試圖對那些發生婚外情的人進行分類，就好像鳥類學家給鳥類分類一樣。但是，我最後放棄了這一嘗試。通姦者是無法被分類的。他們可能是老年人或是年輕人；有教養的或是粗俗的；健壯的或是文雅的；自私的或是慷慨的；仁慈的或是殘酷的。甚至，如果我們稍微變通一下的話，也可以說是屬靈的或是屬肉體的⋯⋯任何一個已婚人士都可能犯下通姦行為。猶太教徒、天主教徒、貴格會教友以及五旬節派教徒，都有可能是通姦行為的當事人。商業會議或是屬靈復興會也都可能成為引發通姦的場合，而轎車、醫務室、家裡以及教會辦公室也都可能成為通姦行為發生的地點。

　　　　　　　　　　　　　　　　　　　　——約翰・懷德[1]

---

1 約翰・懷德（John White），《禁果：被玷污的性愛》（Eros Defiled），（IVP 出版社，1997），第 75-76 頁。

我們沒有一個人能免於婚外情的危險。我們都有可能被另一個人吸引，而且有時候是在最意想不到的時候。舊約中最有名的君王之一大衛王，有一天傍晚就是這樣屈從了淫慾的誘惑。他在宮殿的平頂上遊走的時候，「看見一個婦人沐浴，容貌甚美。大衛就差人打聽那婦人是誰」（撒母耳記下十一：2-3）。那婦人名叫拔示巴，是大衛軍中一位忠誠將士的妻子。但一切都來不及了。早在大衛召她上床之前，他已經陷下去了。當他開始允許自己在頭腦中懷有通姦的想法時，他就已經為自己的行為指明了方向，這些行為將在未來年日裡給他的家庭帶來可怕的後果。

今日社會，婚外情不僅盛行而且廣被接受。但這並沒有降低婚外情對每一個涉足其中的人所造成的痛苦。有一則關於一位名叫裘蒂（Judy）的青少年的故事，被記載在一份全國發行的報刊中：

　　裘蒂一直認為，她父母廿三年之久的婚姻是不可動搖的。但是，就在十八個月之前一個沉悶的下午，父親告訴裘蒂，他和他們家的一位好友有了婚外情，而且已經兩年了。父親的不忠讓她心中產生背叛、受傷和憤怒等感覺，她這樣描述：「我不知道我能不能原諒他……朋友們都對我說：『他是你的爸爸。多想想那些他為你做的事吧！』可是我想：『沒錯，他是在我小時候為我讀過睡前故事，但那並不能成為他做這事的藉口。』這是他所能做的最自私的事情了。我們曾經是標準的幸福家庭，三個孩子，兩隻貓，還有一條狗。可是，我爸爸

卻做了這件事，還以為一切都會沒事。我對此感到難過，
真的很難過。現在，我和他唯一的接觸就是他每個月把
錢匯進我帳戶裡。」[1]

涉足婚外情很簡單，但是隨之而來的傷害和破壞，卻不是輕
易就能修復的。婚姻是建立在信任之上的，一旦信任被辜負了以
後，要想重建起來那將是一個緩慢而痛苦的過程。近的來看，婚
外情似乎充滿了誘惑，似乎在向你許諾情感上的親近、親密的談
話以及令人興奮的性愛。但是從長遠角度來看，當婚姻破裂、家
庭生活被摧毀的時候，將造成無盡的懊悔。

在基督教的婚禮誓言中，我們會當著家人、朋友和上帝的面，
重複聖經上的話，彼此起誓「要忠貞不渝，絕不放棄」。當丈夫
或妻子違背這個誓言的時候，他們的伴侶（以及孩子，如果有的
話）就會面對一種可怕的背叛。

因為背叛誓言就是背叛一個人。這不是說，在背叛
事件中最有害的事不是性。性本身是好的（就像蘋果是
好的一樣）。讓通姦變成壞事的是其中的偷竊和欺騙，
而不是性交本身。一個偷來的蘋果可以很甜，而且吃下
去也是極其健康的。在我這一生中，從來沒有像在斯凱
島上，吃偷捕來的鱒魚那麼飽享美味的經驗。在海灘上，
我們把這些鱒魚放在火上烤了。太陽正在下山，青綠色
的海浪拍打著沙灘。我的心情很輕鬆，充滿喜悅。對於

1 凱薩琳・奈特（Kathryn Knight），《泰晤士報》（The Times），1996 年 3 月 17 日。

偷捕的行為，我並不真的感到不舒服。但是，我們對這些偷捕來的鱒魚的享受，並不能讓我們的偷捕變成正確的行為。[1]

現今，人們喜歡按照自己的各種感覺生活，而不是各種規則生活。但是，我們的感覺是多變的，其欺騙性也是眾所週知的。上帝給我們定下了一條禁止姦淫的律法，目的並不是要破壞我們的樂趣，而是要保護我們的家庭生活，並且保護我們免於彼此傷害，也不傷害自己。新約聖經告訴我們：「婚姻，人人都當尊重，床也不可污穢……」（希伯來書十三：4）

然而，有些人瞞著他們的丈夫或妻子，陷在婚外情的關係中。有些人知道他們的伴侶正有著婚外情，另外還有一些人，他們感覺到正受到某人吸引。他們想保持忠誠，可是又感覺被強烈吸引，因此陷入左右為難的境地。

要有智慧

通常來說，婚外情並不是預先謀劃好的。凱薩琳是一位已婚女性，她向我們講述了自己的經歷。她感覺自己被另一個男人所吸引，想要與他有一種關係。她對那個人的感覺來得突然而且強烈，令她大吃一驚。但是，因為這一吸引與性無關，所以她覺得這些感覺是「純潔而美好」的，至少一開始是如此。她已經結婚七年了，但是現在，她發現自己被她工作上的同事羅伯深深吸引。

---

1 約翰‧懷德（John White），《禁果：被玷污的性愛》（Eros Defiled），（IVP 出版社，1997），第 81 頁。

私底下，她和自己的這些感覺對抗了六個星期。

　　一天晚上，凱薩琳和一群同事出去，其中也包括羅伯。喝了幾杯以後，她發現自己在向羅伯傾訴衷腸。羅伯也很渴望追求這一關係。對於凱薩琳而言，吸引她的是一種親密的感覺，有一個男人會聆聽她講話，而且似乎也了解她。但羅伯的慾望則是，想要和這個他認為很有魅力的女人發生性關係。

　　凱薩琳告訴我們，挽救她免於陷入婚外情的是兩種認識。第一種認識來自於一本有關婚姻的基督信仰書籍。這本書教導她如何進行分辨：對於一開始的被吸引，她並沒有責任；但是如果容讓這些想法繼續延伸，她則需要擔負責任。

　　第二種認識是，她並未堅強到可以靠自己來處理這個誘惑。她向上帝哭求，請求祂的赦免和幫助。最後，她向一位信得過的年長婦人吐露了心事，尋求她的支持和建議。一旦把自己內心的一片混亂傾倒出來以後，她就不再感覺自己是在單槍匹馬地作戰，而且也能夠更清楚地看待這個問題了。此後，凱薩琳下定決心，要設下界限，以免自己對丈夫不忠。因為工作的原因，她不得不和羅伯待在一起，因此她甚至準備好，如果必要的話就更換工作。不過，實際發生的情況是，羅伯被調到另一個辦公室去了。

　　這段時間，因為她一直向丈夫西蒙隱瞞這些想法，他們之間已經有了一些距離。西蒙感到凱薩琳已經把自己封閉起來，不和他進行深度溝通了。可是，他不知是什麼原因。當凱薩琳開始採取行動來阻止自己發生婚外情後，她覺得自己能夠告訴西蒙為什麼會有這些改變。當她告訴了西蒙以後，她就向他表明希望得到他的原諒。

　　自此以後，凱薩琳就決意要讓自己的心思意念專注在丈夫和彼此的婚姻中。西蒙也開始更加留心聽她講話，並且鼓勵她、肯

定她。這次準危機的結果是，不僅他們的婚姻被挽救回來，就連他們之間的關係也比以前更親近了。而且，那些對此事一無所知的朋友們都異口同聲地說，他們看上去就好像是一對剛剛墜入愛河的情侶。

在婚姻關係中投入時間和精力

導致婚外情的根本原因，不外乎就是缺乏親密感。婚外情在一段時間內，多少可以滿足心懷不滿的丈夫或妻子對關注、尊重、關愛或刺激的渴望。因此，對付外遇的最佳方法就是愛護我們的婚姻，讓夫妻之間的關係不斷朝著堅固、親密和深度的方向成長。夏洛特是兩個孩子的母親，也是倫敦市的一位銀行員。她這樣描述她的情況：

> 雖然那個時候我並未意識到，但是當我嫁給約翰之後，我對他的態度就變了，開始把他的存在視為理所當然。約翰很期待婚姻中的親密感，可是我仍然是一個縱情享樂、喜歡社交的女孩子——因此，我總是跑到外面去玩，心裡知道丈夫在家裡支持我，因此就感到很安全。我們就這樣過著各自獨立、十分開心的生活，一直到我們有了第一個孩子。我很喜歡作母親，但是仍然會抓住任何機會跑出去玩。在那段時間裡，約翰和我之間的關係急轉直下，因為彼此見面的時間越來越少。我從未停止過愛他，但是我的脾氣卻變得越來越壞，而且越來越容易發怒。我並未意識到他對我的迷戀在逐漸減少，憎惡感不斷地產生。當我們的第二個孩子出生的時候，他

已經開始了他的婚外情。[1]

因為未能在婚姻關係上用心，所以夏洛特和約翰就逐漸分開了。他們未能讓雙方的根彼此纏繞。

如果我們不花時間在一起、不作深度的溝通、不做愛、不解決所受的傷害，那麼我們的關係就是建立在脆弱的根基上。如果我們的愛只是浮於表面的話，那麼我們就會越發容易受誘惑、苛求責備、缺乏理解、不願饒恕。我們可能在接受歲月所帶來的改變或是孩子的到來時充滿掙扎；可能會把與別人的關係理想化；可能會對其他的男人或女人充滿幻想。就像是一棵無根的樹一樣，我們會對風暴毫無抵禦之力。

而且，我們還會錯失機遇。喜悅，並不是在一種膚淺的新關係裡能找得到的，也不是在以假名登記的酒店房間內或是在罪惡假期裡找得到的。真正的喜悅是在於「喜愛那一雙美麗的手、熟悉那正在走進家門的腳步聲，注視著他的臉，也熟悉那上面的每一個表情」。[2]

設立界限

不忠始於你的心思，也止於你的心思。這對大衛王誠然如此，對凱瑟琳也是如此，對於每個世代的人都是如此，不管人們的年齡、文化或性別如何。我們都無法時刻保持自己不受別人吸引，

---

1 《好管家》（Good Housekeeping），2000 年 3 月，第 64 頁。
2 艾倫・斯圖奇（Alan Storkey），《愛情的意義》（The Meanings of Love），（IVP 出版社，1994），第 83 頁。

但是我們可以決定要不要約束這樣的想法。為了婚姻的緣故，我們必須在這樣的想法變成習慣以前，就把它從頭腦中驅逐出去。耶穌的教導為保護我們的心思意念設下了恰當的界限：

你們聽見有話說：「不可姦淫。」只是我告訴你們：凡看見婦女就動淫念的，這人心裡已經與她犯姦淫了。

（馬太福音五：27-28）

耶穌的話也同樣適用於對男人懷有淫念的女人。當意識到這種誘惑正在日益滋長時，就必須下定決心不讓自己和當事人有獨處的機會。有時候，甚至必須要定意不讓自己見到他們。共進午餐的邀請必須拒絕。在一開始就說「不」，能夠避免日後的許多問題。

許多婚外情並非始於直接的性吸引，而是藉由親密的交談。當一位異性允許我們進入他們的思想和情感的私人世界時，一種危險卻撩人的親密就產生了。當我們再進一步被吸引進去時，可能會開始覺得他們比我們的丈夫或妻子更了解我們，或者更需要我們。如果一旦感覺到可能已經逾越了（哪怕只有一點點）這條界限時，我們所能採取的最佳行動就是，將談話內容儘快告訴配偶。

將我們的感覺告訴另一個人

當強烈的感覺在我們的許可下持續增長，或者出乎意料地臨到我們時，將這些感覺告訴另一個人常常能夠消除那樣的影響力。有一對夫婦告訴我們，在他們結婚第一年的時候，二人都發現自

己在不同的時間被別人強烈吸引。他們把這些想法藏在心裡的時間越長，感受到的吸引力就越強。只有當他們向對方坦白這些感受時，這個泡沫才會破裂，對別人的迷戀也才會迅速消滅。如果覺得難以向丈夫或妻子啟齒的話，可以找一位值得信賴的人，向他們吐露這些心事。

情感上的不忠，持續的時間越長，就越難回頭。那些已經踏上不忠之路的人，常常提到他們所感受到的那股力量。他們會說，他們從未對一個人有過這麼強烈的感情，而且這些感情是真實美好的。有時候，他們會堅持說，這是他們第一次感覺到自己充滿了活力；而且，這可能就是他們一生中經歷到這種「愛」的唯一機會。他們覺得自己被吸引著飄向幸福和自由的未來，完全無法抗拒。

然而，這樣的感受是極度不可靠的。我們需要深思熟慮：到了一定的時候，這種迷戀（像任何別的迷戀一樣）將會消失。到了那時候，原先婚姻的伴侶就不會再這麼一無是處了。而且，他們將會頻頻回顧自己的婚姻和受到破壞了的家庭生活，心裡充滿懊悔。儘管做出結束婚外情的決定，可能是一生中最為艱難的決定，但是隨著時間的流逝，當在回首時，會知道這才是最正確的決定。

站穩立場

如果發現伴侶有婚外情，應當怎麼做？要饒恕他，繼續去愛他，期待著把他贏回來嗎？當然，饒恕和愛都是不可或缺的，但這並不意味著要容忍伴侶繼續做出危害婚姻的行為。有時候，最有愛心的行動反而是採取一種強硬的態度並且站穩立場。蓋瑞 ·

巧門如此建議：

> 在婚姻中，有些事情是不被允許的。當婚姻中持續
> 出現身體虐待、外遇、對孩子的性虐待、酗酒或是吸毒
> 成癮這些情況時，就該憑愛心採取行動。[1]

如果對這樣的態度和行為放任不管的話，我們自己和我們的婚姻都將被摧毀。愛要求我們饒恕，但有時候，愛也要求我們勇敢地面對。

對於丈夫馬丁橫行霸道的行為，麗莎從未勇敢地正面抵擋過。他總是為所欲為，她則對自己完全失去信心。結婚八年後，麗莎發現馬丁在和一個鄰居私通。馬丁許諾會為了他們的婚姻和三個孩子的緣故，停止這一關係。但是以後又發生過三次，麗莎發現他們的關係仍在繼續。每次，馬丁都向她保證會結束這一關係。最後，在一位朋友的建議下，麗莎採取了行動。

她告訴他，他破壞了他們婚姻中的信任，現在他必須搬出去。如果他繼續堅持不忠行為，那麼他們之間的婚姻就會結束。但是，如果他能夠用行動和言語來證明自己還在乎這個婚姻的話，那麼他們的婚姻還有挽回的希望。這是結婚後第一次，麗莎勇敢地為她所認為正確的事情表示堅持。

當我們見到他們的時候，他們已經分居幾個月了。這個時候，馬丁正想要回家。自從麗莎對他的行為劃清界限後，他對麗莎反而尊敬了起來。他開始意識到自己不能為所欲為。他必須在外遇

---

1 蓋瑞・巧門（Gary Chapman），《離婚者的盼望》（Hope for the Separated），（慕迪出版社，1982），第 78 頁。

和家庭之間作一個選擇。比起之前的默許，麗莎的堅定立場更顯出愛心，因為這給了他們重新和好，婚姻得以恢復的最大希望。

不要太快放棄

前面提到的銀行員夏洛特並未放棄丈夫約翰回到她身邊的希望。最終，約翰告訴她，婚外情結束了，他同意回家。夏洛特這樣說道：

> 他做出承諾，要留在家裡。但是，讓他開開心心地願意待在家裡，又花了一年的時間。在那段時間，他在床上不願碰我，很少和我說話，好像對回家感到很憤怒。而且常常告訴我，他還在愛著那個女人。
>
> 他回家後的那個夏天，我帶著一個兒子出去度假，把另一個兒子留給他照顧。假期很美妙，我一次也沒有給約翰打電話。到了第五天的時候，他打電話給我，說很想念我們。那是個轉捩點。就在他搬離開家剛滿兩年時，他又回到了我身邊。
>
> 慢慢地，我們開始重建我們的婚姻。[1]

如果你或你的伴侶正在或曾經處在外遇中，正掙扎著想要重建你們的婚姻，那麼推薦你們讀一讀本書後面的參考書目，當中列在「重建婚姻」這一標題下的書目，可以在其中挑選一本。我

---

1 《好管家》（Good Housekeeping），2000 年 3 月，第 64 頁。

們認識不少夫妻，有些夫妻的故事被引用在本書中，在經過一段時間的婚外情以後，他們又復合了。而且，他們還刻意經營和保護自己的婚姻。重要的是，我們要認識到，信任的重建是需要時間的。不忠的丈夫或妻子，不能期望伴侶表現得好像什麼事都沒發生過一樣。他們需要體貼、耐心，和了解受創伴侶所可能會經歷到的各種情緒，包括憤怒到恐懼。

對某些人而言，饒恕將會是一個每天都要做的決定。有一位男性，他的妻子最近發生了外遇。他告訴我們，每次當他們吵架時，他就會想：「在經過了這些事以後，她還有什麼權利表示不同意？」但是，他知道，饒恕意味著不緊抓著她的過去不放。他必須給她和他們的婚姻一個重新開始的機會。另一方面，他的妻子也必須要學習，如何藉著相信上帝，和相信丈夫都已原諒她過往的行為，而將自己從沒完沒了的罪惡感中釋放出來。

第十九章

讓性愛富有活力
Keeping sex alive

性的結合是「我愛你」的真實表達，值得一做再做。

——艾倫・斯圖奇[1]

---

1 艾倫・斯圖奇（Alan Storkey），《愛情的意義》（The Meanings of Love），（IVP 出版社，1994），第 164 頁。

在本書中，我們提到了婚姻的許多方面。不管是哪個方面出了問題，如果不加以處理的話，都會使婚姻陷入危機。但夫妻間若未能建立良好的性關係的話，就會使婚姻更為脆弱。人對性的慾望及反應是很複雜的。即使是在穩固的婚姻中，夫妻也會面臨性慾減退、麻煩重重的時候。這些問題必須立刻得到處理和解決。如果我們任由婚姻中的性親密越走越遠的話，那麼就會使夫妻關係產生異變。

有一些夫妻，因為疾病，身體虛弱，因而產生性交困難。但是，性對他們而言仍然是極其重要的一個部分。在這種情況下，除了完全性行為的方式外，還有一些別的解決方法，能讓伴侶得到性的滿足，從而感覺到被愛和被珍惜。

本章並不是論及所有性困難（Sexual Difficulty）的綜合指南。在這裡，我們不討論性虐待、性暴力或是配偶有同性戀傾向等，令人痛苦的問題。除此以外，我們也不會討論不孕、流產或墮胎等行為帶來的後果。當然，這些問題可能會導致當事人感情受創、悲傷抑鬱、揮之不去的罪惡感，以及害怕或絕望的感覺，而這些的確都會影響到夫妻的性生活。

對於這些令人痛苦的問題，建議找一位信得過並且足能提供良好建議的人（或是一對夫妻）。或是由醫生、教會領袖引見你給某位專業的心理輔導專家。在本書的最後，我們列舉了一些推薦書目，這些書籍都是針對上述主題的，並且是以基督信仰的觀點為基礎。另外，你也可以尋找一些專業機構以獲得這方面的幫助。如果你有上述的任何問題，請不要氣餒。我們認識許多人，靠著對上帝的愛和力量的全新認識，不僅他們的過去得到了醫治，

對未來也重新有了信心。

　　大多數婚姻都會在某個階段經歷某些困難，這些困難都會影響到夫妻關係。有些夫妻會陷在一種毫無激情的陳規舊習裡，裹足不前。究其原因，可能是因為他們不知道如何解決問題，或者是因為他們已經放棄努力，因此彼此不再親密，也不再想要共同面對。但是，我們也認識一些夫妻，他們就因為決心共同面對問題、彼此討論、願意改變，而走出了困境。

　　下面是導致夫妻性關係陷入困境，最終以失敗收場的五個普遍原因，有些婚姻關係甚至從未真正展開過。但無論哪種原因都是可以解決和糾正的。

自　卑

　　自尊和對自己身體的態度會對我們的性慾產生深刻的影響。在聖經雅歌中，那對愛人毫不隱諱地提到對方吸引他們，和令彼此為之傾倒的身體特點（參見雅歌一：15-16；四：1-7）。由此可知，我們自己和我們伴侶的身體是被悅納的。上帝並未將每個人都造成擁有超級名模的身材，或是運動員的體魄。祂讓我們每個人都有獨特的身體，有無限的多樣性。祂造我們有高有矮、有胖有瘦；皮膚有黑色的、棕色的或是白色的，而且彼此外型、濃淡又各不相同。

　　今天，各種傳媒和主流文化為美麗下了定義。雖然，某些定義會隨著模特兒們的來來去去而有所變化，但是主要資訊仍然是一成不變、十分清楚的：你必須是一個非常苗條的女人，或者是一個身上有六塊肌的肌肉男。這種必須符合某一形體的壓力，可能對於女性會特別明顯。根據一些調查顯示，英國80%以上的女

性對自己的身體感到不滿，有 30% 飲食失調。越來越多的女性不滿意自己原本最自然、最健康的體重，而採用半饑餓療法來減重。一旦略為放鬆，就會導致體重上升，進而讓她們有罪惡感並討厭自己。假如你發現自己有食欲減退或有暴食症的傾向，或是為了維持體重而運動過度，甚至有強迫症傾向時，請你務必尋求幫助，這是非常重要的（請參閱本書後面建議的參考書目）。

我們也可以選擇自我幫助，並彼此幫助。我們絕對不可將自己或伴侶的體型拿來與流行風尚作比較。特別是對於女人而言，她的自我感覺會深深地影響到她的性生活。女性一旦感到自己體型不佳，而且對此自我意識強烈的話，將會大大影響她產生性慾和達到性高潮的能力。

我們應當不斷地告訴配偶，讚美他們很美、很有吸引力，來建立他們的自尊（如果我們不這麼做的話，那麼他們很可能就會去聆聽別人對他們說這樣的話，結果就會陷入婚外情的危機）。夫妻之間需要有一條不成文的規定，就是永遠都不去批評對方的身體，也不對此抱有不切實際的期望。

除此以外，還有一點很重要，就是在婚後，我們仍須在外觀上繼續為彼此做出努力，就像我們剛開始約會的時候一樣。否則，很容易就會陷入一個惡性循環。我們可能會認為，「我的伴侶已經對我的長相不感興趣了」，或是「他從不對我說我多麼有吸引力」，或是「這些天，她都不對我說我讓她感到興奮了」。因此，我們就會開始失去信心，也開始失去裝扮自己、讓自己能夠吸引對方的動力。我們可能會覺得這太令人尷尬，也毫無必要。但是，毫無疑問的是，剛結婚的時候，我們的身體肯定讓對方覺得很有吸引力。其實這一狀況仍然可以持續下去。

當我們不斷地在言語上、在身體上擁有溫柔而又充滿激情的

愛的關係，就能使對方的內在美得以展現。你會發現，當一個人
知道自己是被人所愛的時候，就會變得越來越美麗。他們的身上
會煥發出一種內在美，這一內在美也會微妙地影響到他們的身體
外觀。愛會帶出美麗。

被壓抑的情緒問題

不要把性變成解決問題或衝突的手段。諸如焦慮、懷疑或憎
惡之類的感覺會影響到我們的性生活。對於男性來說，通常，他
們會把性當作一種暫時逃避痛苦或怒氣的手段。但是，對女性而
言，負面的情緒常常會使得她們選擇退縮，把自己封閉起來。

如果婚姻中有一些未被處理的傷害，或是過去的性關係，甚
或是成長背景的影響，都可能導致缺乏性慾，或是無法將自己全
然地給予對方。如果有必要的話，可以再次參閱第十二章中，有
關充分討論彼此傷害的部分，以及第十五章中如何處理童年時期
痛苦的部分。許多夫妻告訴我們，當他們共同面對這些問題後，
他們的性愛質量就有了很大的提升。一種新的力量被釋放出來，
他們的親密感也達到更高的進升。

身體上的問題

有三個身體上的問題會困擾許多夫妻。第一個問題是妻子無
法獲得高潮。第二個問題是丈夫無法等妻子達到高潮後再射精。
第三個問題是丈夫無法維持勃起，也就是陽痿。這些問題都可以
透過醫生、專業輔導員，甚至是一本好書的幫助得到解決。只有
少數情況是由於身體缺陷導致的。幾乎所有的女人都能夠達到高

潮，大多數男性都能學會如何控制射精。陽痿也不是一種絕望的情況，大部分的陽痿都可以藉由藥物治療或是良好的建議得到治癒。

　　道格拉斯・羅斯諾醫生著有一本《性愛的頌贊》（A Celebration of Sex）。這本書對於克服這些身體障礙極有幫助。該書是從醫學和基督信仰角度寫作的，書中除了有關如何建立性關係的一般性建議外，還涵蓋了一些針對下面三方面問題的具體建議。

疲　勞

疲勞很可能是干擾夫妻性生活最常見的原因。這在婚姻的任何階段都可能發生，不管是在結婚早期、幾年後當孩子們到來時，或是在事業變得越來越需要費心費力的時候。無論有沒有壓力，身體和心理上的疲倦常常會導致性生活成為婚姻中的第一個犧牲品。對性生活的忽視一開始也許令人不易覺察，但是如果任其發展成一種固定模式的話，那麼性愛就可能會逐步地消失。比爾・海波斯這樣寫道：

> 在這個不完美的世界中，上帝讓我們成為擁有性慾的人。當一開始的荷爾蒙和浪漫漸漸從婚姻中消失的時候，現實生活就開始插足，不斷地要求我們付上時間、精力和承諾。不再是「我和你」了，而是「我、你，再加上小孩、工作、狗、教會、賬單，以及那壞了的洗衣機」。[1]

疲勞就意味著，晚上所能做的最簡單的事情就是，一屁股坐在電視機前面，停止一切的交流，不管是語言上的還是身體上的。

要解決這個問題，沒有特效藥。但是，意識到疲勞對性關係會產生危險就等於成功了一半。此外，對我們的生活方式進行一些改變也能帶來幫助。說也奇怪，多運動反而能夠讓我們減少疲憊感。許多人都不太鍛鍊身體，甚或完全不運動。我們整天只是坐在車裡、辦公桌前或是在家裡。運動在各方面都有益於我們的健康（除非過度迷戀），對於我們的性生活尤其如此，能讓我們感覺更有精力。因此，找到一種適合你的運動方式是很值得一試的，也許可以嘗試每天花十五分鐘時間快走，或是騎自行車去上班。

對另一些人而言，為工作和家庭生活設下清楚界限是必要的。為彼此創造一些放鬆、浪漫的時間，以及計畫每週一次的單獨相處時間，都有助於避免過度疲勞。

分娩前後的調整和改變

懷孕和分娩期間，是女性一生中最脆弱的時候。這時夫妻間的性生活難免會出現巨大的變化。丈夫需要特別的體貼、關心並且呵護自己的妻子。孩子出生後，仍然會有性生活，但是丈夫和

---

1 比爾・海貝（Bill Hybels），《溫柔的愛》（Tender Love），（慕迪出版社，1993），第 106 頁。

妻子都需要為此付上無私的愛和理解。

丈夫必須充分地理解，妻子在分娩之前、之間和之後所發生的身體上的變化。然後，他可以向妻子表現出必要的溫柔，讓妻子來引導他，讓他知道何時才可以恢復性生活。妻子陰道形狀的改變、不如以前的潤滑，以及因為分娩而產生的陰道撕裂傷痕等，這些因素都需要考慮在內。

丈夫需要選擇一條微妙的中間路線：既不要因為害怕傷害到妻子而過度擔心，連撫摸都不敢；也不要因為過度渴望恢復性關係，而等不及妻子身體恢復。

每一對夫妻都必須做出最適合他們的方案。這需要彼此敞開心扉，真誠地交流，作妻子的在解釋自己身體和情緒上的感受時，尤其需要如此。餵母乳和伴隨而來的疲勞會影響到女性的性慾。但是，不要絕望！時間會帶來醫治，就像女性骨盆肌會隨著時間慢慢恢復一樣。運動的目的不僅是重新恢復產前的體型，也是為讓女性在產後仍然能夠繼續享受滿意的性高潮（有關恥骨肌和恥骨尾骨肌肉群的更多細節，請參見《閨房之樂》【Intended for Pleasure】一書。）

在短期內，母親因為要哺育新生兒並建立母子連接的緣故，可能會經常停止和丈夫做愛。這是非常自然的。但是，如果作妻子的接連好幾個月或甚至一整年，都以此為藉口不和丈夫做愛的話，那麼就不是正常情況了。妻子必須認識到丈夫所面臨的難題，他需要適應妻子角色的改變。從前她是一個妻子和愛人，現在則是妻子和母親了。她的雙乳曾經給他帶來許多的快樂，而且是專屬於他的。現在，卻顯然被另一個人所獨占了。妻子需要幫助丈夫進行調整，以適應新的情況，也要努力重建丈夫眼中她那原本充滿性感的形象。

　　夫妻越是能夠花時間和共同創造的孩子在一起、共同承擔起照料的責任，並且在這過程中共同學習進步的話，那麼他們之間就會越來越親近，而且會越發感覺到被對方所吸引。如果丈夫表現得事不關己的樣子，那麼就會讓孤立感和分離感有機可乘。對妻子而言，最理想的丈夫是能夠伴隨她經歷這一切的人。她可以從一個全新的角度認識丈夫，而這也會在兩人間製造更多親密感和吸引力。與其他時候相比，夫妻在這段期間更需體悟何謂愛中委身與相互珍惜的真諦。有些女性甚至需要一年以上的時間，才能恢復以往正常的性生活。

　　最後，對於與孩子同寢這一問題，要小心。當孩子還小的時候，這很正常，因為有利於半夜餵奶。但是，仍有許多母親還是喜歡下床來，坐在椅子上餵奶。但是，在經過嬰兒期以後，讓孩子仍然與父母同寢就會變得毫無益處。對於年幼的孩子而言，一旦習慣就很難改變。這對一個十八個月大的孩子而言，更是一種痛苦的經歷。如果你的床上（或是臥室裡）有一個孩子的話，將會嚴重影響你們的性生活！因此，我們的建議是從一開始就不要養成這種習慣。

　　孩子的出生不應該導致性樂趣的減少。事實上，孩子的出生反而能叫夫妻能更加體會從性愛創造生命的奇蹟。

　　　　即使你現在正在試圖阻止一個奇蹟的發生，但是無可否認的，生命的奇蹟正在試圖發生。因此，就是，在分娩以後，性愛如果與以往有所不同的話，那應當就是比以前更好了。理解這一事實的男人和女人就會攜手共進。而那些對此並不理解的人則不會——女人們完全冷卻，或只是勉強應付，好像是在施與恩惠一樣；而那些

感覺遲鈍的男人們，則只會抱怨作母親後的女人們過於豐滿，而且總是滿身疲憊。這樣的夫妻最可能陷入婚外情和彼此疏遠的可悲和混亂的境地。請你選擇吧！準備好接受改變，就像接受四季的輪替和家庭中許多方面的改變一樣。你不可能獲得一切，但是若靠著耐心和幽默，你可以從中獲得更多。[1]

結　論

現今社會充斥著錯誤的性愛觀念。「你可以有多重的性伴侶，這樣就可以更加成熟，也能成為一個更好的愛人。」「性愛只是一種取悅自己的方式，只要感覺對了，就做吧！」「只要彼此相愛，那就發生性關係吧。無須等到結婚以後。」

另外，對於婚後的性行為也充滿了謬論。「和一個讓你一見鍾情的人結婚吧，這樣，性愛就會立刻變得美妙無比。」「不要期待在一生中，只能從一個男人或女人那裡獲得性滿足。要勇於試驗！敢於幻想！要敢和他人調情！看清事實吧！性愛是不會長久的。」

我們很容易就會上當受騙，並感到困惑不解。而真相就是，上帝把性愛作為愛的禮物賜給我們。無數夫妻都已證實，唯有在充滿愛的婚姻內所產生的性愛，才是最好的。這樣的性愛遠超過單純的肉體滿足，能在夫妻間創造一種深層的情感、心理，甚至

---

1 莉比・帕維斯（Libby Purves），《大自然的傑作，家庭倖存指南》（Nature's Masterpiece, A Family Survival Book），（霍德和斯托頓出版社，2000），第 225 頁。

是靈性上連結，使夫妻可以借助這一超越言語的方式來進行愛的交流。在婚姻生活中的性關係，能夠溫柔地、經常地，並且充滿激情地向對方表達出我們的愛，並且持續多年。

　　然而，如果使用不當的話，性愛也會把我們拋向痛苦和孤獨的深淵；反之，則會把我們帶向合二為一和心醉神迷的新境界。

婚姻黃金法則第七條

不要忽略性的親密

附錄 1

婚姻，預備好了嗎？

如何知道彼此是不是合適呢？如果合不來，怎麼辦呢？對結婚對象心存懷疑是正常的嗎？我們對於婚後生活想法實際嗎？當我們在認真考慮婚姻的時候，這些很可能是我們會問自己的一些問題。這樣的問題必須誠實地面對。

唔……

在附錄一中，我們列舉了七個有關愛的測試。目的是為顯示我們是不是擁有建立穩固婚姻的基礎。[1] 這些測試不僅

---

1 這些測驗均改編自沃爾特・特勞斯（Walter Trobisch）所著的《我與你結婚了》（I Married You）一書，第 89-92 頁。

能顯示彼此是否合適，還能顯示出我們是否已為進入婚姻做好準備。婚姻的建立絕不能僅僅出於迷戀。「戀愛」的感覺無法維繫一生的婚姻。這種感覺會漸漸消失，但是以下這七個關於愛的測試則會隨著年日變得越發堅固。

測試一：我想要和這個人共度我的餘生嗎？

婚姻指的是兩個原本各自獨立生活的人，一起同行，分享人生的一切。這樣的想法會使我充滿興奮呢？還是充滿不確定感呢？婚姻並不允許兩個人仍然維持各自獨立的身分，卻又住在同一屋簷下、使用同一張床、花許多的時間在一起。婚姻指的是要準備好，與另一個人分享我們全部的生活。

我準備好要分享自己的時間了嗎？向來是以自己的方式作計畫的我，現在，需要會同制訂屬於我們的共同計畫了。婚姻並不意味著要和對方共度每一分、每一秒，但的確意味著在作計畫的時候，需要把對方考慮在內。

我準備好要分享自己的錢財了嗎？我能夠誠實地說「一切屬於我的都將變成我們共有的」嗎？在婚姻中，沒有任何東西會仍然是只屬於個人的，因為我們承諾說「我在這世上的所有財物都要和你共享」。我所擁有的每一樣，不管是大是小，是貴重是輕賤，或只是情感上的，都將要和另一個人同享。我準備好了嗎？

測試二：我們之間的愛是讓我更有活力，還是讓我精力耗盡呢？

如果一個關係是健康的話，那麼當我們在一起的時候，會感覺更加有活力，也更加有動力展現我們的潛力。對方的愛應當會釋放我們、成就我們被創造時所賦予的旨意。婚姻具有釋放的能

力，儘管許多人不這樣認為。當我們經歷一個穩固的婚姻時，就會活出一種被愛所更新的生活。

我們的親密友人或家人，往往最能準確地看出婚姻關係對我們的影響。如果我們能激發出對方好的一面，就能讓人樂於與我們相處。當我們在一起的時候，是否讓彼此都覺得更完整了呢？還是更欠缺了呢？這第二個測試將顯示我們之間的愛情是否能促動我們、激勵我們。對有些情侶而言，單單為了維持這一關係所付出的努力，就已經讓他們筋疲力盡，深陷其中了。那不是一個健康的婚姻基礎。他們可能已經交往了一段時間，害怕停止交往會傷害彼此。但是，如果這一關係無法擁有一個長遠的將來的話，長痛不如短痛，趁早分手。

剛才要是押二號馬贏，我們蜜月的預算就能翻倍了。

測試三：我尊敬這個人嗎？

我們可能會在不同的方面受對方吸引。但是，尊敬要比單純的吸引更為深刻。

我尊敬這個人的品格嗎？我們可以透過觀察一個人如何與人相處，來發現這個人的品格：看他如何對待老年人、年輕人、家人、同輩，和那些來自不同背景、文化或種族的人。有沒有表現出同情心、勇氣、毅力、耐心、始終如一，以及其他我們所看重的品格？他也許是翩翩的英俊少年，或擁有一份權高位重的工作，或是一個廚藝精湛的廚師，或是一個卓越的運動健將，但是，他待人接物親切友善嗎？——如果你有所懷疑的話，那就觀察他對待自己母親的方式吧。

我尊重他的判斷嗎？他所作的大大小小關於職業、錢財或家庭等的決定又如何呢？我們在核心的信念和價值觀上彼此相容嗎？如果我們特別看重某些事情，卻和一個在這些事情上與我們看法截然不同的人結婚，那將是不智之舉。比如說，在有關信仰、道德問題、教育或是兒女等事情上，有沒有一致的看法？如果你想要小孩，卻發現伴侶不希望有孩子，這可能會令你萬分痛苦，對你的後半生也會產生重大影響。

如果你是一個基督徒，那麼聖經對於「你們和不信的原不相配，不要同負一軛」（哥林多後書六：14）的這一命令，將是我們考慮婚姻時的一個重要依據。這個人希望在生命中的每個層面全心跟隨、服事上帝嗎？他是不是依靠上帝，知道上帝對他的生命（也因此相信對你們共同的生活）有一個計畫和目的呢？

我能夠對我自己說「我愛這個人，並且對此感到自豪」嗎？更強而有力的問題是：「我想要讓這個人成為我孩子的父親或母親嗎？」

測試四：我能夠按著這個人的本相接納他嗎？

我們沒有一個人是完美的。每個人都有一些軟弱、怪癖和壞習慣。這個人身上有什麼讓我感覺煩惱的嗎？我們必須確定一件事，就是即使這些令我們煩惱的事一個都不會改變，我們還是能夠一起生活並且彼此相愛。我們的婚姻不能像分期付款，盼望結婚後能夠這裡一點那裡一點地改變對方。這樣，我們通常是會失望的。

一些成癮的行為，比如酗酒、吸毒、賭博或色情，常常需要獲得專業機構的幫助。這些問題應當在結婚以前就進行處理，因為，結婚本身無法解決這些成癮問題。

測試五：我們能夠承認自己的錯誤、向對方道歉並且彼此原諒嗎？

在任何的親密關係中，都無可避免地會有意見的衝突和負面的感覺。約翰 · 格雷在他的《男人來自火星，女人來自金星》一書中說道：「有些夫妻一直都在爭鬥，他們的愛便逐漸銷聲匿跡了。還有些夫妻為了避免衝突和爭吵而壓抑自己真實的感受，這樣做的結果同樣會逐漸失去愛的感覺。前一對夫妻是在熱戰，而後一對夫妻是在冷戰。」[1]

無論冷戰或熱戰，這兩種處理辦法都是行不通的。當我們傷害到彼此的時候，需要敞開談出來，放下驕傲，道歉並且原諒。這需要良好的溝通。作為夫妻，有沒有以建設性的方式來解決彼此之間的分歧呢？這一測試的目的並不在於了解是否存在衝突，而是能否解決衝突。

測試六：兩人是否具有共同的興趣可以作為友誼的基礎？

兩人在一起有樂趣嗎？友誼是建立在一些共同的經歷上的。共同的活動能引發一些共有的祕密和回憶。彼此有沒有一些雙方都覺得享受的愛好？當一起做這些事的時候，是不是覺得愉快？婚姻並不是要分享每一個愛好，但是，結婚以後，能持續分享這

---

1 約翰 · 格雷（John Gray），《男人來自火星，女人來自金星》（Men are from Mars, Women are from Venus），（托森斯、哈珀 · 柯林斯出版社，1993），第 151 頁。

些共同的喜好和活動，對於維持彼此的友誼是非常重要的。

測試七：兩人有沒有一起共度過四季，以及各種不同的處境？

有沒有見到過在夏天和冬天時他的模樣？有沒有看到過他穿著短褲或大衣的樣子？還是我們所見到的就只是梳洗得乾乾淨淨、一副準備好出去約會的模樣？我們知道對方的全部嗎？對彼此的了解是完整的嗎？無論是在順境或逆境，你都與他一起面對過嗎？彼此是如何處理壓力或危機的呢？

有些人在之前的戀愛或婚姻關係中曾遭受過創傷，或是在生命中有過重大的打擊，便急匆匆地選擇進入了婚姻。如果把婚姻當作逃避痛苦的機會，這樣的婚姻就缺乏穩固的基礎，這也適用於其他任何的關係。只有當我們花足夠多的時間在一起時，才能看清對方的真我。正如某個人說的：「愛其實就是你和某人共同經歷過的一些事情。」

有一些人雖然能夠對這七個測試都給出「肯定」的答案，但是，他們仍然在為要不要委身於婚姻而掙扎，因為在過去的生活中，他們所信任的人讓他們失望了。有可能是他們父母在婚姻中有過虐待的行為；或是他們的父親或母親在他們成長時就離開了家庭；或者，他們以為之前的婚姻關係能持續終生，但最終還是破裂了。

要戰勝害怕委身的第一步，就是要找出造成害怕的源頭。能與一位信得過的朋友、教會領袖或是輔導討論這個問題會很有幫助（一般而言，與第三方討論這些問題，會比與我們的家人討論要好）。

第二步是要饒恕那些曾經傷害我們的人。每一次，當痛苦、

怒氣或失望重新浮現的時候，我們都需要再次選擇原諒。當我們這樣做的時候，漸漸地，過去的回憶對我們的控制就會越來越少。然而，對很多人而言，只有在他們親身經歷到充滿愛的婚姻、親身體會到忠誠的感受，並且在信任中成長的時候，對於委身的懼怕才會獲得最終的解決。

我們有一些婚姻幸福的朋友，他們對於所有這七個測驗的答案都是肯定的，但是在他們舉行婚禮的那一天，仍然在躊躇和疑慮中掙扎。要結為連理並說出那些將影響我們終生的誓言，是需要勇氣的。

我們也認識一些人，勇敢地在結婚幾週前，甚至幾天前，終止了他們的婚約。有些人後來和別人結婚了，有些人至今仍然維持單身。他們對自己的決定並不感到後悔。維持單身和獨立的狀態、自由地去事奉上帝並且活出上帝給我們的潛能，遠比承受因為擇偶不當而導致的不幸後果，好得太多了。

附 錄 2

訂婚、性和蜜月

訂 婚

訂婚是一段預備的時期，不僅是預備婚禮，也是預備婚姻。這是一段用以培養友誼、更多了解彼此的時期，尤其是能夠認識彼此對婚後生活持有哪些期待。我們希望，藉著討論本書內容能夠為大家提供說明。在這段時期，通常會產生一些關係緊張和誤解，籌備婚禮的過程往往更易加劇衝突。學習如何解決分歧是這個時期的寶貴功課。

訂婚期間的性界限

訂婚期同樣也是一段學習如何控制肉體慾望的時期。上帝的計畫是，我們在婚禮上作了委身的誓言以後，才在性關係上將自己給予對方。梅麥克這樣描寫這一親密行為：

性愛象徵著完全的信任和降服，需要以一種完全的
降服為基礎。需要一個能讓二人全然安心的完美宣誓，
以及對即將進入的二人關係能徹底委身。而這正是一個
充滿愛的婚約才能夠做到的。[1]

有些人堅持，認為必須在婚前就要知道能否擁有契合的親密
關係。但是，嘗試性的同居不能算是一種公正的檢驗。

1998 年七月，由英國上議院和下議院委任的家庭與兒童保護
組織，向內政大臣提交了一份名為《家庭事務》的報告。該組織
發現，「根據絕大多數同居者的經驗，同居並不能建立一種安全
的關係……」那些婚前同居者在婚後的離婚率，幾乎是那些未曾
婚前同居之人的兩倍。

原因在於，性關係會讓我們變得脆弱。這種脆弱需要信任，
而這樣的信任只能存在於婚禮誓言的堅固支撐當中。只有處在一
個完全委身的關係中時，我們才能真正自由地將自己毫無保留地
給予彼此。因此，重要的並不是我們的性經驗、體質或是二人來
不來電，而是委身、自我犧牲的愛，只有在這樣的環境中，才能
產生出最美妙的性愛。

雅歌一書有幾句副歌，重複出現了三次。這幾句話體現了要
約束肉體欲望、一直等到合適時機才將自己給予對方的重要性：
「耶路撒冷的眾女子啊……我囑咐你們：不要驚動、不要叫醒我
所親愛的，等他自己情願。」（雅歌二：7；三：5；八：4）因為
性慾具有強大的力量，所以，我們有責任不去「驚動」或「叫醒」

---

1 梅麥克（Mike Mason），《婚姻的奧祕》（The Mystery of Marriage），（三角出版社，
　1997），第 100 頁。

對方，以防越過他們自我控制的極限。在我與希拉婚前交往的四年間，我們設立了一些性關係的界限。我們發現這些界限極有價值。

力奇

認識十六個月以後，我們已經深深相愛了。而且，我們對彼此矢志不渝。性愛似乎是水到渠成的事了。

希拉

我當時十八歲，性格很獨立。而且，我非常非常愛力奇。現在回想起來，我意識到，從我們發生性關係開始，我們的關係就開始擔負一種強烈的感受，和一種壓抑很深的罪惡感。我知道父母對於婚前性行為的看法，但是，我總以為這些不過是傳統的基督教觀點，與我無關，因此，可以不予考慮。

我對力奇的愛非同一般，我也對這一關係非常投入。我並沒有隨隨便便地和許多男人上床。我愛力奇，愛到不能自已。和他發生性關係似乎是表達愛情的最自然不過的方式。我用這個理由說服我自己，因為我想要如此。

1974 年上半年，當力奇和我剛開始接觸基督教的時候，我並未真正地認識到信仰基督對我們的關係將意味著什麼。

力奇

當我逐漸開始認真思考並且探索基督教信仰的時候，我的良心告訴我，如果我真的要把自己的生命交給

耶穌基督的話，這將意味著，我們不可以在婚前再度發生性行為。這讓我產生了一種懼怕感，我怕這樣的話，我和希拉的關係會逐漸疏遠。因此，我把這些想法瞞著她，能瞞多久就瞞多久。

到了一個必須作出決定的時刻，我記得自己寫下了這樣一個禱告，大概是：「上帝，我想祢是存在的。我相信耶穌基督就是上帝的兒子，並且從死裡復活了。因此，我需要對祢作出委身。但是，除非祢也能說服希拉，否則我沒有力量這麼做。」

希拉

當我在聽大衛・麥克因斯（David MacInnes）講論耶穌基督的時候，我感覺好像他和耶穌似乎有著極深的交情，他認識耶穌——就好像我認識力奇一樣。這對我是一種啟示。漸漸地，我開始明白，如果我要接受基督教信仰的話，在我生命中有許多方面都將發生改變，包括我和力奇之間的性關係。雖然並沒有人告訴我們會這樣。這一認識是逐漸產生的，最後，我們也都確信，這對雙方都將是最好的方式。那個晚上，當我們承諾要按照上帝的方式生活時，我們都清楚，必須要等到結婚以後才能再次做愛。

力奇

在接下來的幾週裡，我們發現，要親密地睡在同一張床上卻不發生性行為實在太難了，因此，我就睡到地板上。再過幾個月，我們又覺得，如果不睡在同一個房

間的話，會更加容易一點。那個時候，我們已經感覺到，
這樣的親密行為最好還是留到結婚以後。

　　這樣的改變對我們來說是一個過程。感謝上帝，祂
用這樣一種方式，溫柔地帶領我們一步一步走過來。非
但沒讓我們分開，而且還給我們的關係注入了新的自由、
一種我們以前從未領受的親密感，和對彼此更為深刻的
信任感。

從停止發生性關係一直到結婚，在這兩年半的時間裡，我們
學習到很多。要在戀愛關係中先跳過性愛這一關，並不是那麼容
易，但是我們逐漸地成長，開始認識到上帝創造性愛，是為了相
愛終生且完全委身的婚姻關係。我們也懂得了什麼是情慾，什麼
是以關愛和適當的愛撫來表達愛意。

　　如今我們認識到，這是我們所要學習的一個重要功
課，因為，即使是在婚姻裡面，我們仍然可能在
性關係上傷害對方。仍然可能只想滿足自己的
慾望，而不是去愛、去給予對方。

　　另外，我們也學習到，需要彼此幫助。
因為，我們可能會情不自禁玩起這樣的遊
戲：一方開始挑逗另一方，好讓他做些什
麼來激發我們的性慾。然後，我們再不由自
主地向對方做一些什麼……。如果一不留神
超出界線，就背離了本來的意願。這時我們就
說：「這不是我的錯，是你誘惑我的！」因此，這
讓我們知道，應當雙方都需要承擔起幫助對方的責任。

我們在下面列舉了幾條實用性的建議。不僅我們自己，還有一些努力把性愛留在婚後的夫婦也一致認為極其有效：

• 雙方都要知道哪些行為特別能夠引發彼此的性慾，無論是視覺景象、語言或是觸摸。一般而言，男性會因為眼睛所見的而快速感到興奮，而女性則會被情感上的親密感所刺激（當我們在婚姻中刻意尋求激發對方性慾時，需要認識到這些差異，是很重要的）。

好，我知道了，你希望我們結婚後再做愛。

• 儘量不要讓自己身處於隱密而不受干擾的獨處空間。比如說，一起待在某個房子裡過夜，或是二人單獨出去度假，這些環境所產生的誘惑力往往是很多情侶所無法抵禦的。找一些朋友一起去吧。這聽上去也許有點過時，但是卻特別有效！

• 就算你們決定不會發生性行為，仍然強烈建議不要睡在同一張床上。那種親密的程度，會自然而然地引發進一步的行動。有些情侶睡在同一張床上但極力克制自己不發生性行為，卻發現，這竟導致日後他們對婚姻中的性愛懷有罪惡感。有一對夫婦，他們在婚前經常睡在同一張床上，但是又盡其所能地克制自己不發生婚前性行為。結果，結婚後，他們發現仍舊很難放下這些自我克制。

• 究竟在婚前可以親近到什麼程度，每一對情侶需要設定你們自己的界限。我和希拉的界限包括不一起躺下來、避免身體的暴露甚或部分暴露。這樣的暴露肯定還是留到洞房花燭夜的好。

實行這些克制雖然非常困難，但是卻能讓我們留住那個美妙的期待，將自己在最最完美的時刻獻給對方。我們的一個朋友如

此寫道：

> 在我成為基督徒以前，參加過許多婚禮。就像電影
> 《四個婚禮一個葬禮》中的查理斯一樣，我發現，很少
> 有哪個禮拜六是不需要參加婚禮的。這些婚禮通常都非
> 常溫暖人心，到處是華服霓裳、柔情蜜語和美酒佳餚。
> 然而，我永遠不會忘記所參加過的第一次婚禮，我知道
> 婚禮那一天代表著新郎新娘親密關係的開始。空氣中彌
> 漫著一些與眾不同的氛圍：一種可以感受到的輕鬆愉快、
> 敬畏感、脆弱感，還有珍貴和純潔。他們一邊陳述著婚
> 禮誓言一邊注視著對方。那種眼神，我一定會描述給我
> 的孩子們聽。

過往的性經歷

上帝對我們的計畫是，當我們結婚時還是童貞之身。我們在
前面已經討論了禁慾的種種理由。但是，如果因為過去的性經歷
而導致痛苦、罪疚、嫉妒或是不饒恕的話，那麼，在進入婚姻之
前，這些情緒必須被對付。

過去的性關係不管是不是祕密，都可能玷污我們的婚姻。非
但不能帶給我們有益的經驗，而且可能會導致不信任、嫉妒以及
一些有害的回憶。基督信仰的教導是，要將過去的性關係交給上
帝、請求祂原諒我們曾犯下的錯誤，並且潔淨我們。

我們建議，要將你過去的性關係告知你的未婚夫（未婚妻），
並且請求他（她）的原諒。你不需要告訴他們具體細節，因為這
可能會令他們感到痛苦，也可能導致進一步的傷害。但當你告訴
了他，上帝就能夠醫治你們，給你們自由，可以喜樂地享受新的

開始。

你可能會因為害怕傷害到對方而不敢坦白。但是，在婚姻中保有祕密是一件危險的事情。因為，當祕密一旦曝光，可能會造成更大的傷害和破壞。如果你對如何告知對方深感煩惱的話，可以請求教會領袖或是輔導者的幫助。坦白可能需要勇氣，但是能保證你們共同的未來是牢牢建立在信任、敞開和饒恕的基礎之上的。

在坦承有關墮胎、成癮性的癖好、色情、嫖妓、穿異性服裝或同性戀等經歷前，最好能先跟他人談一下。找一個專業輔導談談。這趟坦白的過程不會太快，可能為期數個月甚至數年之久。如果真是這樣，那麼，夫妻間彼此的鼓勵是不可少的。

有些夫妻會因為婚前在身體上過分親近而懷有罪惡感。他們原本不想出軌，但一方挑起了另一方的性慾，以致在情慾上失了控。像這樣的懊悔可以帶到上帝和對方面前，尋求原諒，並請求上帝做恢復的工作。當我們坦誠地來到上帝面前，祂給我們的應許是：「若有人在基督裡，他就是新造的人，舊事已過，都變成新的了。」（哥林多後書五：17）然後，我們就可以從過去中得釋放，並且得以美妙無比地進入婚姻。

蜜　月

要做好準備

建議在結婚前一個月左右，雙方都去讀一本關於性愛的好書，這書是從基督教觀點寫作的（參見書後的參考書目），好讓你們對此有充分認識。一旦結了婚，可以一起再讀一本像這樣的書。這可以讓你們更加開誠佈公地一起討論你們的性生活（和對方一

起）。而且，日後如果遇到任何問題，也將受益匪淺。無論任何
關係，只要是終其一生的，在不同的階段必然會有不同的問題發
生。許多男性會在某個階段發生某種程度的陽痿，大部分情況是
因為壓力造成的，而許多女性在生產後多少會有性慾減低的問題。

如果你們有任何的焦慮或是一時得不到解答的問題，不妨請
教醫生，他們應該能夠幫助你們。或者，也可以向一個熟識且信
得過的已婚朋友請教。

要面對現實

因為你需要從婚禮那一天的繁重壓力中恢復過來。所以，儘
量規劃一個比較休閒的蜜月假期。蜜月可能不是一個橫越極地、
坐獨木舟漂流亞馬遜河，或是攀登喜馬拉雅山的最佳時機。蜜月
的目的是花時間放鬆、適應對方、享受對方。過多勞心勞力的旅
行或觀光反而適得其反。蜜月並不是一個用來規劃一生的度假時
機。你們可以把那個留到結婚一年以後吧，那個時候可能會更有
樂趣。

不要在短時間內奢求過多

蜜月只不過是發現之旅的一個起點而已。眼光要放長遠。在
性方面，不要期待所有的好東西一次到位。這是一段特別需要溫
柔、親切和耐心的時間。維持幽默感將能夠幫助你放鬆。如果事
情沒有像電影所演的那樣發展——擁有瞬間天雷勾動地火般自然
又激烈的歡愉的話，也不要驚慌失措。可能需要一些時間才能體
驗到雙方共同的或是自發的性高潮。

不管是在做愛前還是做愛後，都不要害怕討論哪些行為讓我
們覺得享受、哪些則不覺得愉悅。這將會有助於你們了解如何激

發對方性慾。一開始，這可能會讓你們覺得尷尬、不太自然，但是，如果想讓我們的親密關係有所進步的話，溝通是必不可少的。一旦開始了溝通，任何的尷尬轉瞬就會消失。

談論彼此的期待

夫妻間可能會對彼此有一些不切實際又未加以溝通的期望。當你穿過臥室門檻的那一刻，不要覺得對做愛很有壓力，而要覺得有這個自由。一定要確保你們已經一起討論了這一時刻，這樣的話，就不會帶著猶豫和誤會開始你們的婚姻了。一下子穿越從不可以到可以的界限，可能會有些不適應或奇怪的感覺。

有一位作丈夫的告訴我們，他新婚才九個小時的妻子因為婚禮而筋疲力盡，以致一躺到床上就呼呼大睡。當時，他還在浴室裡。結果他徹夜難眠，十分失望，以為自己犯了什麼可怕的錯誤，或是根本不該結婚。但是第二天，當他們一起討論了各自不同的期望以後，情況就大為改善。並且有了一次美妙無比的蜜月。

保持幽默感

蜜月會發生什麼事，可能是無法預測的。有一對夫妻告訴我們，他們在蜜月第一天就被太陽曬傷了，而且很嚴重，以致他們整個星期都無法碰觸對方。幸好，他們看到的是這件事情有趣的一面。還有一個新婚的丈夫，向我們描述了蜜月頭一晚的窘況，完全沒有按照原先計畫的方式進行：

　　　　當我們終於抵達飯店時，已經晚上十一點了。飯店
　　不如宣傳冊上看來的那麼大，我感到心裡一沉，因為我
　　對婚禮安排的唯一貢獻就是挑選飯店。這一天過得很好，

我的妻子看上去容光燦爛。我多麼希望新婚之夜能夠讓人難以忘懷。我們找到了預定的房間，很漂亮。當新婚妻子看到冷藏過的酒瓶和放在床上的玫瑰時，她甜美地笑了。我也準備開始放鬆下來，一切都將妙不可言。

本來的確可以。但是，我發現房裡放的不是一張雙人床，而是兩張單人床，這讓我驚恐不已。我立刻找到了經理。「這是我們的蜜月，而這就是你們的蜜月套房嗎？」我說。

經理滿懷歉意地解釋，由於疏忽，安排了另一對夫妻使用蜜月套房，而且他們已經入住了。

「但是這裡面是兩張單人床啊。」我懇求道。在那個時刻，我本可以大大爭辯一番，主張我的權利。但是，當經理提出另一個解決方案的時候，我同意了，因為他說以前也曾經這樣做過。

「我讓人給你們送一些繩子來，」他說：「你們可以把這兩張床綁在一起。」

「那就快一點送來！」我大聲說。

就這樣，那個晚上，我等了廿八年之久、夢想了許久的那個晚上，當我正全力以赴的時候，兩張床突然分開了，我們摔到了地上。我看著天花板，心裡想不如死了算了。但就在那時，妻子趴到我身上，在我耳邊低聲說，「親愛的……我怎麼感到天旋地轉啊。」[1]

---

1 保羅・弗蘭西斯（Paul Francis），《青少年：父母一小時倖存指南》（The Parents' One Hour Survival Guide），（馬歇爾・皮克林出版社，1998），第 88-89 頁。

附錄 3

作預算

　　據婚姻輔導服務機構所作的一項調查，大多數關於錢財的爭吵多半是起因於花費的項目。如果在你們的婚姻中，如何花錢是一個問題。那麼，應當先制訂一個雙方一致同意的使用規則。這可以幫助你們在家庭生活中更有計畫地使用錢財。夫妻一起作預算會有很多好處，儘管預算未必萬能。第一個好處就是讓雙方都能更加清楚家中真實的財務狀況。第二是讓雙方不得不去討論如何使用錢財的問題。第三是當我們給每一項開支項目分配了一定額度的錢以後，就可以在固定限度內自由地選擇運用。

　　正如其他方面的衝突一樣，錢財也可以成為阻隔和影響婚姻關係的因素。當然，我們也可以選擇一起共同進行解決這一問題，並且在解決的過程中，讓彼此變得更加親密。

　　作預算能夠消除我們因為害怕超支而產生的恐懼，及擔憂花

錢沒有節制而產生的罪惡感，甚或因為出現財務赤字、互相責怪而導致的衝突。我們認識一些夫妻，他們就是藉由坦誠地討論財務狀況並作出相應對策，而使婚姻被全然改變，從前是唇槍舌劍，後來則是和諧美滿。

如果錢財是你們衝突的根源，建議實行以下三個步驟。這些步驟聽上去都很淺顯直白，但是，奇怪的是，很少有人會真正坐下來，好好談談這些問題。

了解真實的財務狀況

算出你們的財務現況

找一個你們都不覺得太過疲倦，也不太會被打擾的時間。然後，把所有的銀行對帳單、未付票據、儲蓄帳戶、信用卡對帳單等都收集起來。

如果已經超支、陷入負債的話，就要坦白相告。這雖然並非易事，但一定是值得的，因為，對於錢財的焦慮很容易會變成一個隱藏的祕密。但是一旦這祕密曝光，我們反而能不再受其捆綁。

要彼此溫柔以對──我們沒有一個人是完全正確的。如果我們發現自己陷入負債的話，就要一起討論如何從債務中解脫出來。不要害怕求助於有經驗的人，也不要感到尷尬。這個問題越早面對，就越容易解決。

計算共同的收入

為了計畫開支，就需要知道進來的和出去的錢的數量。比較簡單的方法是計算出共同的收入。從月收入中扣除固定的支出，如稅金、保險等。這樣，就可以得出每月的平均收入。把這些數

字寫入「每月預算計畫」裡，請參考後面的範例。

制定共同開支的專案

很多夫妻都發現他們在財務上捉襟見肘，可是又不清楚錢到底用去了哪裡。因此，他們可能會弄錯了真正導致負債的原因。為了能夠擁有精確的收支明細，我們可能需要把一兩個月內所花的每一筆錢都記錄下來。這些資訊，再加上銀行對帳單和信用卡對帳單，應該能夠讓我們計算出平均月支出（至於那些不是每個月都會發生的支出，比如汽車保養費、各種保險費或是旅遊支出，可以統計出全年總額，再除以 12）。

把這些資訊記錄到你們的預算計畫裡，再根據需要，列出其他項目。先從那些固定支出專案開始，比如房屋貸款、房租、水電瓦斯費、保險以及旅行支出。然後，再記錄下那些金額不固定的機動項目，比如伙食費、家務支出、衣物、禮物、宴客和運動等。

接下來，就要把這些開銷從收入中減去，如果結算紀錄與實際收入比對不符的話，要麼就是老闆少付了你薪水，要麼就是你漏了該記的項目。當然，結果可能是負的，這就意味著我們花的比掙的還多，必須採取緊急行動了。

研擬新計畫

第二個步驟是計畫錢財的使用策略。我們可以為每一個開支項目預先分配額度。這樣做的目的是為設定一個不超過收入範圍的預算。這一預算反映出我們雙方一致同意的優先開支專案，並且對額外的支出也保留彈性。

丈夫和妻子可能都需要做出某些犧牲。但是，許多夫妻發現，討論將來比解釋過去要更容易一些。如果你們一時無法達成共識

的話，可以先中斷討論，給雙方留出時間去考慮對方的觀點（並且為之禱告）。然後，再找一個雙方認可的時機再度進行討論。

達成共識的一大好處就是，可以在雙方一致同意的限度內運用，而不必抱有罪惡感，也不必向對方躲躲藏藏。

訂定實施規則

指定一名財務總監

制定預算是一回事，但是，落實這一預算則又是另外一回事了。因此，需要決定誰更適合追蹤財務狀況、支付票據、定期查核這一角色，這是很有幫助的。

留心信用卡

對很多人而言，要控制開銷最難的一點就是信用卡了。信用卡有兩個危險。第一個是不會讓我們感覺到在花錢；另一個是無法主動了解預算中還有多少餘額。因此，有些夫妻索性銷毀他們的信用卡，轉回使用現金。雖然不如信用卡方便，卻讓他們能夠控制開銷，而且也免去了婚姻中的許多衝突。

不抱愧花錢的十個建議

這些簡易的方法，我們大概用了十年時間才研究出來。

1. 拿一張白紙。把這個月你們撥給必須花費（食物、醫藥等）的預算金額記下來。
2. 一次當你把錢花在必需品上時，就做一次記錄，從總數上扣除這筆錢。雙方都必須坦誠交代。

3. 每一次從自動取款機領的錢很可能也是用在必需品上，也要把這些數目從總數中扣除。從自動取款機上領錢很容易被忘記，特別是如果你想忘記的話。

4. 到了週末，檢視成果。看看下週是要再削減預算呢？還是可以稍微寬鬆一點？要誠實以對。如果可以的話，牛排大餐就省了吧。

5. 每週都重新記錄新的開銷。任何花在必需品上的花費都要從總額中扣除。

6. 到了當月的最後一週，撒謊、讓步或者吃幾天泡麵都是很常見的現象。當然啦，這或許也能趁機減減肥啦！

7. 像買新衣服和社交這樣的開支，可以歸類（可悲地）到非必需品這一類裡。

8. 注意：對於非必需品，我們不一定非買不可。因為即使沒有外賣的咖哩、足球賽或新靴子，我們也能活下去（雖然有點痛苦）。有時候，我們可能需要說「不」，但是，最好是對自己，而不是對對方說。

9. 對於非必需品，可以使用和必需品同樣的方法。在非必需品這一類裡，想要撒謊、遺忘或忽略的欲望可能會更為強烈一點。

10. 如果還有餘額的話，那麼像購物、燭光晚餐、週末的休閒旅遊或觀賞球賽等，都可以充分享受一下。必須承認，這一方法的執行與家裡的財務狀況有關。在婚姻的某些階段，手頭會比較緊，以致不得不嚴格地按照這一方法執行。而到了另一些階段，手頭會比較寬裕，我們就會有所鬆懈。因此，我們必須再度檢查財務狀況，並且利用這套方法使開銷回歸正常。

有些夫妻之所以無法做到收支平衡，問題在於他們沒有足夠的收入來維持開銷。但更常見的原因往往是花費過大。羅布‧帕森斯描述他自小所受的教育：

> 我的父親是一名郵差，母親是一名清潔工。我們住在租來的房子裡，雖不至說貧窮，但生活卻很簡樸。諸如暖爐、全鋪的地毯以及衛生紙（更別提了！）之類的，都是屬於另一個世界的東西。一直到十六歲，我都沒有在餐館裡吃過飯。但是，在那個家裡，我擁有所需要的一切，包括父親所給的智慧建議。我的父親常常會把我叫到一邊，背誦狄更斯所寫的《大衛‧科波菲爾》一書中米考伯先生的一番話給我聽：如果年收入是 20 先令，而年支出只有 19 先令 6 個便士，那結果就是開心；如果年收入是 20 先令，但年支出是 20 先令 6 個便士，那麼結果就是不幸。這一原則中所蘊涵的信念讓我的父親從未陷入負債。你可能會認為他為此所付的代價大到難以令人接受，因為他從未享受過一次離家在外的假日，也從未擁有過屬於自己的銀行帳戶，而且他也從未嚐過義大利麵的味道。但是，我所認識的人中，從未有一個人像他這麼滿足。[1]

---

1 羅布‧帕森斯（Rob Parsons），《突破重重困難的愛》（Loving Against the Odds），（霍德和斯托頓出版社，1994），第 190 頁。

每月預算計畫

平均月收入（計算年度總額）

共同的薪水　　　　　　　　　　　　　　　　　¥＿＿＿＿＿

其他收入來源　　　　　　　　　　　　　　　　¥＿＿＿＿＿

總額（1）　¥＿＿＿＿÷ 12 ＝　　　　　　　　¥＿＿＿＿＿

　　　　　　　　　　　　　　　　　　　　　（每月）

固定的經常性支出（計算年度總額）

	實　際	預　算
房租 / 抵押貸款	¥＿＿＿＿	¥＿＿＿＿
各種稅款	¥＿＿＿＿	¥＿＿＿＿
水電瓦斯	¥＿＿＿＿	¥＿＿＿＿
保險	¥＿＿＿＿	¥＿＿＿＿
償還貸款	¥＿＿＿＿	¥＿＿＿＿
旅遊	¥＿＿＿＿	¥＿＿＿＿
汽車費用——稅款、保險	¥＿＿＿＿	¥＿＿＿＿
奉獻捐贈	¥＿＿＿＿	¥＿＿＿＿
其他	¥＿＿＿＿	¥＿＿＿＿
總額（2）　¥＿＿＿＿÷ 12 ＝	¥＿＿＿＿	¥＿＿＿＿
	（每月）	（每月）

有彈性的「必需品」開銷（預估年度總額）

	實際	預算
家庭支出（食物、醫藥等）	¥＿＿＿＿	¥＿＿＿＿
衣物 / 鞋子	¥＿＿＿＿	¥＿＿＿＿
汽車的日常成本	¥＿＿＿＿	¥＿＿＿＿
電話	¥＿＿＿＿	¥＿＿＿＿
其他	¥＿＿＿＿	¥＿＿＿＿
總額（3）　¥＿＿＿＿÷ 12 ＝	¥＿＿＿＿	¥＿＿＿＿
	（每月）	（每月）

有彈性的「非必需品」開銷（估計一個年度數字）

娛樂 / 宴客	¥＿＿＿＿	¥＿＿＿＿
禮物	¥＿＿＿＿	¥＿＿＿＿
度假	¥＿＿＿＿	¥＿＿＿＿
外出	¥＿＿＿＿	¥＿＿＿＿
其他	¥＿＿＿＿	¥＿＿＿＿
總額（4）　　¥＿＿＿＿ ÷ 12 =	¥＿＿＿＿	¥＿＿＿＿
	（每月）	（每月）

每月儲蓄或緊急支用金額

總額（5）	¥＿＿＿＿	¥＿＿＿＿
加在一起的每月總開銷（2, 3, 4, 5）	¥＿＿＿＿	¥＿＿＿＿
與每月總收入進行比較（1）	¥＿＿＿＿	¥＿＿＿＿

附錄 4

一起禱告

對於有些讀者而言，禱告可能是一個極為陌生的概念。有些人認為禱告是一種軟弱的跡象，或是人心智上的不成熟。他們從小就被教導，成長就是要學會如何獨立應付。因此，不管生活中哪一方面出現了難處，都不願向自己承認，更別提向配偶承認了。

另外有一些人，覺得大聲地禱告會很尷尬。有一位參加婚姻課程的女性告訴我們，她寧可在馬路上裸奔，也不願和丈夫一起禱告。因為禱告是一種十分個人化的私密行為，因此，很可能會讓我們感覺造到暴露和顯現脆弱。其實禱告沒有這麼困難。

一起禱告的意思是，讓我們從上帝這超越我們的泉源處，汲取我們所需要的智慧、愛和力量。禱告能讓我們擁有希望，而不是絕望。我們認識一些夫妻，描述一起禱告對他們的婚姻所產生的影響說：

• 「禱告主要就是把憂慮從我們的生活中拿走，交給上帝，這樣我們二人都可以稍微放鬆一下。」

• 「我們嘗試著晚上睡覺前一起簡短禱告，這就好像我們之間的黏合劑一樣。」

• 「我們嘗試著在週日晚上禱告。我們本來可能會為了一些事情憂慮，但是當我們把它放到上帝的『待處理檔案』裡後，就不用那麼憂慮了。」

• 「當我們不一起禱告時，生活好像會變得更加困難。而當我們來到上帝面前時，祂就會把合一帶給我們。」

如何開始

對我們來說，一起禱告對我們的婚姻非常重要。一開始，我們對禱告總有一些不切實際的期盼，就像人說的「眼大肚子小」。但當我們超越這些不實際的想法後，禱告對我們來說反而更重要了。

力奇

剛結婚時，希拉會規律地每天做一頓美味大餐，菜量足以餵飽六個人。一週中有幾個晚上，她都嘗試一道新的菜譜。這樣過了三個月，我們的肚子都變得圓滾滾的，而她這個作妻子的也已筋疲力盡，無以為繼了。於是，一夜之間，我們就回到了土司加乳酪或者買一份外送中餐的常規飲食了。

我們一起禱告的生活差不多也是以同樣的方式開始。有太多的事需要禱告了，如果我們在一天結束時才開始禱告的話，時間就會拖得太長，讓我們無法應付。

因為通常到那時候已經很晚，而且我們也已經很累了。像這樣禱告了一段時間以後，我們都不再提議一起禱告了，因為我們無法在睡覺前還要面對一個長時間的禱告。

後來，有人建議我們可以嘗試在一天開始時，一起禱告五到十分鐘。這使得情況完全改觀。我們之所以會把時間定好，是因為我們只有十分鐘的時間，然後就必須離家去上班了。這樣也幫助我們不會把時間拖得太長。

在過去卅二年間，我們一直是希望能藉著一小段時間的禱告來開始一天的生活。我們也會根據孩子們的年齡、工作的時間和需要來調整一起禱告的時間。當然，我們並未做到每天都能一起禱告，但是有了這一個目標，我們就能在多半情況下做到這一點。我們所得到的益處也會讓我們想要再次這樣一起禱告。

如何與對方一起禱告並為對方禱告

我們無須對有規律的一起禱告覺得棘手。可以先從容易著手處開始，而不是從做不到的地方開始。有些人可能喜歡使用寫有禱告的書開始，好讓他們能夠開聲禱告。另一些人可能一開始先讀一些聖經經文，然後默默地為對方禱告。像《30 天靈修》[1] 或者《每日之光》這種一年 365 天的每日靈修書籍，對許多人都很有幫助。

還有一些人可能習慣於開聲禱告，這讓他們感到自在。我們的建議是，以你們覺得最自在的方式開始禱告，並且力求簡單、

---

1 甘力克（Nicky Gumbel），《30 天——讀經 30 天實用介紹》（30 Days — a thirtyday practical introduction to reading the Bible），（啟發國際出版社，1999）。

誠實。

幾個月前，我們碰到一對即將慶祝結婚四十週年紀念的夫婦。我們問他們，建立一個穩固的婚姻，最重要的是哪一點。他們先說了一些對方身上的優點，並且描述了如何一同成長。

但是，他們接下來的一番話，可說是深具啟發性。他們二人一致認為，對他們婚姻的穩固性和和諧性影響最大的，就是他們每天早上一起的禱告。

原以為他們過去四十年間天天都是如此。但是，當我們問他們究竟何時開始一起禱告時，他們回答說：「大概十八個月之前。」而且，他們又補充道，如果有人在幾年前告訴他們，一起禱告將對他們非常重要的話，他們很可能會認為那是十分不可思議的。

只要去做，就永遠不怕為時已晚。同樣的，也永遠不會為時過早。下面是我們列舉的一些建議，這些建議大大幫助了我們，使我們能夠實現一起禱告這個目標。

1. 以感謝上帝開始

感謝能夠重新定位我們的思維。如果我們感覺到處在壓力之下或感到手足無措的時候，感恩能夠大大改變我們的心境。使徒保羅在牢獄中寫了好幾封信，這些信中充滿了他對上帝的感謝和感恩。「要常常喜樂，不住地禱告，凡事謝恩，因為這是神在基督耶穌裡向你們所定的旨意。」（帖撒羅尼迦前書五：16-18）他的這一態度與時下流行的不滿足、追求更多更大更好的趨勢，截然不同。向上帝感謝，包括為著彼此而感謝，這將改變我們看待事物的眼光。

2. 為彼此禱告

這一段禱告時間的主要目的，是為發現各自對這一天的需要和焦慮，並將它們帶到上帝面前。有時候可能是因為某一個孩子；有時候可能是因為缺錢；還有時候可能是因為感覺無力面對一天的各種挑戰。對我們而言，假如有一方在與某個人相處上有困難，我們會請求對方為我們禱告，求上帝改變我們的心思意念，並將祂的愛澆灌我們，讓我們可以去愛那個人。

驕傲和固執會妨礙我們來到上帝面前並向祂尋求幫助。但是上帝希望我們為著每件事禱告，特別是為著那些我們無從得到答案的事情向祂禱告。

3. 禱告要恆切

耶穌告訴我們：「你們祈求，就給你們；尋找，就尋見；叩門，就給你們開門。」原文在這裡所使用的時態是現在式，這意味著我們要不斷地、繼續地祈求、尋找和叩門，並且不要在嘗試了一次以後就輕易放棄。

希拉

當孩子們還小的時候，我發現自己天天都要力奇為我禱告同樣的事。我總是需要更多的耐心和精力。力奇的禱告使得我和孩子們的關係發生了奇妙的轉變。我們需要不斷地為著同一件事禱告，這並不意味著上帝沒有回應我們的禱告，而是我們承認自己需要不斷依靠祂。

要確保我們的禱告是垂直的，而不是水平的或是用於操控他

人的。

禱告並不是一種責備對方的方式。我（希拉）不可以這樣禱告：「主啊，請祢幫助力奇，讓他不要再這麼努力工作，讓他能夠多一點時間和孩子們在一起。」當然，如果他明確要求我為此禱告的話，那又另當別論。我們也不可以趁著禱告的時候，借機向配偶傳遞一些自我的資訊。

4. 不要放棄

這一點對於孩子尚且年幼的父母而言更是如此。在子女的養育過程中，幼年期這一階段看上去似乎是沒完沒了的。那時候，我們曾一度以為再也沒有辦法兩個人一起禱告了，哪怕五分鐘都不行。一大早我們好像就要花許多的心力和體力，才能讓孩子乖乖回到自己的房間，並且告訴他們：「我們正在禱告，現在還不是起床的時間。」說完，我們就得急匆匆地奔回房間，繼續禱告，可是沒過一分鐘，房門又被打開，然後，我們又要重複一遍整個過程。

這值得嗎？現在回想起來，雖然那個時候，我們一週中只做到兩三次為對方禱告，這些短時間的禱告的的確確地幫助了我們，而且也讓孩子們看到我們對這件事的重視程度。孩子們一定會成長的，而一起的禱告也會逐步容易。

5. 仰望上帝的應許

熟悉上帝在聖經中的諸多應許，對我們而言是一個巨大的安慰。透過單獨或一起讀聖經的時間，我們的智慧會逐漸增加。當我們學習將聖經上的教導不斷應用到自己的日常生活中時，我們的態度和行為就會發生改變。

正如禱告中蘊涵著力量一樣，一起讀聖經也能讓我們滿有力量。我們經常發現，在禱告之前讀的那一小段詩篇或福音書上的經文，好像就是針對我們那一天的生活所啟示的。[1]

結　論

很多人以為上帝就是要管轄、譴責和限制人的生活。這完完全全違背上帝的本性。這與上帝在耶穌基督裡啟示給我們的屬性是截然相反的。上帝渴望給予我們、幫助我們，將我們從過去中釋放出來，並且使我們能夠用愛的眼光來看待別人。上帝並不會將祂自己強加給我們，祂在等著我們回應祂那愛的表示。

聖經指教我們，要「存敬畏基督的心，彼此順服」。這一教訓的上下文背景是我們要尋求上帝對我們生命的旨意：「……總要察驗何為主所喜悅的事」，「……不要做糊塗人，要明白主的旨意如何。」（以弗所書五：21、10、17）當夫妻雙方都定意要在生命中的各樣事上尋求上帝的旨意時，他們就能擁有自由、免於憂慮，而這也將大大影響他們的婚姻。

使徒保羅因著自己的經歷寫下了這樣的話：「應當一無掛慮，只要凡事藉著禱告、祈求和感謝，將你們所要的告訴神。神所賜出人意外的平安，必在基督耶穌裡，保守你們的心懷意念。」（腓立比書四：6-7）

禱告將是我們所能一起做的，一件最重要的事情。

---

1 《每日之光——經文選萃》(Daily Light— the Classic Scripture Selection)，（霍德和斯托頓出版社，1982）。

附錄 5

參考書目

1. 一般性婚姻問題

梅麥克（Mike Mason），《婚姻的奧祕》（The Mystery of Marriage），（三角出版社，1997）。

羅布‧帕森斯（Rob Parsons），《六十分鐘婚姻》（The Sixty Minute Marriage），（霍德和斯托頓出版社，1997）。

蓋瑞‧巧門（Gary Chapman），《愛之語》（The Five Love Languages），（諾斯菲爾德出版社，1995）。

比爾和琳恩‧海波斯（Bill and Lynne Hybels），《長久持續的愛情》（Love That Lasts），（馬歇爾‧皮克林出版社，1995）。羅布‧帕森斯（Rob Parsons），《突破重重困難的愛》（Loving Against the Odds），（霍德和斯托頓出版社，1994）。

2. 建立性愛的關係

道格拉斯‧羅斯諾醫生（Dr Douglas E. Rosenau），《性愛的頌讚》（A Celebration of Sex），（湯瑪斯‧尼爾森出版社，2002）。

理查和羅琳 · 邁爾（Richard and Lorraine Meier），弗蘭克 · 米諾斯（Frank Minirth）和保羅 · 邁爾（Paul Meier），《基督徒婚姻中的性》（Sex in the Christian Marriage），（弗萊明 · H. 雷維爾公司 / 貝克書屋，1997）。

3. 醫治童年期痛苦造成的影響

蓋瑞 · 巧門，《憤怒 —— 愛的另一面》（The Other Side of Love- Handling Anger in a Godly Way），（慕迪出版社，1999）。瑪麗 · 畢潔絲（Mary Pytches），《昨日的孩子》（Yesterday's Child），（霍德和斯托頓出版社，1990）。

大衛 · 弗格森博士（Dr David Ferguson）和唐 · 麥克敏（Dr Don Mc- Minn），《親密感的十大需要》（Top 10 Intimacy Needs），（Intimacy 出版社，1994）。

4. 面對財務問題

凱斯 · 唐迪爾（Keith Tondeur）和賴瑞 · 波科特（Larry Burket），《無債務生活》（Debt-Free Living），（蒙納克出版社，1997）。

凱斯 · 唐迪爾（Keith Tondeur），《家庭財務訣竅》（Financial Tips for the Family），（霍德和斯托頓出版社，1997）。

羅恩和茱迪 · 布魯（Ron and Judy Blue），《金錢萬能，我們也能》（Money Talks and So Can We），（桑德凡出版社，1999）。

5. 面對飲食失調

海倫 · 威爾克森（Helen Wilkinson），《超越混亂飲食》（Beyond Chaotic Eating），（桑德凡出版社，1993）。

喬 · 因德（Jo Ind），《肥胖是個屬靈問題》（Fat is a Spiritual Issue），（莫比出版社，1993）。

6. 重建婚姻

蓋瑞・巧門，《破鏡可重圓》（Hope for the Separated），（慕迪出版社，1996）。

詹姆斯・道森（James Dobson），《堅韌的愛》（Love Must Be Tough），（金斯威出版社，1984）。